语文到底教什么

吴忠豪 ——

著

长江出版传媒 长江文艺出版社

图书在版编目（CIP）数据

语文到底教什么 / 吴忠豪著. --武汉：长江文艺
出版社，2022.6(2023.12重印)
　（大教育书系）
　ISBN 978-7-5702-2710-5

　Ⅰ. ①语… Ⅱ. ①吴… Ⅲ. ①小学语文课－教学研究
Ⅳ. ①G623.202

中国版本图书馆 CIP 数据核字(2022)第 071563 号

语文到底教什么
YUWEN DAODI JIAO SHENME

责任编辑：马　蓓　　　　　　　　责任校对：毛季慧
封面设计：天行健设计　　　　　　责任印制：邱　莉　　王光兴

出版：长江出版传媒　长江文艺出版社
地址：武汉市雄楚大街 268 号　　　邮编：430070
发行：长江文艺出版社
http://www.cjlap.com
印刷：武汉市首壹印务有限公司

开本：720 毫米×970 毫米　　1/16　　印张：22.25　　插页：1 页
版次：2022 年 6 月第 1 版　　　　2023 年 12 月第 3 次印刷
字数：308 千字

定价：48.00 元

目 录 | CONTENTS

第六章 案例评析 / 199

第一章

语文课程改革

阅读导语

　　长期以来，我国语文教育一直受社会诟病。语文课投入高效率低，学生负担重，对语文学习兴趣不高，中小学生花了 12 年时间学习语文，可是大学生语文仍不过关。这些批评一直不绝于耳。本章四篇文章从课程层面探寻语文教育问题症结所在。《关于小学语文课程改革的几点思考》，从语文课程形态设计得不合理，语文课程内容的零散无序，语文课程读写重点取向失当，课程教材编写不够合理等方面，讨论了语文课程层面存在的深层问题。明确指出中国语文教学的问题主要不是出在教学论层面，不是教学问题，也不是教师问题，而是出在课程论层面，要从课程论层面寻找问题的症结，这是语文教育摆脱困境的关键所在。语文教师虽然在理论上都认同叶圣陶先生的"例子说"，但是在课堂教学中却一直将课文作为教学的主要内容，混淆了语文课程内容和课文内容的关系。《期待语文课的美丽转身》《教课文？教语文？》在崔峦先生提出的"语文课要和内容分析说再见"基础上，进一步提出了语文课要从"教课文"转变为"用课文教学生学语文"。文章通过大量实例说明什么是教课文，什么是教语文，理清课文内容与课程内容的区别，并且对如何运用课文来教学生学习语文提出一系列可操作的建议。《语文本体性教学内容的构建》将语文教学内容划分为"本体性教学内容"和"非本体性教学内容"。前者主要包括语文知识、语文策略（方法）和语文技能，本体教学内容反映语文课程的本质特征，是个性化教学内容；后者包括情感、态度、审美、价值观熏陶、多元文化的学习、思维能力包括创新精神的培养等，这是各门课程共同承担的共性化任务。长期以来，不少教师为什么会将语文课上成思品课、历史课、常识课，其内在原因就是没有分辨清楚本体教学内容和非本体教学内容的关系，造成语文课程性质的异化。文章从理论上廓清了语文课程的两类教学内容，对语文教师根据语文课程的性质任务正确把握教学内容，极具指导意义。

关于小学语文课程改革的几点思考

多年来，在语文教学过程中，教师不可谓不努力工作，参与教学改革的热情也不可谓不高，但实际的教学效果依然令人失望。多少年来中小学生花了 12 年时间学习语文，却依然大部分不过关，语文水平仍然没有发生根本性的改观：学生对语文课学习兴趣不高，语文课投入高效率低，学生负担重，大学生语文仍不过关，社会各界人士对语文课的批评仍然不绝于耳。

什么原因使语文教育长时间难以摆脱困境？我们要探寻的语文问题的症结到底在哪里？我的看法是：中国语文教学的问题主要不是出在教学论层面，不是教学问题，也不是教师问题，而是出在课程论层面，要从课程论层面寻找问题的症结。

"课程"是"旨在遵照教育目的指导学生学习活动，由学校有计划、有组织编制的教育内容。""课程"与"教学"的根本区别在于：课程决定教育的方向和内容，规定"教什么"，而教学是教育的过程或手段，它决定"怎样教"；课程是在教学过程之前和教学情境之外预设好了的，而教学过程是忠实而有效地传递课程的过程。① 长期以来，我国语文教育改革关注的主要是教学论层面的问题，比如，如何改革识字教学、阅读教学、作文教学，如何转变教学理念、改进教学方法、教学手段，提高课堂教学的效率，等等，很少从课程论层面去反思语文课程的症结所在。其实，语文的问题有教学层面的问题，但更主要的是存在于课程层面上，诸如课程形态设计不合理，课程内容不成体系，课程重点取向失当，课程教

---

① 钟启泉. 现代课程论 [M]. 上海：上海教育出版社，1989：177.

材编写不够合理，等等。课程是上位概念，教学只是传递课程的过程，是下位概念。上位的课程设计和建构有问题，仅仅从下位的教学方法、教学手段、教学策略或课堂教学模式等教学层面进行改革，无异于缘木求鱼，当然难以奏效。语文教育的改革，必须从课程论层面着手改革，才有可能使语文教育突破重围，从根本上解决语文教育的问题。

一、关于语文课程形态

"课程形态"也称"课程程式"，是指组成课程的结构要素及各种要素的组合形式。多少年来，我国中小学语文课程的基本形态就是教师带着学生一篇一篇讲读课文，每个学期少则二三十篇，多则三四十篇。"自本世纪初迄今为止的全部语文教科书，无不是文章的集锦，这似乎已经定型化了。"① 当下不管是哪一种版本的语文课本，不管是中学的还是小学的，从第一课开始到最后一课，都是由一篇篇课文连缀而成，都是在讲读课文的过程中，适当添加识字、写字等语文知识和听、说、读、写等语文要素。在这样一种课程形态中，原本应该并重的"听""说""读""写"，变成了"以读为主，听说写为辅"的"主从关系"，"听、说、写"须看"读"的脸色行事，依据"读"来取舍，或者说依据"读"来添加。从语文课程的组合结构看，除了两周一次的作文课，语文课主要就是阅读课，阅读课占四分之三，作文课不到四分之一。而所谓的阅读课，并不是学生自己阅读，严格意义上说是听教师讲解课文。这样的语文课程形态我们已经习以为常了。

其实，许多发达国家的母语课程不是以"讲读"课文为主的，而是以"语言"课为主。美国和英国母语课程的主体是英语课，法国是法语课，德国是德语课，俄罗斯是俄语课，各国的语言课主要不是讲读课文，而是学语言知识的运用和口头书面表达的训练，以发展学生语言能力为主要目标。当然，与"语言课"并列也开设"阅读课"（俄罗斯称"文学课"），

① 朱绍禹. 国际中小学课程教材比较研究丛书 本国语文卷 [M]. 北京：人民教育出版社，2001：235.

但是阅读课也不是讲读课文，而是主要让学生自己读书。据了解，美国、新西兰、澳大利亚等国有些学校阅读课就是让学生到阅览室里读书，每个学生自己选择喜欢的书阅读，或个别阅读，或小组阅读，学生读的书都不一样，教师根本不可能带着学生讲课文。各国小学母语课程中"语言课"的课时数一般都超过"阅读课"，美国用于表达、阅读和语言知识学习的课时比例大约是 4：4：2；俄罗斯小学一至三年级只设俄语课，四年级开始"俄语"和"文学"分科设置，四、五年级俄语课 6 节，文学课 2 节，六年级开始俄语课减为 4 节，文学课仍是 2 节①。日本国语课本分听说单元、写作单元、阅读单元和语言事项（知识）单元编写，阅读单元中有一篇课文，其他单元只编写听、说、写或语言训练方面的内容，而没有课文。日本国语教材每册的阅读单元一般是 3~5 个，也就是说一学期只学 3~5 篇课文，其他时间都用于听说、写作和语言知识学习。

观照发达国家的语文课程，我们可以发现"讲读课文"其实不是语文教育唯一的课程形态，更不是语文教育最普遍的课程形态。平心而论，"讲读课文"这样的课程形态比较适合以教学文本内容为主要目标的课程，比如，历史课、地理课、政治课，社会课等。早在 1930 年，我国语文工作者宋文翰就指出了国文科与其他学科的区别，认为"别的学科重在知识的传授，国文科重在传授知识的文字的运用训练。别的学科重在内容实质的深究，国文科重在形式表现方法的探讨。别的学科在使学者明了，国文科则于明了而外，尚须使学者运用。"②语文课程是学习母语的课程，是以学习语言的表达形式和提高语言运用能力为主要目标的课程，用适合文本内容学习的"讲读课文"的课程形态显然不完全适合语文课程。

我国现代语文课程形态是在传统的读经教育的基础上嬗变而来。读经教育虽然包含语文教育元素，但其主要功能是进行道德伦理教化，应归属于道德伦理课程。作为道德伦理教育的课程理所当然地指向文本主旨内容的解读。20 世纪初，语文从读经教育中分离出来单独设科，其课程功能非

---

①　朱绍禹. 国际中小学课程教材比较研究丛书　本国语文卷 [M]. 北京：人民教育出版社，2001：185.

②　顾黄初、李杏保. 二十世纪前期中国语文教学论集 [C]. 成都：四川教育出版社，2000：485.

常明确，是归属于"学语言"的课程。叶圣陶说："国文是语文学科，国文教学的重心在于语言文字。虽然国文教学富有'教育意义'，但这不是它的'专任'。国文教学自有它独当其任的任，那就是阅读与写作的训练。"① 中华人民共和国成立以来的中小学语文教学大纲虽然前后有变化，但语文课程以"理解和运用祖国语言文字"为主要目标的观点基本一致。尽管现代语文课程在性质功能上与传统读经教育有明显的改变，但是延续千百年的以解读文本内容为主要目标的课程形态却顽强地保留了下来。这种课程形态最显著的特点就是能够最大程度地实现课程的人文教化功能，但显然无助于学生母语学习和语言交际能力的有效提高。现在社会各界人士对语文教学的意见是学生的表达能力不过关，具体表现为"话说不好""文章写不通"；而我们的语文课程却始终坚持"文本解读"式的语文教学，始终没有将提高学生表达能力作为语文课程的重点。如果语文课不改变以"讲课文"为主的语文课程形态，那么可以预见，再过30年我们学生的语言能力还可能过不了关。

语文课程的改革，首先是要改变"讲读课文"为主的语文课程形态，构建以学生听、说、读、写实践为主要方式，以掌握学习方法和提高语文能力为主要目标的课程形态。我们在课程改革实验中，对语文课程形态进行了重构尝试。我们设计了语文课、读书课和作文课三种课型，并且确定了每种课型的主要功能。

语文课——主要侧重于语言（认字、识词、语感）的积累，语文（听、说、读、写）方法的指导和语言表达的实践。考虑到语文教师长期形成的习惯，语文课仍然沿用"课文+练习"的教学范式，但我们对教学时间做了明确的规定：三分之一的时间侧重于课文思想内容的理解和语言的积累；三分之一的时间侧重于语文学习方法的指导，学习方法的指导目标明确集中，重在会用；还有三分之一的时间侧重于口头或书面语言的表达实践活动。

下面我们列举《海底世界》的教学流程。

---

① 叶圣陶. 叶圣陶语文教育论集［M］. 北京：教育科学出版社，1980：56.

（一）读懂读通课文（第一课时）

1. 大声朗读课文，自学生字新词。

2. 回答"海底是个怎样的世界"。

3. 说说自己从课文中了解到的关于海底世界的知识。

（二）学习方法指导——"联系上下文理解词语"（第二课时）

1. 理解"澎湃"的意思。第一步：先找到这个词，猜猜它的意思。第二步：读读相关句子，想想与"澎湃"的关系。第三步：确定"澎湃"的意思，与小伙伴交流。

2. 运用联系上下文的方法理解"窃窃私语""闪烁""蕴藏"等词语的意思。

3. 朗读课文《瀑布》，试着用联系上下文的方法来理解"衬着""傻孩子"或其他你不理解的词语。

4. 总结联系上下文理解词语的方法。

（三）表达实践（第三课时）

1. 读课文片段，说说作者是如何来介绍海底世界的。

2. 根据收集的有关海底世界的资料与课文中的相关内容，模仿上述片段的写法，写一写你印象最为深刻或你最感兴趣的景物。

海底的 _____，_____ 。

可以看出，按照这样的教学流程，语文课不再会以"讲读课文"为主要目标来设计教学过程，理解课文思想内容被压缩为教学中的一个环节，不再会贯穿教学的全过程；而语文课三分之二的时间可以用于语文方法的学习和表达实践活动。当然，我们对教学时间的划分只是一种大致的规约，只是改革初始阶段的"矫枉过正"，当教师适应了这样一种教学流程，就会很自觉地根据教学内容进行整合或调整。

读书课——侧重于整本书的读书指导。安排读书课的目的是使学生读书"课程化"。学生的阅读能力主要不是通过教师"讲课文"获得的，而是取决于学生个体的阅读量，大量读书是提高学生阅读能力最有效的途径，也是培养学生读书兴趣最有效的方法。早在20世纪40年代，叶圣陶就设想过"国文教材似乎该用整本的书，而不该用单篇短篇"。因为学生

"经常拿在手里的是整本的书，不是几百言几千言的单篇短章，这么习惯了，遇见其他的书也就不至于望而却步。""试问，要养成读书习惯而不教他们读整本的书，那习惯怎么养得成？"① 苏霍姆林斯基提倡扩大儿童智力背景的阅读，山东烟台的双轨运行实验，潍坊市韩兴娥老师"让学生走上阅读快车道"等实验，都以有力的事实证明，提高阅读能力的最佳方式不是教师讲课文，而是让学生自己读书。学生书读得多了，知识面扩大了，其阅读理解能力就强了，对文本的感悟也自然会逐步加深。

当下的语文课程标准将学生读书称作"课外阅读"，客观上是将"读书"排斥在语文课堂之外，容易造成学生读书活动的落空。指导学生读书是语文教育题中应有之意，是语文课程的重要组成部分，是语文教师必须承担的义务和责任。应该将学生读书活动课程化，其合适的指称不应该是"课外阅读"，而是"读书课"，通过"读书课"引领学生的课内外阅读。我们对读书课的要求是：每周安排一节读书课；读书课主要用于好书推荐，读书方法指导，学生读书交流；编制各年段推荐书目；每个学生每学期读书不少于十本，其中五本为推荐书，五本为自选书；加强读书过程评价，规定各年段读书过程和结果的评价方法。

作文课——依据课程计划每周两节作文课，用于写作指导、评改指导和发表指导。

语文课程形态的重构和各种课型功能的规定，使语文课堂教学的面貌发生了极大的改变。教师备课和教学过程的兴奋点不再是设计如何"讲课文"了，而是聚焦在如何指导学生掌握学习方法，如何使表达实践更加有效，如何激发学生读书兴趣，提高读书效率，等等。对学生而言，每堂课学习目标非常明确，并且能够让学生获得成功的体验。这样的课上和不上当然就不一样了。

二、关于语文课程内容

这里先要厘清语文"课程内容"和"教材内容"这两个概念。"课程

---

① 叶圣陶. 叶圣陶语文教育论集 [M]. 北京：教育科学出版社，1980：81-82.

内容"是指为达到课程目标而选择的事实、概念、原理、技能、策略、态度、价值观等要素。就语文教学而言就是这篇课文"教什么"。"教材内容"是指为有效地反映、传递课程内容诸要素而组织的文字与非文字材料及所传递的信息，就语文教学而言就是"用什么来教"，或者说是用哪篇课文来教。① 一门成熟的课程，必须有结构化的课程内容，否则这门课程的合法性就会受到质疑。有学者认为，"语文学科与经学的分离，并不表示它已经获得了与传统课程不同的内涵，只有当它建立了属于学科自身的新的自足的价值与体系时，才谈得上被赋予意义与价值。"②

现代语文课程自 20 世纪初单独成为一门学科开始，人们对语文课程核心价值一直有两种差异很大的不同认识③：一派强调语文教育的美学价值，另一派推崇科学价值。推崇美学价值的主张语文课"以传统和经典作家作品为核心，强调感受，重在审美。"推崇科学价值的认为"语言课以语言应用知识体系为先导，强调实践重在实用。"两种不同的价值观可以推导出截然不同的课程内容，使得我国中小学语文课程内容在宏观层面上变得扑朔迷离。在中观层面上，由于我国语文课程与教学理论缺少对中小学语文课程内容的系统研究，语文课究竟"教什么"的问题，除了拼音、识字教学任务还比较清晰，在语文知识、语文学习方法和语文能力达标规格等方面都显得模糊不清，课程目标表述过于笼统，语文教材也没有明确呈现，使得一线教师在教学实践中难以把握，并直接导致语文课微观层面课程内容的混乱。虽然同一学校同一年级教师教的是同一本教材，学的是同一篇课文，但由于每位教师对文本的解读和感悟各不相同，因此所选择的课程内容也会不同。比如，教学《月光曲》这篇课文，A 教师的教学重点是理解"月光曲"谱写的过程，感悟贝多芬同情穷人的思想感情，侧重于课文思想内容的理解；B 教师的教学重点是积累课文中优美的词句，并创设情景迁移运用这些词句，重在指导学生的语言积累和运用；C 教师的教学重点是学习事物和联想的方法，并通过实践让学生掌握这种方法在阅

---

① 王荣生等. 语文教学内容重构 [M]. 北京：上海教育出版社，2007：8.
② 刘正伟. 语文教育现代化的百年诉求 [J].《教育研究》，2008（1）：64-69.
③ 徐林祥. 历史追问：语文教育发展篇 [M]. 济南：山东教育出版社，2008：172.

读和写作中如何运用。由于语文课本提供的只是教材内容，至于通过课文要向学生传达何种信息以及要让学生获取到何种能力（"教什么"），则完全是凭执教者的个人经验和认识去判断、选择，这样就不可避免地会造成语文课程内容的随意、零散、无序和经验化。

目前一线的施教者对语文课程内容的认识差异非常大，个别经验丰富的骨干教师通过多年的艰苦探索，形成了自己的语文课程内容体系，尽管是经验化的，但有可能比较符合儿童语文学习规律；大部分有经验的教师能够自觉或不自觉地认识"课程内容"和"教材内容"的区别，知道语文课不应该是教课文，而应该用课文来教语文，所以备课钻研教材时重点关注课文中"课程内容"的挖掘，但是所挖掘的"课程内容"往往是零散的、随意的，没能形成结构化的课程内容体系；还有相当部分的教师包括大多数入职教师由于对语文"课程内容"认识肤浅，难以区分"教材内容"和"课程内容"，甚至误将"教材内容"当成语文课的主要目标，课堂教学中将大量时间花费在了文本内容的梳理和思想情感的感悟上了，这样的语文课其语文"含量"当然很低，学生上完语文课收获的就是课文情节内容，这样的语文课上和不上也就没有多少差别了。浙江的周一贯老师曾经说：70%的课堂教学问题都源于教师研究教材和把握教材的欠缺。问题大量出在教师对"教什么"总是不甚了了上。① 其实，这里指出的只是问题的表象，语文教师研究教材和把握教材的能力与数学、外语等学科教师相比并不呈劣势，为何其他课程不存在"教什么"问题，而语文课上"教什么"的问题会如此严重？其深层原因不是教师的能力不及，而是语文课程本身缺乏结构化的课程内容。这个问题指望语文教师通过自身努力去解决，实在是一种奢求。

其实，无论哪门课程，教师的角色定位应该是这门课程内容的执行者，他所承担的应该是"怎样教"的任务，至于"教什么"，理应是在教这门课程前就已有明确规定，或由课程制定者和专家选择给出，或由教材编写者通过教材具体呈现。但是我们的语文课程现状恰恰是将专业要求极高的课程内容的选择权交给了教师，每篇课文"教什么"需要每个语文教

---

① 周一贯. 一声叹息，只悔文本解读粗 [J].《小学语文教师》，2008（9）：14-16.

师自己去决定、去选择，这不是难为我们的语文教师吗？语文课程缺乏结构化的课程内容，使得语文教学目标含混不清，这是长期困扰语文教师的难题，也是导致语文教学效率长期低下的症结所在。

当然，编制语文课程内容是一项极其复杂、困难的工作，特别是要获得社会各界以及语文教师的广泛认同，实在不易。但这不能成为回避问题的理由，也不能因为其复杂而不作为，因为这项工作一天不做好，语文教师就一天不能摆脱在暗中摸索的困惑。对于每天都要站在讲台上上课的语文教师来说，"教什么"是个必须面对而且绕不过去的问题。

语文课程内容的编制可以有多种路向：指向字、词、句、篇、语、修、逻、文等语文基础知识教学的课程内容体系；指向听、说、读、写等方法学习和语文能力培养的课程内容体系；指向语文学习习惯培养的课程内容体系；还可以融知识、方法、能力、习惯为一炉，综合编制语文课程内容体系。按照现行语文课程标准提出的提高学生"语文素养"的理念，综合发达国家母语课程内容体系的研究成果，我们认为编制单一指向的课程内容体系恐难符合儿童语文学习规律，语文课程内容应该包括知识、方法、能力、习惯等诸多要素，因此构建综合性的语文课程内容体系可能更符合语文课程的特点。

我认为小学语文课程内容主要应包括以下几方面：（1）语文基础知识：拼音、汉字、常用词语、常用句子、标点符号、简单的修辞、常用的文体等；（2）语文学习方法：理解词语句子，领会文章主要内容和文章中心，理清文章表达顺序，各种文体的阅读，除了读的方法，还有写的方法和听说的方法等；（3）学习习惯：预习，使用工具书，积累摘录词句，质疑提问，收集资料，细心观察生活，收听广播电视，看书读报等。当然，语文课程内容还应该包括情感、态度、价值观等人文教育内容，好在现在每篇课文对人文教育内容规定非常明确，因此，教师习惯上是随课文内容进行，不需要自行选择，也没有必要另搞一套。

理想的语文教材编制应该是先确定结构化的课程内容，然后依据课程已确定的内容去选相应的课文，并且以指导学生掌握课程内容为目标去编制教材的练习题目。为此，我们梳理了语文课程标准的年段教学目标，尝试确定了各个年级的语文课程内容，并且根据课程内容配置课文，编制成各年级的语文教程。下面是我们编制的三年级（上册）语文课程内容和教程。

	课程内容	学习方法	课文
三年级（上册）	综合练习	1. 朗读正确，流利	茉莉花
		2. 学习默读	童年的朋友
	词语理解	3. 查字典理解词语	燕子专列
		4. 选择合适的解释条目	一个小村庄的故事
		5. 结合语境理解词语	海底世界
	积累词句和语段	6. 摘录精彩的词语	天鹅的故事
		7. 摘录精彩的句子	牛顿在暴风雨中
		8. 分类摘录	一座铜像
	提出问题	9. 提问的时机	饭钱
		10. 提问的方法	惊弓之鸟
	抓主要内容	11. 抓段落大意	爬山虎的脚
		12. 抓段落大意	智烧敌舰
	综合复习	13. 综合练习	看月食
		14. 综合练习	瑞雪

以上课程内容凸显的是语文学习方法，语文基础知识随课文进行教学。我们知道，语文课程内容实在是太复杂了，然而当明确了语文课程内容后就可让复杂的问题变得简单，让每个语文教师都能够明白：这个年级主要应该教什么，这个学期主要应该教什么，这篇课文主要应该教什么，让语文教师不再为"教什么"而困惑与烦恼。需要指出的是：语文课程内容的编制可以有不同的组合，我们设计的只是一种，还可以根据对语文课程内容的不同认识编制出两种、三种，甚至更多；语文课程内容的选择应该是动态的、开放的，需要在课堂教学实践中不断调整、完善。

编制语文课程内容体系是语文课程研究的基础课题，我们呼吁全国中小学语文课程与教学论专家和编写教材的专家协同参与这项研究，尽快为广大语文教师编制出几套（不应该是一套）认同度较高的语文课程内容。

三、关于语文课程的重点取向

语文作为一种社会交际工具，其核心功能在于能够熟练"运用"口头和书面语言参与社会交际。然而，我国的语文课程却将重点放在了阅读方面，用于运用表达的教学时间不足四分之一，造成语文课程"理解"和"表达"教学时间的结构性失调。可以说以阅读为重点的课程取向与培养学生社会交际能力的课程目标是相悖的，这也是造成大多数学生"语文不过关"的直接原因。语文课程必须调整课时结构，建构"理解"和"表达"并重，并且适当朝向"运用"的课时分布。

纵观世界各国，母语课程倾向表达能力培养是多数发达国家的取向。日本"坚持从言语教育的立场出发的国语教育"，并非常明确地认定"国语教育首先是言语教育，其首要任务是培养学生的表达能力"。[1] 美、英、法等国家在其母语课程标准一类的文件中也非常明显地体现出了以言语表达为重的倾向。

台湾地区的语文教材与大陆语文教材体例非常接近，也是采用听说读写混合型教学，教一篇课文，然后围绕课文进行字词句教学和听说读写训练。但是我们在研读台湾地区小学语文课的课例中发现其用于表达的教学时间要比大陆语文课多得多。例如，台湾地区二年级课文《岁暮》的教学设计，全篇课文教学为 6 个课时，大致由三个板块组成：第一是准备活动，提出教师和学生事先需要做的准备工作，这一板块与大陆阅读教学中的预习大致相当；第二是发展活动，主要用于新课传授，包括生字新词教学，课文内容、课文形式深究，课文写作特色的欣赏等，这一板块与大陆阅读教学中讲读课文各环节也大致相当；第三为综合活动，占 3 个课时，说话指导、习作指导和写字指导各占 1 个课时，这一板块在大陆语文课中找不到对应的环节。大陆语文课虽然也有练习环节，但练习占用的时间和涉及的内容与台湾地区的综合活动相比要少得多。课例中用于学生综合性实践活动有 3 个课时，占了整篇课文教学课时数的一半，这就使得语文课

---

① 付宜红. 日本语文教学研究 [M]. 北京：北京师范大学出版社，2003：20.

上学生说话、写作等实践活动从时间上得到了保证。对比课例中的课时安排，我们可以发现台湾地区语文教学在课文内容和形式的深究方面，所用的绝对时间比我们要多，特别是对课文表达形式和写作特色欣赏方面，教得比我们要繁琐，这些都有待商榷；但由于规定三节课专门用于学生说话、写作和书写练习，因此，教师能够较好地处理混合教学中学生听说读写技能的协调发展，保证了国语课程中用于表达练习的教学时间。

其实，大家都知道学生的语文能力只能在语文实践活动中获得，语文课除了课文内容和形式的解读深究，学生的口头表达和书面表达必须占有一定的时间，但问题是我们教学一篇课文一般只有 1~2 个课时，最多不超过 3 个课时，这样的课时安排使得表达练习得不到充足的时间支持和保证；其次是语文课中说话和习作内容往往不是教材规定的刚性教学任务，而主要取决于教师的认识和自觉。这就造成了我们的语文教学用于课文解读的时间占有过大，而用于学生说话、写作等表达实践活动的时间过少的失当倾向。如何扭转这种倾向，靠转变教师的教学理念，靠教师加深对课程实践性的认识，靠教师课前的精心设计和课堂教学中的精讲多练，或许也能缓解一些，但不可能从根本上解决问题。要保证课堂教学中学生实践活动的时间，根本的办法是延长每篇课文的教学时间，明确规定课堂教学中用于学生口头和书面表达练习的课时。这就需要从语文课程层面作整体的调整和改革，包括减少课文数量，规定说话与写作的练习内容，预留表达练习的教学时间等。

英、美、俄、法等国家是用语言课和阅读课分科教学的方法来保证母语课程中学生表达练习的教学时间的。日本国语教学是分听说、写作、阅读、语言事项四个板块，然后按照学生学习国语的规律，合理分配各板块的教学频度，保证了"表达"在国语教学中有足够的教学时间，凸显其国语教学的首要任务是"培养学生表达能力"的教育理念。当然，照搬外国母语教学方式是很难行得通的。考虑到我国语文课程和语文教师长期形成的教学习惯，在语文课程结构性调整方面比较可行的路向是：减少课文篇目，规定表达练习的内容，保证表达活动的时间。

我们在课程改革研究中的具体做法是：将一个学期的语文课文数量确定为 14~16 篇，大致是每周教一篇课文；规定每篇课文教学 3~4 个课时，其中用于表达练习时间 1~2 个课时；依据课文内容精心设计情境性的口头和书面表达习题。这种做法是否切实可行尚需经教学实践的检验。

需要讨论的是每学期语文课文数量的减少是否会影响学生语文能力特别是阅读能力的提高。我们曾经对上海市一期课改和二期课改语文教学情况进行过对比调查。一期课改每学期教学 25 篇课文左右，二期课改每学期教学 55 篇课文左右，调查数据表明，参加调查的学生到了五年级其阅读能力无显著差异。我们也分析了国外的语文教材，发现发达国家语文课文数量一般都在 15 篇左右；日本国语课本的课文数量最少，每册教材只有三四篇课文。可以认定：学生的阅读能力与每学期教的课文数量没有直接的因果关系。提高学生阅读能力的关键不在于教师教多少篇课文，而是可能取决于学生读书的数量和质量。其实我国语文课文数量的确定大多是经验性的，各时期各版本教材的课文数量差异很大，少则 20 来篇，多的有 40~50 篇，极端的达到 80 多篇。我国语文教材确定课文数量的主要依据是教师一学期能"讲"多少课文，是基于"教师的教"来确定，而不是"学生的学"，这样的出发点和立足点都是有问题的。因此，减少语文课文数量，可能是语文课程"均衡读写"最有效的措施，只有把课文的数量降下来，才能切实保证学生在语文课上表达实践的时间。

四、关于语文课的教学方式

研读了不少国外语文课例，发现许多国家语文课主要是教师指导下学生参与的各种形式语文实践活动，无论是写作课、语言知识课，还是阅读课，课堂教学主要是由学生的语文实践活动构成，教师的作用主要体现在课堂活动的组织，学习方法、策略的指导等。外国语文教师预设的教学计划似乎也很简单，有时十几个课时的教学计划只有薄薄的一页纸。授课计划尽管简单，但设计的内容主要是学生在课堂内的学习活动方式。

叶圣陶说过：语文学习"就理解方面说，是要得到一种知识；就运用方面说，是养成一种习惯""为养成阅读习惯，非多读不可""为养成写作习惯，非多写不可"。① 要培养学生熟练的语文能力，关键不在于教师的教，而在于学生自己的"读""作"实践，只有在学生主动参与的语文实践活动中才能习得语文能力。泰勒指出：学习是通过学生的主动行为而发生的；学生的学习取决于他自己做了什么，而不是教师做了什么。② 夸美纽斯也提倡在做中学："师傅并不用理论去阻留他们的徒弟，他们从早就叫他们去做实际工作……所以，在学校里面，要让学生从书写去学书写，从谈话去学谈话，从唱歌去学唱歌，从推理去学推理。"③

　　其实，我们在理论上也认同学生实践操作对语文能力形成的重要作用。20 世纪五六十年代语文课就提倡要"精讲多练"，20 世纪八九十年代又提出语文课要加强语言文字训练，21 世纪出台的语文课程标准也明确提出"语文课程是实践性很强的课程，学生的语文实践能力只有在语文实践中才能获得"，说明语文教学工作者都清晰地认识到教师过度讲解对学生语文能力形成并不有利。然而，在实际的课堂教学中，教师讲的多、学生学的活动偏少的局面始终难以扭转。这中间自然有教师的主观因素，但更多的可能应该从语文课程层面挖掘产生问题的客观根源。

　　从主观上看，语文课程在核心价值观上长期摇摆不定，特别是现行课程标准强调语文课程的人文功能，导致教师将文本背后思想情感的深层感悟和人文精神的审美体验当作语文教学的刚性任务，挤压了课堂内学生语文实践活动的时间。从客观上看，我国的语文教材篇目较多，教学一篇课文的时间一般是 2 个课时，少的只有 1 个课时，计划中原本就没有留出学生实践活动的时间。最后要提出的是语文课的教学模式，当下我们语文课的教学流程主要是"文本解读型"的，具体表现为："初读课文—分段讲读—总结练习"，这样的教学流程适合教师"讲课文"。教师讲的主要是自己对文本的感悟，是成人感悟，与儿童文本阅读感悟相距甚远。有人认为，教师对文本的解读有多深，学生对文本的感悟就有多深，这完全是成人的一厢情愿。学生何时能够达到教师的感悟，理论上讲大概需要到成人

① 叶圣陶. 叶圣陶语文教育论集 [M]. 北京：教育科学出版社，1980：3-4.

② 施良方. 泰勒的课程与教学论基本原理 [J]. 《华东师范大学学报（教育科学版）》，1992（4）：1-24.

③ 夸美纽斯. 大教学论 [M]. 北京：教育科学出版社，1999：159.

的年龄。语文课堂里的大量时间用于讨论教师对文本的感悟，缺少学生为主体的语文实践活动，其结果必然是降低语文教学的效率。

外国语文课程也有"听、说、读、写"综合编写的教材，有些教材呈现方式也与我国的语文教材很接近：前面一篇课文，后面是配合课文编写的一组练习题目。但在深入研读国外教材和语文课例后，我们发现即使采用"听、说、读、写"综合编写的语文教材，外国教师上语文课的方法也与我们有着明显的差异。和"文本解读型"教学不同，国外语文课教学是"语言学习型"的，就是遵照语文知识或技能学习规律设计教学流程，按照"理解—有指导的运用—尝试独立运用"的步骤设计教学。在整个教学过程中，文本理解只是教学过程的一个环节，而围绕这篇课文教学的语文知识和表达实践占了大多数教学时间。

"文本解读型"的语文课以"教材内容"为目标设计教学过程，课文学完，可以让学生对文本内容留下比较深刻的印象；"语言学习型"的语文课是按照"课程内容"组织教学过程的，因此教师上完课，学生掌握的是这堂课所教的语文知识、方法和技能。"文本解读型"的语文课容易实现人文教化功能的最大化，但往往会造成语文知识和方法等语文课程内容的边缘化；"语言学习型"教学设计有利于课程内容的落实，但可能不利于实现文本的人文教化功能的最大化。

有人可能会提出，按照"语言学习型"的流程上语文课，思想教育和情感目标如何落实？其实这可能是对语文课程的误读。按照课程标准的精神，语文课的人文教育目标应该是在语文学习过程中自然渗透的，应该注重的是"熏陶感染，潜移默化"，让学生在语文学习的同时接受思想情感教育，感受到心灵的震撼和情感的认同，应该是一种"润物细无声"式教育。因此，要从根本上改变语文课"教师讲得多，学生活动少"的局面，可能需要我们改变思路，遵照语文知识学习或语文能力形成的规律来设计教学过程。文本当然需要理解，但理解文本只能是语文教学过程中的一个环节，而不应该成为构建语文课教学过程的主线。或许这样才有可能让学生在语文课上有更充分的时间学语文，而不是只听老师讲课文，从而实现真正意义上的把语文课堂还给学生。

概而言之，我国现代语文教育要走出困境，就要从根本上改变高耗低效的局面，而要改变这种局面就必须从课程层面重构符合学生现代语文学习规律的课程形态，编制适合学生认知规律的课程内容，探索有利于提高语文教学效率的教程和教学方式。这样的改革近乎外科手术，是会伤筋动骨的，然而，这又是一个躲不开、绕不过去的问题，不这样去改革，我国的语文教育很难找寻到出路。

教课文？教语文？

语文课究竟是教课文还是教语文，我们语文教师的认识在理论上是一致的，应该是"用课文来教语文"。课文只是"载体"，就像叶圣陶先生说的只是"例子"，用课文这一"载体"或"例子"教学生学会语文，才是语文教学真正的"目标"。然而在实际的课堂教学中，不少教师客观上还是围绕"教课文"设计教学过程——教学目标主要是理解课文思想内容；教学时间主要花费在课文分段解读讨论上；课文上完，学生主要收获是加深了对课文故事情节或人物思想情感的理解，而"语文"能力方面似乎没有明显的长进。这样的语文课可以认定是"教课文"。反之，如果学生通过课文学习，能够明确地说出这堂课"学会"了什么语文知识或语文学习方法，在听说读写能力方面接受了哪些训练，有哪些新的收获，这样的语文课大致可以认定教师是在"教语文"。

评价教师"教课文"或"教语文"的主要依据是什么？我认为主要观察对象不是教师在课堂里教了什么，而是学生学习后在语文知识或语文学习行为上有什么收获，发生了哪些变化。正如现代课程论之父泰勒所说："学习是通过学生的主动行为而发生的；学生的学习取决于他自己做了些什么，而不是教师做了些什么。"

教什么：课程内容？教材内容？

最近我认真研究了朱老师执教的《毕加索和和平鸽》的课堂教学光盘，对什么是"教课文"，什么是"教语文"，有了更加深切的体会。先看这堂课的教学设计。

一、观察图片，引入课文

1. 观察龙的图片，你们会想到什么？（学生想到龙的成语，如"龙马精神"；想到龙象征皇帝；想到中国人是龙的传人。）

2. 看一幅鸽子图片，想到什么？（学生想到了和平，因为鸽子是代表和平的。）

3. 再看毕加索画像，介绍毕加索是一个爱画画和爱动物的人。

二、快速默读，思考：毕加索与和平鸽之间有什么关系

1. 讨论毕加索与和平鸽的关系。

2. 讨论"和平鸽"的象征意义与课文故事的关系。

三、学习新词

1. 分组讨论不懂的词语。

2. 每小组将讨论中不能理解的词语写在黑板上。

3. 教师指导学生学习不理解的词语：涕泪纵横、悲愤交加、口衔橄榄枝。

四、抓重点段，学习画流程图

1. 朗读第三自然段，边听边圈画这段话里的动词。

有一次有位法国老人来找他，涕泪纵横地向他说了一件悲惨的事：法国当时正被德国人侵占，一天，老人的小孙子把一群白鸽子放出去玩，但是，其中一只小白鸽很久都没有飞回来，小孙子心里惦挂着，就跑到屋顶上面眺望。忽然，他看见蓝天上有个小黑点。啊，是小鸽子回来了。小孙子马上拿出红布条使劲地挥舞，好让小鸽子认出自己的家。不幸的是，附近的德军看见了，以为他在给法国游击队发信号，便发狂似的跑上楼把小孙子推下楼，接着又把飞回来的小鸽子打死了。老人泣不成声地请毕加索给他死去的小孙子画一幅画。

2. 默读第三段，看看这段话里面有几个人物？

（法国老人、小孙子、毕加索、德军军士）

3. 教师示范画流程图的方法：

（1）刚才圈的动词是不同的人发出的动作。动词这么多，我们应该怎么去分析他呢？老师教大家画一个流程图。首先我们以小孙子为例，老师把写他动作的句子抽了出来。看老师圈了哪些词语。（板书：放，惦挂，

跑，眺望，看见，拿出，挥舞)

（2）再用蓝色的框框圈出一些词语。这些词语是去形容动作的，使这个动作更加生动。（板书：马上，使劲儿）

（3）这些词语之间有什么关系呢？下面老师就和大家来画小孙子的流程图。（教师一边说一边板书：首先是"放"，接着是"惦挂"，接着"跑"，接着是"眺望"，然后是"看见"小鸽子飞回来了，所以就"拿出"红布条使劲地"挥舞"。那他挥舞的时候还有些词语形容他怎么样挥舞的，"马上"拿出红布条，"使劲地"挥舞。）

小结：这就是今天要教的流程图。在流程图里，把动词写进红色的圈，然后根据动作的顺序，用箭头把这个图画出来。再把形容这个动作的词语写进蓝色的框框。

4. 分组完成德军和老人动作的流程图。

（老师给每组同学发一张大画纸和一支水笔。学生边讨论边模仿画流程图）

5. 各小组派代表交流，分享所画流程图。把图贴在黑板上。

6. 请一位同学连贯地做一些动作（连续表演两遍），观察后分小组再画流程图。

7. 各小组完成流程图，分享交流。

五、布置作业

回家观察一下妈妈做家务的片段，如煮饭啊，扫地啊，自己试着完成一个流程图。

这堂课除了初读课文和词语教学这两个环节与我们常见的阅读教学有些相似，在教学目标和主要教学环节设计方面与我们常见的阅读课大相径庭。整堂课教学重点不是在解读《毕加索和和平鸽》这篇课文，不是在感悟课文人物的思想情感，而是在指导学生画表现课文人物的"流程图"。

如何用课文来教语文？首先需要厘清语文课程内容和语文教材内容这两个概念。所谓的课程内容，是指为达到课程目标而选择的事实、概念、原理、技能、策略、态度、价值观等要素。就阅读教学而言就是这篇课文"教什么"。所谓的教材内容，是指为有效地反映、传递课程内容诸要素而组织的文字与非文字材料及所传递的信息，就阅读教学而言就是"用什么来教"，或者说是用哪篇课文来教。

以《毕加索和和平鸽》这篇课文为例，文中介绍的是毕加索和和平鸽的关系，作品表达的是法国人民热爱和平、憎恨法西斯的思想情感，这些是课文传递的信息，是"教材内容"，不是"课程内容"。课程内容指教师根据这篇课文选择的要求学生学习的那些语文知识、方法或语文技能方面的内容。朱老师所选择的课程内容非常明晰：一是学习课文中的新词，二是学习分解人物的动作画成"流程图"，而重点显然是让学生学会画"流程图"。整个教学过程教师就是围绕这些课程内容设计教学环节，并且层层深入地开展指导。教师在这堂课里"教什么"是清楚的、集中的，学生通过这堂课到底"学会什么"也是明确的。由于课程内容明确并且集中，而且立足于学生"学会"，因此这堂课教学的有效性是能够充分体现的。

其实许多教师在主观上也知道语文课不能只教课文，也很重视课程内容的选择和确定，但是许多教师在客观上没有厘清"课程内容"和"教材内容"之间的关系，往往是将教材内容当作课程内容进行教学；或者在课程内容选择上过于多元，恨不得将自己解读文本认识到的语文知识和语文方法一股脑儿教给学生，因而在教学过程中往往只能追求"教过"，没能在"教会"上花时间、下功夫。

怎么教：讲解？体验？

朱老师的这堂课在教学目标确定方面可以给我们的启示是：第一，要严格区分课程内容和教材内容，课堂教学的重点应该是课程内容，不是教材内容；其次，一堂课的课程内容选择要明确而集中，要立足于学生学会，而不仅仅是教师教过。

用课文来教语文，就应该按照语文学习的方法或规律来设计并实施教学过程。朱老师教学《毕加索和和平鸽》之所以能够集中凸显"画流程图"这一教学目标，与他设计教学过程的理念有关。我们会发现，这堂课主要不是在解读课文的思想内容，花在理解课文思想内容上的时间少之又少。当然，要让学生依托课文来学会画流程图，必须以读懂课文为前提。因此教师一开始也设计了整体感知内容这个环节，让学生理解讨论课文主要讲了什么。但教师只是将理解课文内容作为教学过程中的一个环节，并没有将其升格为统揽教学过程的主线。学生理解了毕加索与和平鸽之间的关系，认识了课文中和平鸽的象征意义以后，教师就直奔主题，抓住课文主要段落，指导学生学习如何画流程图：第一步是让学生在课文主要段落中画出描写人物动作的动词；第二步是以小孙子为例，示范指导学生画流程图；第三步是以课文中的老人或德国士兵为例，小组合作学习流程图的画法；第四步干脆离开课文，让学生当场做动作演示，然后以小组合作的方式将连贯的动作分解开来，整理成流程图。

这堂课里，理解课文内容，包括词语教学的时间只占大约四分之一，而花在画流程图指导和练习的时间却占了四分之三。教师设计教学过程所秉持的理念非常清楚，课文只是学生学习画流程图的"材料"，是"例子"，让学生学会画流程图，才是这堂课必须完成的课程内容。因此教学过程重点围绕着画流程图展开设计：教师示范—学生模仿操作—情境练习—回家独立操作。

对学生而言，学画流程图，既是一种文本阅读的方法，也是一项有相当难度的智力技能。如何让学生学会一种技能，最好的办法不是教师讲解、演示，而是让学生人人动手参与实践。"纸上得来终觉浅，绝知此事要躬行"，通过教师的示范，学生获得的只是知识、命题或概念，只是"理解"；要将理解的知识转化为技能，就必须让学生有操练的机会。许多复杂的技能往往操练一次还不能学会，必须在各种场合反复操练才能真正学会。杜威主张"从经验中学"；张志公认为技能的掌握不能通过口耳相授，而必须通过亲身经验，只有在个体参与和实践的过程中才能真正获得，讲的都是这个意思。所以，"教育的基本手段是提供经验，而不是向学生展示各种事物。"这堂课的教学设计完全是遵循学生技能学习的规律设计的，因此从现场情况观察，其教学效果是明显的。

设计："文本解读型"？"技能掌握型"？

研读朱老师的这堂课，我们发现阅读课的教学过程可以有两种设计：一种是文本解读型的，就是以解读文本思想内容为主线来设计教学过程，在文本解读过程中有机插入语文知识或方法的教学；一种是技能掌握型的，就是遵照语文知识或技能学习规律设计教学过程，文本理解只是教学过程中的一个环节。文本解读型教学设计容易实现人文教化功能的最大化，但往往会造成语文知识和方法等语文课程内容的边缘化；技能掌握型教学设计有利于促进语文课程内容的落实，但不利于实现文本的人文教化功能。

在鱼和熊掌不能兼得的情况下，很多教师选择的是前者，但是这种设计很容易滑入"教课文"的窠臼；而朱老师选择的是后者，因而其母语课比较容易体现"教语文"的特点，并且不可能产生"教课文"还是"教语文"的争论。要杜绝"教课文"倾向的出现，可能需要我们改变思路，变"文本解读型"为"技能掌握型"的过程设计，或许这样才有可能从根本上实现"教课文"向"教语文"的转变。

有的教师可能会提出，这样上课，语文的思想教育和情感目标如何落实？这篇课文蕴含着法国人民向往和平的思想情感和对德国士兵野蛮法西斯行径的谴责控诉，对这些思想情感方面的教学目标，朱老师是作为隐性目标自然渗透在教学过程之中的。虽然教师没有安排专门的时间，设计专门的环节有意识地凸显，也没有特意用语言来说教，但学生在读懂理解课文内容过程中，比如在导入课文图画观察时，在快速浏览课文思考"和平鸽为什么能成为毕加索画中的主角"问题时，在分解人物动作画流程图时……总之在语文学习的同时，客观上也在接受思想情感教育，感受到心灵的震撼和情感的认同，这是一种"润物细无声"式的教育。

其实，按照课程标准的指示，"培养学生高尚的道德情操和健康的审美情趣，形成正确的价值观和积极的人生态度，是语文教学的重要内容"，但这一目标应该是在语文学习过程中自然渗透的，应该注重的是"熏陶感染，潜移默化""贯穿于日常的教学过程之中"。而语文课程应该凸显的是语文知识的学习和提高语文能力的活动。

期待语文课的美丽转身

尽管语文教师都认同语文课应该是"用课文来教（学）语文"，但是不可否认，"教课文"却是当下语文课堂中的一种常态。去年台湾地区的赵镜中老师和大陆的一位老师共同上《太阳》一课。前者教学目标是让学生认识说明文的阅读方法；后者教学目标主要是研究太阳远、大、热的特点，以及太阳与人类的密切关系。赵老师认为语文课不应该讲课文，而是应该教学生学习的方法。

一

现代语文课程的一大问题是混淆了"课程内容"和"教材内容"这两个不同的概念。什么是课程内容？课程内容就是为达到课程目标而选择的事实、概念、原理、技能、策略、态度、价值观等要素。什么是"教材内容"？教材内容就是指传递课程内容的凭借。简单地说，课程内容是指"教什么"，教材内容是指"用什么来教"。赵老师是用《太阳》这篇课文来教说明文的阅读方法，目标指向阅读的方法、策略，很明显，这是语文课程内容；另一位老师用《太阳》这篇课文让学生认识太阳的特点、太阳和人类的关系，很明显，这是教材内容，而非语文课程内容。当下很多老师是把语文教材内容当成了语文课程内容，所以语文课上完，学生留下的多是教材内容的痕迹，而不是语文课程内容的痕迹。

其实除了少量的古诗词等流传千古的经典篇目，语文课本中的课文基本不属于语文课程内容。这是我多年从事语文课程与教学研究的结论。小学语文课程内容指的是学生学习语文必须掌握的、可以终身受用的语文知识、语文方法和语文技能。这些知识、方法和技能应该是相对稳定的、不可替代的。比如汉语拼音，标点符号，3000 个常用汉字；查字典的方法，查找资料的方法，阅读文章时圈点批注的方法；记叙描写的方法，简单的文章结构方法；以及为掌握这些知识和方法展开的听说读写技能训练等。为什么教材内容不是语文课程内容？因为教材内容是不稳定的，是可以替代的。我曾经统计过 20 世纪 80 年代京津沪浙四省市的语文课本和 20 世纪 90 年代上海 S 版、H 版语文课本，这几个版本中的课文到 2000 年以后还在用的不到四分之一。再追溯到 50 年代的语文课本，当时语文教材中的课文现在基本上都没有了。为什么那些课文现在都可以不教呢？因为这些课文不属于语文课程内容，课文只是学语文的"例子"，是可以替代的。我们可以用这一篇课文来教这些语文知识、方法，也可以换一篇课文来教这些语文知识、方法。所以语文课把大量时间放在课文思想内容的解读上，这是造成语文课效率不高的直接原因。为什么语文课 1 个月、2 个月不上，学生原来是优等生的还是优等生，原来差的还是差的，因为语文教师教的不是课程内容，大量的时间花费在课文内容的分析上，这实在是浪费时间。

前面说过朱老师上《毕加索和和平鸽》这篇课文的例子。朱老师确定的教学目标是"学习分解人物的动作并画出人物动作的'流程图'"。在学生理解了毕加索与和平鸽之间的关系，认识了课文中和平鸽的象征意义以后，教师就直奔主题，指导学生学习如何画人物动作的流程图。

听完朱老师的课，很多老师都非常纳闷：课文哪里去了？他这个课不是在上《毕加索和和平鸽》，而是在教学生画流程图。因此理解课文内容，包括词语教学的时间仅占约四分之一，而花在画人物动作流程图指导和练习的时间却占了四分之三。教师设计教学过程所秉持的理念非常清楚，课文只是指导学生学习画流程图的"材料"，是"例子"，让学生学会画流程图，才是这堂课必须完成的课程内容。因此教学过程重点围绕着画流程图展开设计：教师示范—学生模仿操作—情境练习—回家独立操作。通过这个课例，我们可以很清楚地认识什么叫教语文，什么是教课文。教课文，就是把课文的内容当作教学的主要目标；而教语文，是指以课文为"例子"，指导学生掌握语文知识，学会语文学习的方法。

二

崔峦老师去年在宁夏会议上说"要和课文内容分析说再见"，这句话很正确，但实施起来难度很高。为什么？因为现在的语文课程设计就是讲课文的课程设计，语文课就是一篇一篇讲课文，教材给出的就是课文的内容。每篇课文教什么，也就是语文课程内容，需要教师自己确定，自己选择。这是一个很大的难题。语文课不能跳出教课文的怪圈，主要和语文课的课程设计有关。

第一是教材没有提供合适的课程内容。同样一篇课文，老师选择的课程内容可以完全不一样。比如教《月光曲》这篇课文，张老师的教学重点是理解"月光曲"谱写的过程，感悟贝多芬同情穷人的思想感情，侧重在课文思想内容的理解方面；薛老师的教学重点是积累课文中优美的语言，并创设情景迁移运用这些语言，重在课文语言的积累和运用；于老师的教学重点是学习事物和联想的方法，并通过实践让学生掌握这种方法在阅读和写作中如何运用。由于语文课本提供的只是教材内容，至于这篇课文"教什么"，也就是课程内容，完全凭教师的个人经验和认识去选择、去琢磨，这样就不可避免地造成语文课程内容的随意、零散、无序和经验化。相当部分教师包括大多数入职教师由于对语文"课程内容"认识肤浅，难以区分"教材内容"和"课程内容"，甚至误将"教材内容"当成语文课的主要目标，课堂教学中将大量时间花费在文本内容的梳理和思想情感的感悟方面。

第二是现行语文教学流程不适合学生学习语文。现在语文教学的一般流程是初读课文，然后是分段讲读，最后总结练习。这样的教学流程本身就是一个适宜于文本解读的流程。教师解读的主要是自己对文本的感悟，是成人感悟，与儿童文本阅读感悟相距甚远。语文课堂里的大量时间用于讨论教师对文本的感悟，缺少目标明晰的以学生为主体的语文实践活动，其结果必然会降低语文教学的效率。学语文的流程是怎么样呢？就是按照语文知识或方法的学习规律，按照"领会知识（方法）—指导运用"的步骤设计教学。就像上面提到的朱老师的这个课例：首先领会什么叫画流程图，然后让学生去尝试运用，让学生去独立运用。教师教什么非常清楚，学生领会了以后就去实践。这才是一种"语言学习型"的教学流程。

第三是我们的课程设计没有预留学生语文实践的时间。语文课程标准说语文课要培养语文实践能力，而实践能力只有在语文实践中才能形成。现在的语文教材课文数量太多，一篇课文教 2 个课时，只够教师讲课文。如果把课文减少一半，大概每学期教 15 篇，那么可以留出一半时间让学生进行语言的实践。其实课文多教几篇、少教几篇，对学生阅读能力提高并没有直接关系。现在有些教师也重视在语文课上安排学生的语文实践活动，但往往是教师的个人行为，而不是课程行为。语文课如果有一半时间留给学生去读书、去表达、去实践，那么语文课的效率就一定能够提高。山东烟台搞的双轨教育实验，就是每个星期语文老师少上 2 节语文课，让同学去图书馆读书，学生的语文能力提高了。我们的语文课，核心是阅读，主线是阅读，然后教师根据自己的认识添加听、说、读、写等语文实践活动，添加什么实践活动，添加多少实践活动，都是老师个人行为，而不是课程规定，这是我们课程设计很大的不合理之处。

三

在现行语文课程背景下，语文教师如何运用课文来教语文呢？我提出以下几点建议。

首先，要依据课文合理开发课程内容。这篇课文究竟要教什么，教师要非常明确。现在每一篇课文除了生字新词，其他应该教什么，课程内容是不清晰的。我最近和国培班学员一起打磨《鱼游到了纸上》这篇课文的教案，开始学员确定的教学目标是"通过人物外貌动作神态描写体悟文本人物的品质"，目标指向理解人物的思想品质，显然不是语文课程内容；语文目标应该是抓住人物的外貌动作神态描写表现人物品质的写作方法，目标指向人物品质是怎么表达的，这才是语文课程内容。合理开发课文的语文课程内容有许多问题值得研究。比如，一位语文老师上《称赞》这篇课文，课后他征求我的意见，我就说这篇课文除了学习生字新词、有感情地朗读课文之外，主要目标是"懂得称赞能增强别人的自信"，这不是语文课程内容，而是思想品德课的课程内容。教学这篇课文当然应该让学生"懂得称赞别人"这个道理，但作为语文课的主要目标显然不合适。那么这篇文章的目标怎么定，通过讨论，最后把教学目标定在"学习如何得体地称赞别人"，这是在学习语言交际。结果教师设计了这样一些教学环节：

1. 刺猬和小獾是怎么相互称赞的，大家读一读。

刺猬说：你真能干，小板凳做得一个比一个好。

小獾说：我从来没有看到过这么好的苹果。

2. 互换刺猬和小獾称赞的话。

如果刺猬说："我从来没有见过这么好的板凳"你觉得合适吗？不合适，为什么？因为他小板凳做得很粗糙，他做得虽然很认真，但是他做得不好，他自己差不多都要泄气了，所以刺猬这样说是说假话，带有讽刺的味道，所以是不合适的。

3. 如果把刺猬的话改成："你真能干，小板凳做得真好"合适吗？也不合适。一个比一个好，并不是说他做得很好，只是后面一个比前面一个强，所以刺猬这样称赞也不合适。

4. 小结：我们称赞别人要恰如其分，否则的话，就给人一种虚伪的感觉，或者迎合别人、奉承别人，这是不妥当的。

教到这里，学生还只是理解，只是感悟。就像学开车时师傅坐在驾驶位上教学生：车子启动应该挂第一挡，启动以后要挂第二挡、第三挡。学生理解了，会换挡了吗？不会。不坐在驾驶位上是永远学不会开车的。那么怎么学开车呢？师傅是让学生坐在驾驶位上自己去学换挡，自己坐在副驾驶位上指导。语文课也不能仅仅是听教师说怎么开车，光是理解，学生可能会懂，但不会用，怎样才能会用，关键是让学生去运用、去实践。如何称赞别人，怎么让学生去实践呢？教师设计了让几位同学朗读刺猬和小獾的对话，然后要求学生来称赞这几位同学，思考对朗读好的同学该怎么称赞？朗读不怎么好的同学该怎么称赞。评价谁称赞得最合适。这是一种语言交际规则的教学，"学习如何得体地称赞别人"肯定要比"理解称赞的意义"更加符合语文课的教学任务。语文课程内容的开发，要瞄准语言知识、语文方法的教学和语文能力的培养。

第二，要根据学生的特点合理地选择课程内容。一篇课文可以选择的语文课程内容很多，这需要教师自己去选择。现在我们的语文课教的内容往往太多、太散，教师解读文本时认为有价值的都要教，但都是教过，不求教会。比如设计《桥》这篇课文可以教的知识点很多：有的老师认为课文中的对比描写很突出；还有位老师说这篇课文是层层推进，一层一层揭示这个老支书高大的形象，崇高的思想；另一位老师说这篇课文结尾揭开悬念，所以结尾非常精彩。如果每个知识点都教，再加上这篇课文字词教学要求，那么每个知识点的教学都只能是蜻蜓点水，一掠而过。其实语文课不应该追求教过，而是应该追求教会。所以备课讨论后大家形成一个共识，就是要学会舍弃，伤其十指不如断其一指。"结尾揭开悬念"对五年级的学生而言是可以学会的，这篇课文教学可以围绕这一个知识点设计教学过程：先让同学想，前面如果点出他们是父子关系，行不行？当然也可以，你读一读，现在这样写了，有什么好？通过比较，让学生认识课文最后揭开悬念，能够增强文章吸引力，有悬念感。那么这个方法怎么用？老师另选一篇文章，这篇文章一开始就交代了结果，让学生模仿课文修改，最后揭开谜底，这篇文章该怎么改？改了以后有什么效果？这样就把这堂课学到的方法在实践中操练了一下，通过实践让学生掌握这一方法。这符合儿童学习的规律。

第三，依据认知规律有效设计教学流程。要教会学生，其教学流程应该是"认识领会—实践运用—反思总结"的过程。语文知识的教学、语文学习方法的教学都应该这样设计教学流程。比如学习"结尾揭开悬念"，首先是理解知识的表征，这时学生理解的只是一个抽象的概念，只是一种陈述性知识；然后需要通过实践，在新的语境中运用，才能上升为程序性的知识，学会一种写作方法；最后还需要反思总结，引导学生在各种不同的语境中去迁移、去运用。这是学习方法的教学流程。如果是课文语言的学习，那么首先是要理解、积累，然后还有一个很重要的工作就是让学生尝试运用。我们的语文课花在词语理解上的时间不少，所以学生学到的是消极词汇，能理解但不会运用。如果教师以运用语言为目标去设计教学流程，那么每篇课文教学都应该设计尝试运用课文语言的教学环节。这样就能够促进消极语汇向积极语汇的转化，学生的积极词汇量增加了，语言的质量就能够大大提高。

语文本体性教学内容的构建

教学内容作为课程的核心要素，在课程构建中具有极其重要的意义。教学内容是教学目标的具体体现，构建合理的教学内容是课程决策、课程设计和课程实施的前提和基础，离开了教学内容，教学目标就成了一纸空文。由于我国语文课程与教学理论缺少对中小学语文教学内容的系统研究，语文课程标准对教学内容的表述过于笼统，语文教材也没有明确呈现教学内容，直接导致语文课堂教学实践中教学内容的混乱。语文课究竟"教什么"主要凭执教者个人经验去判断和选择，这就不可避免地造成语文课程内容的随意、零散、无序和经验化。

一、本体性教学内容和非本体性教学内容

语文课程作为基础教育中的一门核心课程，对学生思想、情感、审美教育方面所起的作用是其他课程无法比拟的，应该责无旁贷地承担起这些教育任务，这是毫无疑问的。正如语文课程标准指出的那样："工具性与人文性的统一，是语文课程的基本特点"，语文课程"应通过优秀文化的熏陶感染，促进学生和谐发展，使他们提高思想道德修养和审美情趣，逐步形成良好的个性和健全的人格。"这些表述无疑是正确的，表明了语文课程综合性的特点，但也使得语文课程长期陷入了"工具性"和"人文性"的争论，使得原本就纷繁复杂的语文教学内容变得更加扑朔迷离。

其实语文课程原本就是一门人文课程，正如德国语言学家洪德堡指出的那样："民族的语言即民族的精神，民族的精神即民族的语言""使用一种语言意味着接受一种文化，隔断一个人与母语的联系，也就意味着使他

与自己的文化传统断绝了联系"。汉语言文字是联系14亿中华各民族同胞强有力的纽带，学习语言文字是学生接受民族文化传统，提高民族认同感最有力和最有效的方式。语文课程着眼汉语言文字学习，就是坚守中华文化的根基，就是在为我们的子孙后代打上中华民族的烙印。因此，指导学生牢固掌握祖国的语言文字是语文课程人文教育任务的重要组成部分，是语文课程人文教育任务最直接、最重要、最有效的体现，也是语文课程区别于其他各门课程的本质特征。将学习语言文字仅仅看作是"工具性"任务，进而否认其人文性质，甚至将其排斥在人文教育任务之外，无疑是对语文课程性质的误读。

课程标准将语文课程的基本性质表述为"工具性和人文性的统一"有其合理的一面，但实践表明这样的表述很容易造成语文课程"工具性"教学内容与"人文性"教学内容的对立，很容易让人误将"工具性"教学内容排除在"人文性"教学内容之外，这样语文课程的"人文性"教学内容就仅剩下思想、情感、价值观教育，很容易将语文课上成思想品德课或政治课，客观上造成语文课程性质的异化。我们必须认识到，情感、态度、价值观教育、审美教育等是语文课程必须承担的人文教育任务，但这些任务不是语文课程一科独担的。在语文课程中，情感、态度、价值观教育、审美等教育任务应该是在语言文字学习过程中渗透的，不能将这些任务与"语言文字学习"任务对立起来，更不能以"情感、态度、价值观"等任务冲击甚至代替"语言文字学习"的任务。

依据语文课程功能我们可以把语文课程的教学内容大致划分成两个大类：一类是语文本体性教学内容，包括语文知识、语文策略（方法）和语文技能。这类教学内容反映出语文课程区别于其他课程的本质特征，是语文课程的"立课"之本。完成这些教学内容，就能为学生学习各门课程奠定扎实的基础，也能为学生人文素养的全面提升奠定基础。一类是非本体性教学内容，包括情感、态度、审美、价值观的熏陶、多元文化的学习、思维能力包括创新精神的培养等，这类教学内容是基础教育各门课程共同承担的共性化任务。语文课程作为基础教育中的一门核心课程，应该责无旁贷地承担起这些教育任务，但也无须放大，因为情感、态度、价值观教育是学校各门课程共同承担的，并且学校、家庭、社会对学生"情感、态度、价值观"的形成所能发挥的作用远远超过了语文这门课程。

我们将语文教学内容划分为本体性教学内容和非本体性教学内容，目的是区分这两类教学内容在语文课程的不同目标定位及实施过程中的不同途径和方法。尽管语文课程对学生思想、情感、审美教育方面所起的作用是其他课程无法比拟的，但是这类教学内容在语文教学过程中重在体验，重在感悟，在教学实施过程中应该是渗透在语文知识教学和语文能力培养的过程之中的，应该是结合在听说读写的实践过程中实现的，应该是一种"润物细无声"的教育。如果把思想、情感、审美教育从语文知识教学和语文能力培养中剥离出来，甚至无限放大或强化，就会异化语文课程的性质。

二、围绕本体性教学内容组织语文教学

综上所述我们可以认为，思想、情感、审美教育和思维训练这些非本体性教学内容都应该在完成语文课程本体性教学内容的过程中实现。换句话说，本体性教学内容与非本体性教学内容在语文课程中不应该是割裂的，不是简单的并列关系，而应该是一种包容关系。按照语文课程性质，语文教学过程中显性呈现的应该是本体性教学内容，应该以本体性教学内容为目标，并且按照学生的认知规律来组织教学过程，而思想、情感、审美教育和思维训练应该渗透或包含在本体性教学内容学习过程之中。语文课的教学组织应该是：让学生明确理解需要学习的本体性教学内容，然后通过反复实践，达到在其他语境中迁移运用的目标（见下图）。

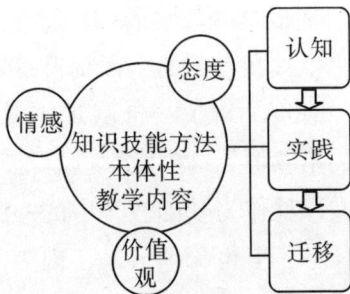

当下的语文课程在本体性教学内容和非本体性教学内容关系的把握和处理上恰恰是颠倒的。大部分教师上语文课是以非本体性教学内容即课文思想内容的理解和分析为主要目标，围绕着课文思想内容的理解为主要线索，按照"初读—分段精读—总结提升"的流程组织教学，对本体性教学内容反而是采用穿插、添加的方式渗透其间。请看下面这个课例：

将相和

教学目标

1. 初步把握课文的主要内容，领悟 3 个故事之间的内在联系。

2. 感受蔺相如在渑池会中的智勇双全，在面对廉颇挑衅时的宽阔胸襟；感受廉颇知错就改的勇气。

3. 体会廉颇和蔺相如以国家利益为重的爱国之心。

4. 教学重点：感受蔺相如在渑池会中的智勇双全，感受廉颇知错就改的勇气。

教学过程

1. 解课题，引出人物

2. 抓不和，寻找原因

3. 看相如，智勇双全

4. 学廉颇，深明大义

5. 寻联系，评价人物

6. 抓提升，课后延伸

很明显，这堂课的教学目标和重点是感受蔺相如的智勇双全和廉颇知错就改的勇气，这些都是非本体教学内容；整堂课的教学设计就是围绕着人物的思想品质的理解即"非本体内容"展开教学过程的。当然语文教师在教学过程中也想方设法地插入朗读、词语教学、人物描写方法等各种"本体性教学内容"，但这些内容在教学过程中实际上沦为一种点缀，一种随机添加，这样就造成本体性教学内容的碎片化，颠倒了语文课程本体性教学内容和非本体性教学内容的关系（见下图）。

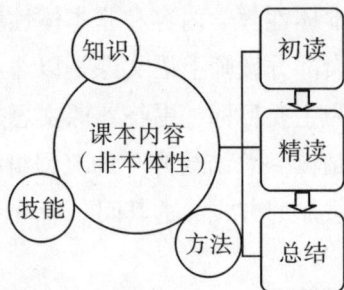

遗憾的是，这样的课堂组织已经成为当下语文课的一种常态。语文课之所以会上成思想品德课、历史课、社会课，这种现象之所以屡禁不止，其根源和当下语文教学实践中颠倒了本体和非本体这两类教学内容有直接的关系。

因此，如何正确认识并处理好语文课程本体性教学内容和非本体性教学内容的关系，并且按照本体性教学内容的学习规律来组织我们的语文教学，是语文课程与教学理论研究者和广大语文教师必须研究的一大课题。

三、语文本体性教学内容的选择

语文课程教学内容的选择应该从本体性和非本体性两个方面来考虑。尽管语文非本体性教学内容纷繁复杂，界定其内涵和外延非常困难，但我们可以参照《思品社会课程标准》规定的教学内容来大致选择和确定语文课程非本体性教学内容，语文课程在情感、态度、价值观等方面的教学内容不可能也没有必要超越思品社会课的教学内容；此外，现在语文课文教材编写已经精心考虑了思想情感、态度、价值观方面的教学内容，因此，教师可以依据课文内容进行教学，无须再自行选择，也没有必要再重起炉灶。

语文教学内容研究的重点应该放在语文本体性教学内容方面，梳理清楚语文本体性教学内容，就可以为语文教材编写提供框架体系，并且能在很大程度上消解语文教学实践中的混乱和教师在教学内容选择上的困惑。

从历史上看，我国语文教学内容体系的编制曾经有过多种路向：指向字、词、句、篇，语、修、逻、文等语文基础知识教学的内容体系；指向听、说、读、写等方法学习和语文能力培养的教学内容体系；指向语文学习习惯培养的教学内容体系；还有融知识、方法、能力、习惯为一炉综合性的语文教学内容体系。20 世纪 50 年代"汉语""文学"分科教学，其中的汉语课本编写遵循的是语法和文学知识的教学内容体系；20 世纪八九十年代中小学语文课本强调读写基本功训练，试图以阅读与写作能力为指向编制语文教学内容体系。这两次改革从语文知识和语文学习方法两个不同的层面提出了比较具体的语文教学内容，尽管限于当时的研究水平，所概括的语文教学内容在科学性和完整性方面都有值得推敲之处，但对明确语文课程教学内容，推进我国语文课程的科学化和教学内容的具体化，都起到过积极的作用。

2011 年版《义务教育语文课程标准》从识字写字、阅读、习作、口语交际、综合性学习五个方面制定了四个学段的教学目标和内容。这五个方面的分类以及各学段教学目标和内容的规定，总结了广大语文教学工作者长期以来对语文教学内容的认识，凝聚了广大语文教学工作者的智慧和实践经验，是现阶段我们编制语文课程教学内容框架体系的重要依据。我们检索部分发达国家和地区的母语课程标准，研究比较各国语文学界对教学内容的选择和分类情况。发现各国都将听、说、读、写能力培养作为语文课程主要目标并以此来设计母语课程的教学内容，可见以听、说、读、写能力培养来选择教学内容是各国语文工作者的共识，是符合语文教育规律的。

此外，各国母语课程都很重视语文知识教学，将其作为语文课程重要的教学内容，美国、法国、日本等国家都将语文知识教学与听、说、读、写教学并列，作为母语课程的教学内容。英国语文课程标准没有将语言知识教学内容单列，而是在"阅读"部分详细罗列了语音知识、字形知识、单词辨认、语法知识和技巧等具体的教学内容。其实我国 1956 年颁布的《小学语文教学大纲》也将汉语知识与识字、阅读、作文并列，作为语文教学内容之一；之前 1941 年颁布的《小学国语课程标准》在第二部分"教材纲要"以附件形式罗列了"读书教材文体分类"和"文法的组织"等教学内容，对小学国语课文体知识和文法知识教学内容做了明确的规定。中华人民共和国成立以来我国多部语文教学大纲和课程标准将语文知识教学内容融入阅读、习作部分，体现语言知识不应单独施教而应该结合阅读、习作教学的主张，但是 2011 年版《义务教育语文课程标准》的附录中还是明确列出了语言知识方面的教学内容，表明了语文知识确实是语文教学内容不可或缺的组成部分。语文课程需要教学哪些语文知识是属于教学内容的问题，而语文课程中这些语文知识应该单独教学还是结合阅读、习作教学，这是教学方法问题，无须混为一谈。日本国语指导要领的处理方法是将"语言事项"与"听说领域""写作领域""阅读领域"并列单独作为一个部分，但是以"事项"和"领域"两个不同概念作出区分，指明"语言事项"类教学内容应该是结合在各领域教学过程实施教学的。这样的表述方法值得借鉴。

值得注意的是，各国母语课程文件确定的教学内容中除了听、说、读、写等语文能力和语言知识之外，还列出了一些很个性化的教学内容，比如：观察（美国），诗歌教学（法国），媒体素养（加拿大），思维、资讯科技（新加坡），等等。这些内容是否应该成为语文课程规定的教学内容，也是值得我们研究的。

按照现行语文课程标准提出的提高学生"语文素养"的理念，综合发达国家母语课程内容体系的研究成果，我们以为小学语文课程的本体性教学内容可以从两方面去构建：一是语文基础知识，包括拼音、汉字、常用词语、常用句子、标点符号、简单的修辞、常用的文体等；一是语文学习方法，包括理解词语句子，领会文章主要内容和文章中心，理清文章表达顺序，各种文体的阅读等方法；除了阅读方法，还应该包括写的方法和听、说的方法等。

听、说、读、写等语文技能是在掌握语文知识与方法的基础上通过反复运用练习形成的，技能初步形成以后通过反复实践就转化为自动化的行为，就形成了习惯。因此将语文基础知识和学习方法作为语文教学内容，并且在教学过程中强化运用语文知识和语文方法的实践操练，就可以达到提高学生语言文字运用能力和培养良好的语文学习习惯的目标。这是符合儿童语文学习规律的。

四、明确本体性教学内容的具体内涵

课程论认为："教学内容是根据课程目标从人类的经验体系中选择出来，并按照一定的逻辑序列组织编排而成的知识和经验体系。"长期以来，语文教学内容主要来源于学科的静态的陈述性知识，比较忽视人们在学习过程中创造的动态的确定性不很强的程序性知识。比如那些有关阅读和写作方面的方法性知识。其实教师在长期的教学实践中探索了不少有关阅读和写作方面的程序性知识，尽管带有很大的经验性，但却是语文课程教学内容的重要组成部分。现在亟须做的工作是筛选并提升这些经验性的知识，使其成为比较合理比较确定的教学知识，成为语文课程中合法的教学内容。

从目前情况看，选择语文陈述性知识方面教学内容的难度相对较低。语文课程标准中对拼音、识字、标点符号、修辞知识等教学内容都有比较明确的规定，原因是这些知识比较确定，语言学界对这些知识的研究也比较深入。困难的是语文学习方法（程序性知识）方面教学内容的确定，比如究竟应该教学哪些阅读方法，究竟应该教学哪些表达方法，等等。由于我们长期缺乏对这类程序性知识深入的、系统的研究，因此无论编制语文课程标准的，编写语文教材的，还是教语文的，甚至包括研究语文课程与教学理论的，几乎讲不出个所以然。每位语文教师都是凭自己对这类程序性知识的认识以及个人的语文学习经验在教这类"知识"，因此每位语文教师所教的"知识"几乎都不一样。

比如教学《月光曲》这篇课文，几乎每位教师都教"事物和联想"这一知识。这究竟是个什么样的知识？按照教材的解释，"一篇文章里讲到的，有的是实实在在的事物，有的是由这些事物引起的联想。我们读书的时候，要注意分辨哪些是实际存在的事物，哪些是由实在的事物引起的联想"。根据这一解释，在课堂教学中出现三种不同的教学内容：第一种是让学生分别画出课文中描写事物和描写作者联想的句子，然后让学生分别读一读两种不同描写的句子，让学生认识事物和联想这两个概念，这样教学"事物和联想"，学生接受的只是一个陈述性知识。第二种是在学生认识事物和联想这两个概念以后，进一步让学生明白阅读时要思考文章中写这些联想对思想感情的表达有何作用？这样教学，学生学到的是一种阅读方法，掌握这种阅读方法能有效提高学生的阅读质量。第三种是进一步引导学生向文章写作方法方面去思考，认识写文章时适当写出自己的联想，可以丰富文章的内容，从而能够更加充分地表达自己的思想感情。这样教学，学生学到的是一种写作方法，可以有效提高学生的写作能力。

同样一个知识，为何在实际课堂教学中会出现三种不同的教学内容，原因可能很多，但首要原因是我们对"事物和联想"这一教学内容缺乏深入研究，课程标准、教材（教学参考书）也没有做出明确的阐释；当然，教师本身的语文功底和知识储备，教师对"事物和联想"这一教学内容的理解也会影响他教学的实际效果。前一个问题属于课程研究问题，需要从课程层面做出解释；后一个问题是教师本身素养问题，需要通过教师培训或进修学习加以解决。

因此语文教学内容的研究，在构建了语文课程教学内容体系以后还需要进一步对一些重要的陈述性知识特别是程序性知识的教学内容进行深入研究，对一些重要的教学内容给出比较明确的界定或解释。

五、本体性教学内容的组织

明确了语文教学内容的具体内涵以后，还必须研究各项教学内容在语文课程中如何组织，小学和中学阶段如何合理分工，各年级应该教到什么程度，各项教学内容的联系、衔接，以及每项教学内容的权重，等等。

当下中小学语文课上几乎每一位教师都在用大量时间分析课文的表达方法，教写人记叙文必教人物的语言描写、动作描写、心理描写等，教记事文必教事情的起因、经过、高潮和结果等，教说明文就必教说明的几种方法等，小学和中学没有明确的区别，小学中年段和高年段也没有具体的分工。因为每篇课文都有值得教学的表达方法，既然说不清楚哪一年级应该教学哪些表达方法，因此哪一年级教学这些表达方法似乎都是合理的。

要从根本上改变这种现象，就必须对语文本体性教学内容加以精心组织，明确各项教学内容的年段或年级分工。比如课程标准对小学阶段"文章表达方法"的学习只有在第三学段提道："在阅读中了解文章的表达顺序，体会作者的思想感情，初步领悟文章的基本表达方法。"至于中小学阶段到底要学习哪些表达方法？这些表达方法在每个年段到底如何分布？课程标准没有明确的指示。为此，我们依据语文课程标准的年段目标，试着划分了小学 3~6 年级课文表达方法方面的教学内容（见下表）。

年级	具体指标
三年级	能结合语境体会词语（动词、形容词、副词等）的准确运用及其表达效果 能结合语境体会词语运用的生动有变化及其表达效果 能结合语境体会句子（感叹句、疑问句等）的正确运用及其表达效果 能结合语境体会句子运用的生动有变化及其表达效果 能结合语境体会成语（俗语）、名句、格言的恰当引用及其表达效果 能结合语境体会标点符号正确运用及其表达效果
四年级	阅读时有主动体会文章中有特点的词语和句子及其表达效果的意识 认识并区分课文中叙述与描写不同的表达方式 认识并区分课文中人物语言描写、动作描写、外貌描写、神态描写、心理活动描写 领会课文中如何通过人物描写具体表现人物的思想感情 知道文章中景物描写的作用
五年级	阅读时有体会文章表达形式的意识和习惯 阅读时领会作品通过人物具体描写表现人物的性格特点 能在具体语境中辨别环境描写并体会其表达效果 能结合课文分辨文章详写和略写，并体会其表达效果 知道文章中说明的几种方式
六年级	阅读时能主动体会文章表达形式的意识和习惯 知道抒情、议论等表达方式，并能在阅读时能分辨这些表达方式 能在具体语境中辨别场面描写并体会其表达效果 能在具体语境中辨别作者的联想并体会其表达效果 能在具体语境中辨别顺序、插叙、倒叙，并体会其表达效果

以上罗列的"体会文章表达方法"的教学内容是否合理，还有待广大教师在教学实践中验证，但明确这些教学内容可以极大程度提高语文课程的透明度，减少语文教学实践中零散、无序、重复、脱节等不正常现象。"体会文章表达方法"仅仅是阅读方法中的一项内容，阅读方法还有很多，比如学习朗读、默读、浏览等各种阅读方式，理解课文思想内容的各种方法，还有查字典、做笔记、查寻资料、质疑提问等。如果语文课程能把这

些教学内容都梳理清楚，并且把这些教学内容明确分工落实到各个年段，才能从根本上消除语文教学内容方面的混乱无序局面。

编制语文课程的教学内容体系是语文课程论研究的重要课题，虽然这项研究极其复杂，特别是要获得社会各界以及语文教师的广泛认同实在不易，可是这不能成为回避的理由，也不能因为其复杂而不作为。由于教学内容的选择和确定带有很大经验性，因此可以认为，中小学语文教学内容体系可能不止一种，因为人们对语文学习经验的理解和认识是不同的，基于不同的语文学习经验可以构建出不同的教学内容体系，这是正常的。现阶段需要做的工作是，联合语文课程教学论、汉语、文学、教育心理学和一线教师、教研员等各路专家协同研究，尽快编制出认同度较高的语文教学内容，然后放到语文教学实践中去检验，逐步修改，不断完善。只有做好这项工作，语文教学才能最终摆脱无确定教学内容的苦恼，语文教师才能摆脱"暗中摸索""大海捞针"的困惑，才能从根本上提高语文教学的效率。

参考文献

[1] 课程教材研究所. 义务教育语文课程标准（2011 年版）[S]. 北京：北京师范大学出版社，2011：2.

[2] 洪堡特. 论人类语言结构的差异及其对人类精神发展的影响 [M]. 北京：商务印书馆，1997：216.

[3] 课程教材研究所. 20 世纪中国中小学课程标准·教学大纲汇编 [S]. 北京：人民教育出版社，2001：40-42.

[4] 付宜红. 日本语文教学研究 [M]. 北京：教育科学出版社，2003：264-272.

[5] 廖哲勋、田慧生. 课程新论 [M]. 北京：教育科学出版社，2003：180.

[6] 义务教育六年制小学教科书《语文》第十二册 [M]. 北京：人民教育出版社，1998：28.

第二章

积累语言

阅读导语

　　2015 年我和于永正老师分别为《小学语文教师》杂志写了两篇卷首语，谈的都是语言积累的重要性。限于篇幅，没有从理论上展开。为了让语文教师更加清楚地认识小学阶段强调语言积累的重要性，我很认真地写了《再论语言积累是学习语文的基础》，从理论上阐述了语言积累在小学语文教学中应有的地位和意义。现代语文教学重视语文知识和方法策略指导，这是语文教学的一大进步。但语文知识和方法的教学必须以大量的语言积累为基础和前提。"对处于语言发展关键期的小学语文教学来说，积累语言和运用语言的学习相比阅读理解语言的学习至少同等重要，甚至更为重要"。这是我从事小学语文教学研究四十年以后获得的重要认识。2019 年我在全国小学语文教师素养大赛上发表的讲话《积累语言经验是学习语文的基础》明确提出"语言经验"的概念。以往语文学界对"语言积累"的认识大多局限于语言材料的积累，包括词语、句子、语段积累，这些都是语言表达的物质基础；而语言运用不能离开语言运用的经验，如词语怎样运用，词和词怎么搭配，词和句怎么组合，句和句怎么构建等，而词句如何运用大多是说不清道不明的隐性知识，只可意会不可言传。语文课不仅要扩大学生语言材料的积累，更需要丰富学生语言运用的经验，从而提升学生的语感。语言经验越丰富，运用语言的水平就越高。2020年，针对语文教师使用统编教材时过度强调单元语文要素的落实，忽视语言经验积累的倾向，我又写了《丰富语言经验是学习语文的基础》，强调语文是一门综合性课程，使用统编教材，除了要落实单元语文要素之外，不能忽视语言经验积累和语感培养，指出积累语言经验是学习每篇课文最基本最有价值的内容，甚至比落实单元语文要素更重要。现代语文教学把重点放在概念性知识教学以及方法策略的指导上，是语文教学战略性的失误。文章还比较全面地总结了丰富学生的语言经验的四条建议：第一是要多读多背，培养规范的语言习惯，第二是要主动积累有新鲜感的词语，第三是要发现课文语言的精彩，第四是要主动运用有新鲜感的词句。这一章还收入了我这一时期写的《寻找课文语言与学生语言的差异》，这篇文章通过案例阐述了如何指导学生主动积累新鲜感的词句，如何发现课文语言的精彩的具体方法，是前篇文章提出的如何积累语言经验教学建议的具体化。

再论语言积累是学习语文的基础

正如于永正老师在《也谈语言积累》这篇文章里所说："我们的学生没有多少对语文有兴趣的，他们的兴趣全被老师喋喋不休的讲解和无穷无尽的练习题消磨殆尽了。如果我们的老师都能按课程标准说的'少做题，多读书，好读书，读好书，读整本的书'去做，注意语言的积累，我们的语文教育就有希望了，我们的学生就有希望了。"为了让语文教师更加清楚地认识小学阶段强调语言积累的重要性，我认为很有必要从理论上再做一番探讨。

一、忽视语言积累是现代语文教学的一大失误

自白话文教学以来，我国的语文教材就是文选型的，语文课四分之三的时间就是学习一篇篇课文。每学期少则二十几篇，多则四十来篇。从儿童的语文素养发展看，每篇课文大致都有三个方面的学习价值：一是文化价值，比如让学生认识李白、杜甫是古代伟大的诗人，知道长城是我国古代劳动人民的创造，认识世界上不同的国家不同的民族多元的文化等；二是学习语文的方法规律，通过课文让学生掌握汉语的基础知识，学习阅读、写作的方法，从而促进听说读写技能的提高；三是语言材料积累，包括生字、词语、句子的积累，通过大量规范的书面语言材料的输入，积累并熟悉汉语的语言规则，包括词语运用和搭配、词与句和句与句组织的经验，丰富学生语感。这三种不同的学习价值，应该根据学生不同的年龄段的心理特点和学习语言的规律有所侧重，换句话说，就是在教学每篇课文的时候，应该根据儿童的年龄特点和语文学习的规律适当地处理这三方面

学习任务的权重关系，从而获得教学效率的最大化，并且使儿童的语文能力能够得到最大程度的发展。这是语文教学也是每一位语文教师必须面对并做出选择的关键问题。

语文课程在很长一段时期强调思想道德教育任务，关注语文课程人文性特点，将情感、态度、价值观教育放到不恰当的位置，其直接后果是异化了语文课程的性质，将语文课上成思品课、社会课、历史课。这种倾向在本轮课改前期也一度泛滥，干扰了语文课程改革的方向，并且产生很大的负面影响。其实情感、态度、价值观教育是基础教育各门课程共同承担的教育任务，语文课程当然不能例外，但语文课的"本职"工作是学习语言文字的运用，正如叶圣陶先生所说，"国文教学的重心在于语言文字。虽然国文教学富有'教育意义'，但这不是它的'专任'。"将课文的文化价值作为教学的主要取向，无疑是混淆了本职和兼职的关系。

20世纪八九十年代，语文课程重视学生智力发展和语文能力的培养，强调学习方法指导。特别是2011年版《义务教育语文课程标准》重新界定了语文课程的性质"是学习语言文字运用"，广大教师更加重视语文基础知识和语言运用方法的教学，增加了语文课程的语文含量，使得教学效率发生了明显变化。有人说"语文课开始像语文课了""语文课更加有语文味了"。将语文知识和语文方法学习作为课程的主要取向，表面看确实抓住了语文课程的性质特点，教师在语文课里教的确实都属于"语文"的内容；但从小学生的心理特点和语文学习规律看，这样的教学取向能否获得最佳的教学效率？结论并不是肯定的。原因很简单，儿童心理学研究认为，6~12岁儿童正处于语言发展的关键期，最大程度地丰富儿童的词汇量，增加各种常用规范的句子范型，可以为学生今后的语言发展奠定坚实的基础。当代脑科学研究认为，2~8（10）岁儿童大脑神经功能分工不明显，其学习语言是全脑学习，因此儿童是人一生中学习语言的最佳期或黄金期；10~12岁以后，大脑神经分工逐步完成，右脑区域管语言，左脑区域管思维，半脑学习语言的效果当然不如全脑学习。古人尽管不可能了解现代脑科学研究的结论，但是他们根据长期对儿童深入观察以及语言教育经验所采用的教学方法，与现代脑科学的研究结论不谋而合。清人陆世仪在《论小学》中指出："凡人有记性，有悟性。自十五以前，物欲未染，知识未开，则多记性，少悟性。十五以后，知识既开，物欲渐染，则多悟性，少记性。故凡有所当读之书，皆当自十五以前使之读熟。"应该说陆氏根据自己的经验总结的，根据儿童各年龄段悟性和记性的不同特点采用不同的学习语言策略，是基本符合儿童语言学习规律的。

重视语言积累，强调多读多背是我国传统语文教学的宝贵经验，在我国流传了 2000 多年。南宋教育家朱熹为学童制定的《童蒙须知》里指出：读书"须要读得字字响亮。不可误一字，不可少一字，不可多一字，不可倒一字。不可牵强暗记，只是要多诵遍数，自然上口，久远不忘……"明朝学者王阳明说："凡授书，不在徒多，但贵精熟。"清代教育家崔学古也说："多选多读，若能日诵数千言，而时时记于胸次，何患文词之不富，而下笔之难就也？其第一着尤在看书。"由于认识到语文积累的重要价值，因而我国的蒙学教育一直将多读多背作为最基本的教学方法，这样的方法虽然有这样那样的不足，但其能流传千年一定有其符合规律的地方，这是毋庸置疑的，而且这种方法确实培养出一大批国学大师。我曾经在一篇文章里写道：现代语文教学的重心一直偏重语言的"理解"，严重忽视了小学阶段儿童语言的积累，在小学阶段语文教学任务的选择上犯了战略性的失误，其直接后果是造成几代国民语文素养下降。从儿童语文学习的规律看，大量积累语言材料，毫无疑问应该成为小学语文教学特别是低中年级语文教学的重点。对小学年龄段学生而言，积累丰富的语言材料可以为他一生语文能力的发展奠定坚实的基础，语言材料积累与其语文能力发展成正比，是"过了这个村没了这个店"的。

当然，重视语文知识和语文方法的学习是现代语文教学的一大进步，必要的语文知识和方法的教学可以促进儿童语文能力的发展，这是毋庸置疑的。但是语文知识和方法的教学必须以大量的语文积累为基础和前提。语文课程标准明确指出："关于语言结构和运用的规律，须让学生在具有比较丰富的语言积累和良好语感的基础上，在实际运用中逐步体味把握。"我们必须认识，对处于语言发展关键期的小学语文教学来说，积累语言和运用语言的学习相比阅读理解语言的学习至少同等重要，甚至更为重要。在儿童"悟性差，记性好"的年龄段，片面强化语文知识和方法教学，并因此放松甚至放弃语言积累，会对儿童一生的语言发展的潜能产生极大的负面影响，而这种损失在以后任何时候采用任何方法都可能难以弥补。

二、语言积累对儿童语言发展的重要意义

2000 年以后颁发的两部《义务教育语文课程标准》都提出了要重视语言积累的意见，但是在当下的语文教学实践中，大多数语文教师仍然将发掘课文的文化教育价值或实现语文知识、方法规律学习价值的最大化作为课文教学的重中之重；而引导学生主动积累课文语言，最大程度实现课文语言的内化始终难以成为课文教学的重点！原因何在，主要是我们的语文教师对小学阶段儿童语言积累的重要价值缺乏必要的认识；与此同时，现代语文教学理论对儿童语言积累问题也没有开展过系统深入的研究。为什么我们要十分强调小学语文课程中语言积累的任务，语言积累对儿童语言能力发展究竟有什么重要作用？

首先，语言积累的数量是决定一个人语文能力的关键要素。我们都知道，词汇量可以决定一个人的语文水平，掌握的词汇越多其语言水平越高。其实决定一个人的语文水平除了词汇量还有一个重要因素，就是所掌握的句型。因为词语是语义的最小单位，而句子是语言表达的最小单位。词语的运用离不开句子，掌握的句型越多，语言表达能力就越强。所以小学阶段语文教学最有效的教学手段就是将课文中规范的词语和句型输入学生的语言仓库，最大程度地丰富儿童的语言积累。自 20 世纪初语文独立成为一门学科以后，清政府颁发的第一部课程标准《奏定初等小学堂章程》就规定，初等小学堂学生 5 年背诵经典总量 101800 字；高等小学 4 年背诵总量 115200 字，9 年小学教育学生语言积累的总量达 217000 字。小学阶段学生究竟应该积累多少语言材料合适，至今没有人做过科学的测量。参照古人文言文教育经验，如果现代学生能将 1~6 年级 300 多篇课文熟读成诵，有 10 万字左右的语言材料积累，那么学生语文水平可以有非常明显的提高。而厚实的语言积累可以有效促进学生阅读和写作能力的进一步发展。

当然有不少学者和教师认为当下语文教材中真正达到文质俱优值得学生背诵的课文少之又少。这其实是另外一个问题，需要改进的是语文教材

选文的标准，但并不能因此成为语文课忽视语言积累的理由。

其次，大量的语言积累能帮助学生熟悉并掌握汉语语言规则。学生积累语言的同时也在熟悉并掌握汉语语言规则。儿童在日常生活中也在学习语言，运用语言，但生活中吸收并运用的是口头语言，与规范的书面语言有着一定的差异。书面语言表达更加严谨，用词更加准确、文雅、丰富；句子组织的连贯性、条理性、多样性要求更高。儿童生活中习惯使用的是以词语、短语、短句为主的大白话；如果改成书面语言表达，就有许多新的词语和句型需要学习，在词语选择、词语搭配、句子的选择和组织等方面有许多新的运用规则需要熟悉和掌握。

比如《杏儿熟了》这篇课文中有三句描写奶奶"笑了"的句子："数哇，数哇，数到后来就糊涂了。奶奶爽朗地笑了""看着几个孩子吃得那么香甜，奶奶的嘴角又挂上了微笑""奶奶看了看我，明白了我的心思，便搂住我，笑容可掬地说——"三句奶奶"笑了"的不同表达，词语运用生动而有变化，非常形象地描写出一个对孩子充满关爱的慈祥的奶奶；如果改用孩子的大白话来表达就可能变成这样："数哇，数哇，数到后来就糊涂了，奶奶笑了""看着几个孩子吃得那么香甜，奶奶笑了""奶奶看了看我，明白了我的心思，奶奶笑了"。这样的表达效果就差远了。这些句子中就包含着新的词语和句型值得学生学习。

比如《美丽的丹顶鹤》有这样一句话，"丹顶鹤很逗人喜爱。它腿长，脖子长，嘴巴也长"。这句话中包含着诸多现代汉语的表达规则，一是代词的使用，第一句出现了"丹顶鹤"，后面的句子可以用"它"来替代；二是主语承前省略，如果后面三个分句写成"它腿长，它脖子长，它嘴巴也长"，就显得啰嗦，所以后面两个分句要省略代词"它"；三是后面三个并列分句"它腿长，脖子长，嘴巴也长"，最后一个加上"也"字读起来更加顺口。这一些汉语的表达规则在教学中当然没有必要让学生去理性认识，对小学生而言，感性积累比理性认识更加重要。语文教师正确并最有效的做法就是让学生读熟这些句子，把这些句型输入学生的语言仓库，并且内化为学生自己的语言。学生在积累这些句型的同时，就在熟悉掌握汉语的语法规则。

还比如"丹顶鹤不论是在地上引吭高歌，还是在天上展翅飞翔，都显得高雅、优美",这是一句条件关系的多重复句,改用学生大白话表达可能就是"丹顶鹤高雅、优美"或"丹顶鹤显得高雅、优美",课文用了"不论——还是"两个关联词语组成一个新的句型,把丹顶鹤的"高雅优美"表达得更加形象,更加生动。教师可以通过比较,让学生熟悉并积累这种句型,对小学生来说,掌握新句型比认识多重复句的关系容易得多,也重要得多。因为我们的目的是熟悉句型,丰富学生语言积累。其实小学包括初中的语文教学重点不在让学生理性认识课文语言中所包含的语法规则,而应该将重点放在让儿童熟悉并掌握现代汉语丰富多样的词语和句型,扩大词语和句型积累,熟悉语言规则,积累语感经验,促进学生语言表达质量的提高。

第三,语言积累能够丰富学生语感经验。所谓语感"是主体对语言所产生的敏锐的直接感受和对语言形式、语言意义进行再加工、再创造的心理行为能力"。语感好,就能一听就清,一读就懂,一说就顺,一写就通。因此《语文课程标准》在课程理念、课程特点、课程目标和教学建议各部分反复六次提到了语感培养。

语感怎么形成的?不是靠教师讲读分析形成的,而是靠学生大量的朗读、背诵积累起来的。就像拉小提琴要有"乐感",乐感好,琴就拉得准,节奏感强;乒乓球运动员要有"球感",球感好,打起球来就能随心所欲,左右逢源。乐感、球感怎么来的,当然是拉琴拉出来的,打球打出来的。练习的时间与乐感、球感的好坏往往是成正比的。当然教练的指导很重要,可以帮助学习者少走弯路,但绝不可能替代学习者的实践操练。同样道理,学习者语感的形成,当然也是大量阅读、大量写作,在反复练习中积累形成的。教师讲得再多,分析得再透,没有经过学生亲身的阅读表达实践,也不会形成语感。

我长期从事大学本科生、研究生毕业论文指导工作,我和同事们不约而同地认为指导写论文最头疼的问题是有些学生语病多,表达不清楚,其实就是语感太差。问题出在大学生、研究生身上,但是追根溯源,主要是学生在中小学语文学习阶段语言积累太少,导致部分学生语感不强。我们来看下面这段五年级学生写的文章:

生活中的小镜头

吃午饭的时间到了，同学们排着长队，拿着饭袋去吃饭。周天同学狼吞虎咽，不一会儿就吃好了饭菜；罗金泰同学慢条斯理地吃饭，一会儿看远方，一会儿和同学们聊聊天——吴凌云同学不慌不忙地用勺子将饭菜拌来拌去；秦明帅将饭菜猛地吞进，嚼得喷喷有声；有一位女同学，挺着背，翘着兰花指，拿着勺子，一小口一小口吃，她好像是一位淑女——

粗粗一读文章表达的意思还是清楚的，但是细细分析就会发现在语言表达上存在着许多问题。有些是语病，比如"将饭菜猛地吞进"，"吞进"去了怎么还能"嚼得喷喷有声"呢？应删去"猛地"，改为"将饭菜吃进嘴里"。还有更多的是语言表达得不确切，比如"同学们排着长队，拿着饭袋去吃饭"，可以改为"同学们拿着饭袋排队去食堂吃饭"；"吃好了饭菜"改为"把饭菜吃完了"更加确切；还有"挺着背"，改为"挺直腰背"语感更好。

深入分析问题产生的根源就会发现，这些语病是因为学生本身语言习惯不好或者说语感不好造成的。靠改病句或教师分析指导都只能治标，只能解决局部问题；治本的方法只有靠大量规范语言的输入，学生有了大量规范的句子范型，才能逐步纠正不良的内部语言，逐步形成规范的语言表达习惯，形成好的语感。

三、积累语言的方法途径

积累语言的基本方法就是朗读和背诵。关于朗读的功能，前人多有论述。朱熹说："读书须要字字响亮，不可误一字，不可少一字，不可多一字，不可牵强暗记，只是要多诵遍数，自然上口，久远不忘。"叶圣陶先生指出："熟读名文，就是在不知不觉之中追求语言的完美，诵读的功夫，无论对语体、对文言都很重要，仅仅讨究，只是知识方面的事物，诵读却可以养成习惯，使语言不期而然近于完美。"[1] 可见朗读的主要功能不仅在

---

① 叶圣陶. 叶圣陶语文教育论集［M］. 北京：教育科学出版社，1980.

读懂、理解课文内容和情感，更有利于学生语言的记忆和积累。

于永正老师将读熟课文作为教学课文的起点，他说："读书，每个学生必须做到正确、流利，这是'保底'工程，达不到这个要求，决不放过。"研读于永正老师的教案就能发现，他在第一课时的重点多是指导学生朗读课文。支玉恒老师曾经做过观察："既然学生喜欢，我的课上就让他们敞开去读。结果一段时间下来，学生的语文学习出现了意想不到的变化。他们说话不打结巴了，作文句子通了，连错别字都少了，真是怪极了。"

对于朗读的重要性广大语文教师都能认同，关键是在教学中舍得花时间让学生去读。需要指出的是，当下语文课不少教师更加重视的是感情朗读指导，在如何读出感情的指导上用时过度，而对学生正确、流利朗读课文不加追求。说到底是这些教师对朗读能促进学生语言积累和语感形成的功能认识不足，关注的还是对文本思想情感的理解。感情朗读必须以读正确，读流利为基础，课文不读熟而去指导感情朗读，往往是舍本求末，成为"花架子"。至于感情朗读还涉及诸多朗读的技能、技巧，这些都不是大多数小学生能够理解并学会的，也不是课程标准提出的小学生朗读的目标，因此不应该作为指导朗读的重点。小学生朗读指导应该以追求"正确、流利"为重，更应该强调熟读课文，让学生熟读成诵，烂熟于心，能够脱口而出。

除了重视朗读背诵，教师还可以适当教一些积累语言的方法。其实广大语文教师在教学中已经创造出不少积累语言的好方法。我们来看薛法根教学《鞋匠的儿子》的一段实录：

板块一、指导积累词语

请学生上台写自己认为重要的生词。生板书：尴尬　静默　大笑　赞叹傲慢

师：你还写了哪些和她不一样的词语？

生1：开怀不已。

生2：无人能比。

生3：我还写了"名门望族"。

师：好，这个词语比较新鲜，建议你们写下来。

生4：毫不犹豫。

师：毫不犹豫是这篇课文中的生词，写下来。还有什么和别人不一样的？

生5：我写感激和分裂。

师：感激也很重要，分裂也很重要。

生6：我写了羞辱。

生7：卑微。

师：这个词重要吧？你们写了吗？好，读完课文，一定要静下心来想一想课文中哪些词语留在你的脑海里，词语要善于积累。把这两个字写下来。（板书：积累）读课文要把课文中的字词以及好的句子积累下来。

生：明白了！

"读课文要把课文中的字词以及好的句子积累下来"，这句话太重要了。这段教学与我们平时教学词语教学的不同之处是老师没有统一划定要积累哪些词语，而是让学生主动积累自己认为重要的和好的词语，教给学生的是积累词语的方法，培养的是一种良好的学习习惯。有了这样的习惯，学生就能在阅读中积累更多精彩的词语和句子。

语文教学重视语言积累，关键不在教师的教学技术，而是取决于教师的教学观念。教师如果能够认同语言积累对儿童语文能力发展的重要价值，那么教学方法层面上的问题其实不难解决，因为指导学生积累语言比起理解语言要容易得多，以积累为重点的语文课一定是简单的，朴实的，也是有效的。当然在重视语言积累的同时，教师也要处理好积累与运用的关系，处理好积累与理解的关系，处理好积累与语文知识方法教学的关系。

丰富语言经验是学习语文的基础

积累语言经验是语文学习的基础——这是我经过 40 多年的研究，最近几年才获得的重要认识。我们的语文课老师一直分析语文知识，写作方法，字词句篇，语修逻文，凡是认为重要的，考试要考的，一个都不能少，教师不讲不放心。所以语文课就是以老师讲为主，以学生学为辅，这是不对的。针对这样的状况，统编教材强调"一课一得"。就是每篇课文抓一个重点。"一课一得"这个观点当然有正确的一面，但也容易产生误导，因为语文是一门综合性课程，不可能"一课一得"，除了单元语文要素之外，还有语言经验的积累、语感的培养，其实这些是每篇课文最基本的教学内容，并且比单元语文要素更重要。

现在我们谈语文核心素养，老师们都知道语文素养包括语言的建构与运用，思维发展与提升，文化传承与积累，审美鉴赏与创造。语文核心的第一条是语言的建构与运用，这是思维发展、文化传承、审美创造的基础，是语文课最重要的教学内容。语言的建构必须有两方面的要素：一个是语言材料积累，语言材料越丰富，语言建构能力越强。就像造房子，建筑材料越多，砖头木头越多，房子就能造得越大越高。语言材料就是语言建构的基础。一个是语言建构的经验，即语言运用的经验。通俗讲就是词怎么用，词和词怎么搭配，词和句怎么组织，句子和句子怎么连贯，这些都很难从学理上讲得清楚，大多是凭经验、凭感觉。所以，语言运用经验决定一个人的语言建构是否规范。因此语文课最重要最基础的工作就是要抓好语言材料的积累和语言运用经验的积累，在此基础上通过大量运用语言的实践形成语感。前几年，语文学界学者、专家一直在强调语感培养的重要性，叶圣陶先生说："语言文字的训练，最要紧的是语感训练。"吕叔湘指出："语文教学的首要任务是培养学生各方面的语感能力。一个学生的语感强了，他在理解方面和表达方面都会不断前进。"杭州大学朱作仁教授说："敏锐的语感既是学好语文的重要条件，也是一个人语文水平的重要标志。"语感强了，这个人语文能力就强。语感来自哪里，语感是由语言经验堆积而成。我们打个比方，运动员的球感哪里来，球感就是打球练出来的；写文章有笔感，一段时间不写文章笔感就生疏了，文章越写越熟练，笔感越来越好。所以，语感是语言实践中形成的。

王宁说："积累相当数量的语言材料是建构语言的基础和前提，语言材料积累的数量，很大程度上可以决定语言建构的质量。"一个人的语言积累材料越丰富，他的语文素养越好，这是一个基本规律。所以我们的语文课一定要重视语言经验积累。长期以来语文课程对语言经验积累的认识是不到位的。我们一直以为语文知识包括方法策略是最有价值的教学内容。我们讨论一个案例。

月是故乡明
季羡林

到了更晚的时候，我走到坑边，抬头看到晴空一轮明月，清光四溢，与水里的那个月亮相映成趣。我当时虽然还不懂什么叫诗兴，但也颇而乐之，心中油然有什么东西在萌动。有时候在坑边玩很久，才回家睡觉。在梦中见到两个月亮叠在一起，清光更加晶莹澄澈。第二天一早起来，到坑边苇子丛里去捡鸭子下的蛋，白白地一闪光，手伸向水中，一摸就是一个蛋。此时更是乐不可支了。

我只在故乡待了六年，以后就离乡背井，漂泊天涯。在济南住了十多年，在北京度过四年，又回到济南待了一年，然后在欧洲住了近十一年，重又回到北京，到现在已经四十多年了。在这期间，我曾到过世界上将近三十个国家，我看过许许多多的月亮。在风光旖旎的瑞士莱茫湖上，在平沙无垠的非洲大沙漠中，在碧波万顷的大海中，在巍峨雄奇的高山上，我都看到过月亮，这些月亮应该说都是美妙绝伦的，我都异常喜欢。

教学这篇文章，最重要的、最有价值的学习内容是什么，其实是文章里对学生来说大量有新鲜感的词语和句子，例如"晴空""一轮明月""清光四溢""相映成趣"，这些词语对学生而言都是陌生的，平生没用过的；还有就是作者遣词造句的经验，"相映成趣"这个词语怎么运用呢？还有"心中油然有什么东西在萌动"，"萌动"这个词用得好，"萌动"可以用什么词语来形容？和"油然"搭配。下面一句"清光更加晶莹澄澈"，我们知道"晶莹剔透"这个词语，形容物体的透明，月亮不是透明的，月亮是澄澈、干净，没有一点杂质，所以用"晶莹澄澈"这个词。"风光旖旎"这个词语可以形容景色，"平沙无垠"可以描绘大沙漠，"碧波万顷"的大海，"巍峨雄奇"的山峦，"美妙绝伦"的月色，这些词都用得好吧？对丰富学生语言材料，积累语言运用经验都是极有价值的。这个单元的语言要素是什么？——体会文章表达的思想感情，这是一种阅读的方法。大家判断一下，这个单元的语文要素和积累词语经验相比较，哪一个对学生语文素养提高更有价值呢？毫无疑问是积累词语经验。课时我们的语文教学往往是把积累语言经验放在次要位置，把体会文章的思想感情放在重要位置。现代语文教学把知识、方法策略教学放在第一位，以为这是最有价值、最为重要的教学内容。其实对小学生来说，积累课文中这些词语、这些范句，以及在此基础上形成的语感才是第一位的，对学生语文素养的提高是最有价值的、最有用的。

比如，教学《夹竹桃》这篇文章时，我们课后题的导向是什么？是文章的写作方法：1. 从哪几个方面写出了夹竹桃的韧性？2. 选一句最能体现韧性的句子，体会作者怎样写出韧性？韧性是怎么写的，我们老师往往瞄准的是一些概念性的知识：排比句、反问句、双重否定、对比、烘托等，其实教学这些概念性的语文知识，对学生语言质量提高和语言经验的丰富价值并不大。我们换一个思路，看作者怎么遣词、怎么造句，去体会作者语言运用的经验，从语言运用经验的角度再来解读这段文章。

"夹竹桃在那里悄悄地一声不响，一朵花败了，又开出一朵，一嘟噜花黄了，又长出一嘟噜。"哪个词运用得很生动呢？"嘟噜"这个词用得好，就是一团、一球，课文用的是"一嘟噜"，这个用词很别致，很形象，很生动。再看，"一朵败了，又开出一朵"，"败"字得好，作者没有用"谢""枯"字，而是用了"败""黄"，这两个字用得很有水平啊。再看后边"在和煦的春风里，在盛夏的暴雨里，在深秋的清冷里……"这个句子组织得很有节奏，写得很美，像诗的语言，读读看，比你的水平高吧？这就是有新鲜感的句子。如果换成学生写的大白话：在春天，在夏天，在秋天，味道就差远了，就像一杯白开水。很多学生词汇贫乏，句子都是大白话，就像白开水。怎么把白开水变成芬芳浓郁的清茶，变成味道好极了的咖啡？就要去多读、多积累课文中写得好的词语句子。这样去解读课文，就会发现作者语言的奥妙。"从春天一直到秋天""从迎春花一直到玉簪花和菊花"，这两个句子哪一句写得漂亮？当然是后一句。用花来表达季节比直接用"春天""秋天"来表达更优美。你再读读这两个句子，后一句和前一句意思是不是重复了？但就是这个重复起到了强调作用，用花期来表达夹竹桃开花时间长，产生了美感。

大家可以比较一下，同样教学这段文章，让孩子明白课文用排比方法、用反问句、用双重否定句、用对比、烘托等这些抽象的修辞学、语言学概念，和引导学生体会作者怎么用词，怎样造句等语言表达经验相比较，哪种教法对学生语言质量的提高更有价值？答案毋庸置疑！学生学再多的术语概念，也不能改善和提高自身的语言质量。可是我们语文老师钻研教材解读文本时目光还是聚焦在这些抽象的、概念化的语文知识上。因此我大声呼吁：语文教师备课时必须改换思路，从词语怎么用、句子怎么写、句子怎么组织，从语言运用的角度去钻研、去发现作者遣词造句的经验。教学中也要引导同学们发现课文遣词造句的精彩，引导同学们深入语言内部去体会作者这样用词、这样造句好在哪里。通过课文中鲜活的语言运用实例，积累丰富的语言运用的经验，这样的教学内容一定比学习概念化的语文知识术语更加有效。因为儿童处于语言经验积累的最佳年龄，你教给他哪些词语句子，他就会仿照着去写，心理学认为模仿是儿童学习语言最有效的途径。

语文教材中每篇课文都有三个方面的学习价值。第一，了解文化常识，比如了解历史、各种社会常识，认识名人等，每篇课文都有认识文化常识方面的价值。第二，学习语文知识，教材中的单元语文要素基本都是语文知识，包括陈述性知识和程序性知识，这是语文教学的重要内容。第三，积累语言经验，每篇课文都提供一定量的生字、新词、短语和新的句型，提供大量的遣词造句的范型，这是小学生学习语言，规范语言，学习语言运用经验的最鲜活的范例。我们判断一下，这三个方面的内容对小学生语文素养的提高最有价值的是哪一个？当然是积累语言经验。但是在当下语文教学中，语言经验积累却是放在第三位，这是现代语文教学的一大误区。其实，每篇课文最有价值的学习内容就是课文中提供的新的词语、句子，以及运用这些词语、句子的经验。怎样最大程度地将课文中丰富的词汇句型以及规范的遣词造句经验输入学生的语言仓库，最好的方法就是多读多背。

老师们自己写文章时经常会碰到这样的困惑：想不起来此处用什么词好，吃不准这个词和哪个词可以形成正确搭配，这句话怎么表达更加清楚，这个句子这样写是否会是病句，等等。产生这种语言痛苦的原因是什么？就是你的语言仓库里积累的词语、句子太少，词语、句子运用经验太少，还有就是语感不好。小学生处于语言发展的关键期，小学阶段必须将语言经验的积累作为语文教学最重要、最基础的任务。语言材料积累、语言运用经验积累、语感的培养，这些都是有最佳年龄的，哪个年龄积累语言经验最有效，当然是小时候，心理学研究是 12 岁之前。语言经验积累需要练童子功。对此我有深有体会，平时阅读时我很注重语言材料积累，特别是新的词汇，写得精彩的句子。但是到用的时候却往往想不起来，特别是 50 岁、60 岁以后，阅读时记得很用心的词语句子，用的时候往往想不起来，而年轻时特别是小时候积累的词语句子很容易搜索到。这其实很正常，因为这是规律。所以小学生学习语文重点应该放在语言材料的积累上，现在我们把重点放在概念性知识教学以及方法策略的指导上，这是一个战略性的失误。

怎样丰富学生的语言经验？第一，要多读多背，培养规范的语言习惯。现在语文教师都重视朗读，但是语文课里朗朗的读书声还是太少。教学每篇课文都应该是以读为主，学生读懂、读熟课文最重要。现在很多老师把朗读仅仅作为理解课文的手段，这样理解朗读功能错啦！朗读的主要功能是语感的培养。如果仅仅是理解课文内容，那么读一遍两遍就够了；如果是要输入课文语言，要形成语感，就要反复读、读得滚瓜烂熟才能把课文语言转变成自己的语言，才能形成语感。所以多读多背是语文课最基本、最重要的学习语文的方法。小学生写文章会有语病？按照朱自清的说法是"他按照自己的语言习惯、按照个别的语言来写文章，他自己觉得是通的，但是他的内部语言结构有语病的，所以，就产生语病。"怎么矫正学生不规范的内部语病呢？语文老师采用的通常是改病句的方法，其实改病句只能治标，不能治本。矫正学生不规范的内部语言最好的办法就是朗读和背诵。老师们可以观察自己的学生，凡是朗读起来结结巴巴、读不流利的学生，往往是写文章语病最多的。为什么课文读不通顺，读不流利，因为他的语言习惯和课文规范的语言习惯不一致，差异越大读起来越不顺口，怎么读都不顺口，于是就出现添字、漏字、颠倒现象，就是这么个道理。所以要矫正不规范的内部语言，最好的办法是把课文读顺畅了读流利了，把课文读成自己的语言了，什么时候读起来舒服了，那么他的语言就规范了。所以朗读和背诵是矫正语病最好的办法。朱熹说"朗读要字字响亮，不能添一字，不能漏一字，不能倒一字"，因为"添了、漏了、倒了"就产生病句了。朗读、背诵是最重要、最基本的学习语文的方法，是我们老祖宗留下来的最宝贵的学习语文的经验，我们一定要发扬光大。所以于永正老师说"教语文其实是很简单的，现在我们把语文课搞复杂了"。为什么简单，其实语文课就是让孩子读，把课文读熟，读流利了，现在我们把重点放在文章分析上，课文越讲越深，语文课越讲越复杂，不仅学生听不懂，甚至听课教师都云里雾里，以为讲课老师的水平真高！老师们，这是误导啊！小学语文课指导学生积累语言经验和培养语感才是最重要的。

第二，要主动积累有新鲜感的词语。现在统编教材三年级有三个单元的语文要素是积累有新鲜感的词句，引导学生发现课文语言中运用生动的词句。现在语文老师都很重视词语教学，每篇课文都规定学生学习哪些词语，课文中呈现的新词都要积累，这当然不错。但是除了课文中规定的词语，每篇课文中值得积累的还有很多，加上每个学生原来的词汇量有差异，所以对学生个体而言，一篇课文中可以积累的词语不一样，有的学生值得积累的不多，有的学生值得积累的很多。所以词语教学最好的办法不是老师规定，而是让孩子自己去找，自己去发现文章里有积累价值的词句。让孩子抄下来，自己加深印象，这是因材施教，是最人性化的教学词语的方法。它的价值不仅在多积累几个词，更重要的是养成一种习惯：阅读文章我要主动去积累、储存文章里有价值的有新鲜感的词句。如果小学阶段通过 90 篇文章的学习，就能形成稳定的习惯，养成了这个习惯，终身受益。

第三，要发现课文语言的精彩。很多老师课堂上复述课文，回答问题，往往有一句口头禅"用自己的话来讲"。其实语文教师要引导学生主动运用课文语言来表达。

比如三年级《刺猬的朋友》这篇课文后边有两个练习：1. 朗读课文，找出刺猬偷枣的内容，体会生动的语言。有的老师把这道题理解为画出刺猬偷枣的动词，这不对，画出动词和体会语言的生动不是一回事，课文中有些形容词用得也很好，有些句子也很值得品味推敲，所以仅仅画出动词是浪费了资源，大部分资源都放弃了。2. "以小刺猬偷枣的本领可真高"为开头，用自己的话讲讲刺猬是怎样偷枣的。课文中就要求"用自己的话"讲。学生用自己的话讲：

小刺猬偷枣的本领真高明。刺猬先爬上树，然后用力摇晃树枝，树上的枣子被摇落在地上。刺猬再从树上掉下来，接着把枣子归拢在一起，最后打了个滚把枣子扎在背上，驮着就跑了。

叙述很清楚，应该说挺不错的，这样复述对学生语言的建构能力是有帮助的，可是对提高学生语言表达的质量作用不大。怎样把刺猬偷枣的本领大表达得更加清楚，词语的运用更加生动准确，句子组织更加高雅更加有水平，最好的方法是仿照课文语言来表达。我们看课文中的语言表达，"忽然，看见一个圆乎乎的东西，正缓缓地往树上爬，它诡秘地爬向老树杈，又爬向伸出的枝条。"这句话学生这样说"它慢慢地爬向树杈"。再看学生说刺猬"爬来爬去，把红枣堆到一起"，课文这样写"它匆匆地爬来爬去，把散落的红枣逐个归拢在一起、就地打个滚……"课文中这些词句写出了刺猬的聪明，描写有声有色，比孩子写得更清楚，更加生动。你看，小学生的语言表达往往是大白话，比较粗疏的比较模糊的。课文语言比学生语言表达得更加清楚，更加细腻，也更有层次。两种不同的表达，一种是用自己的话叙述刺猬偷枣的聪明，追求的是把事情说清楚，这对学生语言建构的熟练有帮助，但对语言质量的提高作用不大，因为建构的还是自己的大白话；应该引导学生用课文高质量的语言来表达，这样不仅可以提高语言建构能力，而且对学生语言质量提高、语言经验的丰富会起到直接的作用。

第四，主动运用有新鲜感的词句。学习语言经验的最终目标是能够运用，积累语言表达经验最有效的办法也是运用。理解了不会用，其实不是真正的理解，会运用了才是真正理解了。

下面来看一个教学案例，这是一位名师上的二年级《野荷塘》。教师根据课文中的两个"也许"，要求学生用"也许"写两句话。

也许，是候鸟从江南衔来的一粒莲子，不小心遗落在野池塘里；也许，是我们的祖先曾将南方带来的莲子，小心地播种在这里。

也许，（   ）

也许，（   ）

学生写完以后交流，学生是这样写的：

也许，是龙卷风刮到这里来的。

也许，是小鸟带过来的。

也许，是顽皮的小朋友把莲子埋在这里的。

也许，是南方河里的小鱼带来的。

也许，是小松鼠不小心带来的。

也许，是一阵风从南方吹来的。

虽然学生写的句子意思表达大致清楚，但是仔细看，学生语言和课文语言有很大差异。课文的语言表达明显比学生语言水平高。老师现场的点评是：大家想象很丰富，写得不错。其实这样点评对课堂生成资源是很大的浪费。老师这个时候应该抓住学生的句子表达和课文中的句子进行比较：

"也许，是小鸟带过来的。"这句话课文怎么写呢？"是候鸟从江南衔来的一粒莲子，不小心遗落在野池塘里。"你写的是"小鸟"，课文写的是"候鸟"，哪个词用得更有文化，当然是"候鸟"了。这句话中哪个字用得很有水平？一个"衔"字，你看多么形象，多么生动？"不小心遗落在野池塘"，读读看，这个句子比你写得有水平。学生写"顽皮的小朋友把莲子埋在这里的"，比较课文中的句子"也许，是我们的祖先曾将南方带来的莲子，小心地播种在这里。"你读读看，哪个句子更有味道？同学们体会到了吗？体会到了，会不会写呢？其实还不会写啊。语文课上的品词品句往往止步于明白了吧？明白了，就结束了。其实，品词品句更应该追求会运用。"语文是学习语言文字运用的综合性、实践性课程"，所以，教学的重点不能放在理解了、明白了，而是要让学生去运用。

我们都知道，看房子和造房子是两回事。明白了这个房子是什么式样的，明白了各种式样的房子结构特点，会不会造房子了呢？当然不会。要学会造房子就必须自己去学着造。我们的语文课不能仅仅带着学生们看房子，品味课文遣词造句的特点和精彩，更应该花时间让学生自己去建构运用，这才是学习造房子。看房子和造房子哪个更难？当然是造房子难。学习语言难在语言的建构和运用。所以，花在造房子上的时间应该超过看房子。那么怎么引导学生学着造房子，我们以刚才《野荷塘》为例，教师可以将学生写的这几句话与课文中的句子进行比较，发现课文语言与学生语言的差异，然后在此基础上引导学生自己修改，看谁能把这些句子写得更美，更有文化，读起来语感更好，水平更高。这就是学生自己造房子，学生就是在建构话语，这不仅是语言建构能力的训练，也是一种思维能力的培养、想象能力的培养、创造性的培养。语文学科怎样培养学生的创造精神？我要写出别人写不出的句子，我写的句子比你的更美，这里就有创新精神，也是一种审美的教育。所以，语言建构和思维发展、审美创造和文化传承紧密相关。语文课是通过语言文字运用的角度、在学生的语文实践过程中，发展渗透文化教育，发展思维，提升审美品位。

所以语文课最重要的一项工作就是帮助学生积累课文的语言经验，然后领着学生去实践、去模仿、去建构运用，通过语言建构的实践把课文中的语言内化成自己的语言，将学生低质量的语言提升为高质量的语言，有效提高学生语言表达能力，这才是提高语文教学效率最有效的途径。现代语文教学始终把重点放在课文的理解上和语言的品位上，学生的语言质量不会有明显提高，即使提高幅度也不会大，一定要把重点转移到"运用"这个环节上，强化学生语言建构"实践"这个环节。

统编教材中安排了很多小练笔，我觉得值得称道、肯定。这些小练笔应该怎么指导？它的功能到底是什么？我们的认识不能只是停留在"让孩子多一次动笔的机会"这一点上。我们看四年级上册《走月亮》这篇课文后的小练笔：

读读课文第六节，说说"我"的所见所想，你还记得月下的某个情境吗？仿照着写一写。

要求仿照的是课文形式，没有关注课文的语言。我认为换一种思路，将这个题目改成这样：

还记得与爸爸或妈妈在月下散步的情景吗？写出你的所见所想。课文中哪些精彩的语句可以用上，先把它们画出来。

修改后的练笔意在引导学生尝试运用课文中的语言来表达。如果没有非常明确的引导，那么绝大部分学生还是用自己原来的语言来表达，只是增加了一次表达的机会，语言表达质量不会有明显提高。而后面的小练笔，"月下做什么"直接提供给学生，将学生的注意力聚焦在语言表达上，引导学生画出课文中精彩的句子，然后建构到自己的语言表达过程中。学生在表达过程中，会用上以前不会用的词语，课文中一些好的句子，可以提高学生的语言表达质量，更重要的是培养学生主动运用学过的好词好句的意识和习惯。

我们来读一读，如果是写月下散步，课文中哪些词是可以用的呢？"秋天的夜晚""月亮升起来""从小河那边升起来""月光是那样柔和"……学生在运用这些语言的过程中，一定会感觉到"这些词语用得漂亮""这样的句子有文采"，他就会有一种成就感。学生学了这篇课文以后，自己的句子更丰富了，用词更精彩了，经常有这种感觉，学生就会主动地去储存、积累更多的词语句子，养成一种习惯。所以积累有新鲜感的词句是一种非常重要的阅读策略，我认为特别重要。那些文章有文采的人往往是这个策略学得特别好，意识特别强，所以写文章有文采。各位老师自己反思一下，你的小学、中学老师有没有培养你这种意识？如果有的话，说明你遇到了一位好老师，所以终身受益。你再反思一下，你有没有培养自己的学生这种习惯？如果没有，那么从今天开始一定要重视培养学生这种习惯。

中国的传统教学就是多读多背，这是老祖宗留下的学习语文最宝贵的经验。北京大学陆俭明教授说过这样一段话：我们的老师辈，不管是文科、理科、工科的老师，语文程度都相当高，语文能力都相当强，其主要原因正是他们大多在私塾打下了坚实的语文基础。我们今天要使语文教学回归本真，值得借鉴传统语文教学的一些做法。遗憾的是，现代的语文教学基本上都抛弃了老祖宗的做法，代之以教师用大量时间对孩子进行讲解、说教或展示视频画面，传统的琅琅书声也逐渐消声，其后果是不再让孩子大量接触汉语书面语，这样，孩子如何能从小积聚汉语书面语语感呢？小学语文课怎么打基础呢？最好的方法就是多读多背，就是语言经验的积累，语感的培养，这就是打基础，现代语文教学要回归本真。

重视语文经验积累的价值和意义绝不仅仅是多积累几个词语，多一些语言表达经验，其实对学生语文素养的提高有着非常积极的促进作用。这个问题怎么理解，我通过这篇文章来谈谈体会。

蒙山悬崖栈道

道险峻处如飞龙凌空，游走于绝壁深壑，气势磅礴，令人惊心动魄，震撼不已；平缓处若卧龙蟠曲，奇松怪石，美不胜收，令人目不暇接；蜿蜒处似游龙出没，林海掩映，鸟语花香，令人流连忘返。

行走在栈道的不同位置，会有截然不同的感受：有龙行天下之豪迈，有平步青云之喜悦，有临风啸傲之胸襟，有闲庭漫步之悠然，有坎坷曲折之感慨……都会让人心有所动，深感不虚此行。

这是我去沂蒙山旅游时看到的一篇介绍蒙山栈道的文章，是一篇写景记叙文，文章中写景的方法大家一看就明白，运用"移步换景"的写作方法。大家都学过"移步换景"的写作方法，你能不能写出这样文章？我是写不出来，为什么？这是个语言经验积累的问题，我的词汇量和句型积累不够丰富。其实，对蒙山栈道特点的认识，和自己的语言积累也有关系，没有这些词汇概念，你就表达不出这些特点，语言材料的丰富程度会决定你概念认识的丰富和思维的深度。再看作者站在栈道上的这些感悟（略），我站在栈道上也很有感慨，但是我只能用"感慨万千"来形容。为什么自己的很多感慨表达不清楚，这和你掌握的、积累的词语概念有直接的关系。你的词语积累越丰富，你的感慨越细腻、越深入。没有丰富的词语概念，你只能"感慨万千"。所以我体会到，一个人的思维、情感和语言经验积累有直接关系。我们都知道语言是思维的工具、思维的外壳，其实语言也是情感的工具和外壳，语言积累越多，思维就越丰富，越有深度，情感也会越加细腻。从这篇文章中可以看出写文章本身也是一种自我的审美教育，怎么用词是美的，怎么写句子是美的，这就包含着审美教育。所以我体会到，语言积累和运用过程，其实和人的思维发展、审美提高、情感丰富有着密切的关系。语文课怎么提高学生的核心素养，最好的方法或者说抓手就是丰富学生的语言经验，这是用语文的方法去发展思维，去丰富情感，去提高审美。学生的思维怎么发展，主要途径是丰富学生的语言经验积累，当然分析概括型习题也要做，但是最重要的、最有效的途径是积累丰富的语言经验去丰富学生的思维内容，情感也是这样。读得背得多了，语言丰富了，思维也开阔了。贫乏的语言不会有高质量的思维。

　　所以基础教育中的小学语文教学，最重要的工作应该是丰富学生的词汇，丰富语言表达经验，学会遣词造句的策略，提高学生语言表达的质量。我们的主要工作不是画出动词，不是教学动作描写、神态描写这些知识，学习这些概念术语价值非常有限，语文课最有价值的工作是让学生读熟课文，然后让他们去模仿运用，去尝试建构话语，这才是语文教学最有效的教学方法。

积累语言经验是学习语文的基础

记得有一道测试教师素养的题目：一个班的学生作文中，有 15 篇是写"水汪汪的大眼睛"，有 9 篇是写"月牙似的眉毛"，还有 18 篇是写"樱桃小嘴"。问教师如何看待这一现象，多数教师的回答是"学生不会观察，没学会抓人物的特点，因此教师要从观察方法入手进行指导"。其实我认为不会观察只是其中一个原因，更主要的原因是学生缺少词汇积累，没有更多的词汇来形容人物的眼睛、眉毛和嘴巴，这些学生作文时能够运用的词语少得可怜。首都师范大学一位博士曾经做过一个调查，她收集了四年级、六年级学生的作文若干篇，研究区分低水平、中水平、高水平作文的主要标志是什么。最后发现一个明显的标志是学生词汇量的多少。一篇三四百字的文章，低水平作文用的实词仅有 85 个，中水平作文用的实词有 150 个，而高水平作文的实词使用量超过 230 个。

语文教学一直强调语言材料的积累。语言材料主要指的是词语、句子、语段，这些是语言经验构成的物质基础。词语、句子积累越多，语言经验越丰富，语言水平就会越高。语言经验包括语言运用的经验，比如词语怎样运用，词和词怎么搭配，词和句怎么组合，句和句怎么构建等。小学生遣词造句建构话语凭借的是什么？是语言经验。语言的运用会经历一个从感性到理性的过程，小学阶段学生的表达主要是凭感性经验，并且通过表达实践不断积累、沉淀语言运用的经验。所以，语文课要有大量的表达训练，通过大量的建构语言的实践去丰富学生的语言运用经验。语言经验还包括语感，语感是学生在大量的听、说、读、写的实践中形成的。因此，语文课的一个重要任务是丰富学生的语言经验，即扩大学生语言材料的积累，丰富学生语言运用的经验，引导学生进行语感的积累。

小学生处于语言发展的最佳时期，他们的语言处在一个由粗到细、由俗到雅发展的关键期。语文课应该承担的一项重要工作就是要将学生简单的"大白话式"的语言逐步转变成规范的、高雅的语言，把低水平语言逐步转变成较高水平的语言。丰富语言经验积累，是提高学生语言表达质量的有效途径，也是丰富学生概念、发展学生思维的有效方法。这是小学生学习语文最迫切、最重要的任务，而且这个任务是有年龄限制的，一旦错过就难以弥补。

一、培养学生主动积累词语的习惯

语文课程标准提出，要引导学生主动积累有新鲜感的词语。这句话其实很重要，但是没有引起大部分语文教师的重视。所谓"有新鲜感的词语"，是指那些学生感到陌生的、口头语言中基本不用的词语、短语以及各种句子。小学语文教学要想方设法引导学生在阅读时积累这些陌生的、有新鲜感的词语和句子，并且要努力培养学生这种积累语言的意识或习惯。这项工作应该从小学一年级开始做起。

如何指导学生更有效地积累词语？我们以某位教师上的《野荷塘》一课为例来谈这个问题。这节课教师扎扎实实地教学了 9 个词语，值得肯定。可是这篇课文值得学生学习的词语并不止这 9 个，还有好多词，比如"掩映""边陲""竞相媲美""亭亭玉立""缥缈"等，对不少学生而言可能也是新鲜的、陌生的词语；此外，每个学生感到新鲜的、陌生的词语是不一样的，有些学生需要积累的是这几个词，有些学生需要积累的是那几个词。所以教师统一规定积累哪些词语，肯定不适应每一个学生的需要。最好的方法是让每个学生自己去画出有新鲜感的词语，然后把它积累下来，这才是符合个性差异的教学。

词语教学的最高境界是帮助学生学会运用，这也是词语教学的最终目的。比如《雷雨》这篇课文，"乌云黑沉沉地压下来""蜘蛛从网上垂下来逃走了""清新的空气迎面扑来"，这三句话里的"压""垂""扑"都是生字。学生形容乌云通常就是写乌云"黑黑"的，不会用"压"这个词，在此让学生读读并体会用"压"这个词，能够将乌云的低、乌云的可怕写得更加形象。还有"垂"字，学生生活中通常用的是"落下来""爬下来""掉下来"，在此教师可以引导学生关注蜘蛛下来的方式还能用一个词形容，叫"垂下来"，强调的是直直地下来，这样学生就多了一个词语，也多了一个概念。"清新的空气迎面扑来"，"扑"这个词对大部分学生而言是新鲜的、陌生的词语，在生活中是不会用或很少用的。如果教师能够从运用的角度进行指导，让学生去理解在什么语境中可以用这个词，这样对细化学生的思维、促进学生语言的积累是非常有帮助的。

我们应该让学生认真体会，去发现课文语言与自己语言的差异，认识什么叫大白话，什么样的语言是高水平的语言，这样才能更有利于学生语言的发展。其实课文在语言表达方面有很多好的范例值得学生学习，如果教师有意识地引导学生发现这些遣词造句方面的好的范例，并且要求学生在表达时主动地去模仿运用，那么这对于提高学生语言表达的质量，其意义是难以估量的。

二、丰富语言经验比语言知识教学更重要

长期以来，语文课重视的是概念化的语文知识教学，包括读写方法策略的指导。语文教师都知道，"关于方法的知识是最有价值的知识"。这句话本身不错，但是对于小学年段的学生来说，丰富他们的语言经验比概念化的知识教学更加重要。因为概念化的语文知识即使正确，学生也很难将其转化为技能。比如《夹竹桃》这一课，教师先让学生找出课文从哪几个方面写出了夹竹桃的韧性，然后"选一句最能体现韧性的句子，体会作者是用什么方法写出韧性的"，最后通过讨论，教师和学生概括出排比、否定之否定、对比、烘托等写法。概括的这些方法都对，而且讨论的都是语文本体教学内容，但是学生明白了这些方法，对于提高他们的语言表达质量其实价值不大。就像语文教师一直在教人物的动作描写、语言描写、神态描写、心理活动描写等，阅读时学生也都能认出是什么描写，但在表达时学生却还是不会描写。为什么？因为对这些概念性的写作知识的认识并不能转化为学生的写作技能。

其实在这段话里有些句子写得很好，比如"一朵花败了，又开出一

朵，一嘟噜花黄了，又长出一嘟噜"。学生会用"一朵""一团""一球"，而作者用的是"一嘟噜"，很接地气，这样就给了学生一个新的词汇，也丰富、细化了学生的思维。还有"在和煦的春风里，在盛夏的暴雨里，在深秋的清冷里"，这句话使用了排比，但是它的价值不在于让学生认识排比，而在于让学生明白作者的表述和自己的表述有什么差异。如果让学生写，大概会写"在夏天，在秋天，在冬天"，或者干脆就写"夏天，春天，秋天"，这就是学生的语言，都是大白话。课文用"和煦的春风、盛夏的暴雨、深秋的清冷"这些搭配优美的词组，读起来既高雅又富有诗意。还有"从春天一直到秋天，从迎春花一直到玉簪花和菊花，无不奉陪"，如果用大白话写，大概是"从春天到夏天，从夏天一直到秋天"，当然这样写也可以，可是课文中的句子有变化，这样的表达多美！这就是学生语言和课文语言的差异，引导学生认识这些差异，就有可能帮助他们缩小这些差异，有利于提高学生的语言表达质量。

所以，对处于语言发展关键期的小学生而言，最有效的教学内容其实是课文语言和运用语言的经验。课文中的语言带有示范性，是学生学习规范书面语言的最好的材料，对学生语文素养的提高能够直接起作用，是最有价值的教学内容。

学习语言经验靠的是积少成多，集腋成裘，日积月累，细水长流。语文教师通过持之以恒的引导，让学生的语言由粗到细、由俗到雅、由简单到有变化，这是当下语文教学最重要的教学内容。我从 20 世纪 80 年代起研究语文学法指导，后来渐渐意识到学生单是学会一些学习方法并不能提高语言表达质量，所以从 1991 年起，我开始强调语言文字训练，其实就是关注语言的积累，关注语文课程实践性的特点。40 多年的语文课程与教学研究让我越来越感到，小学语文教学要走出困境，必须从强调概念性的语文知识教学这一误区里走出来，把重点放在学生的语言经验的丰富和积累上，转移到学生语言的发展上，这才是语文改革的正道。

三、读熟课文是形成语言经验的前提

朗读对于学生学习语文十分重要，语文课一定要把朗读抓好。课文语

言与学生语言的差异，如果全都要语文教师去找、去教，那是教不胜教的，语文课又会陷入烦琐分析的歧路。那么，用什么方法把这些新鲜的、陌生的语言输入学生的语言仓库里？最好的方法是朗读、背诵，通过熟读课文把这些有新鲜感的语言直接输入给学生，让学生形成语感。

语文课要重视学生朗读，但我不赞成将很多时间用于指导学生"有感情地朗读"。现在课堂上教师将过多时间用于指导学生有感情地朗读，其实很不合适。"有感情地朗读"是一项专业技能，即使是作为专业教学工作者的语文教师，对于这一技能都不一定人人过关，更何况小学生？所以教师对于小学生的朗读追求应该是读正确、读流利，特别是读熟、读流利。读熟了才能积累语言经验，才能获得语感，这才是硬道理。

我最近收集了几篇小学生写的文章，学生写的话大致能意会，可以读懂，但是词和词的搭配、句子和句子的组织等语病很多。问题出在哪里？就出在学生的语感上。这个问题从小学生开始，一直到中学生、大学生甚至包括研究生，始终存在。大学教师指导研究生感到最头疼的是什么？不是他没有观点，而是表达不清楚。但这个问题大学教师已经没办法指导了，因为大学生的语言习惯已经定型。规范的语言习惯养成的关键期是小学阶段。北京大学中文系的陆俭明教授写过一段话，"我们的老师辈，不管是文科、理科、工科的老师，语文程度都相当高，语文能力都相当强，其主要原因正是他们大多在私塾打下了坚实的语文基础。"私塾怎么打基础？就是多读多背，重视语言经验的积累，重视文言文语感的培养。所以今天语文课要回归本真，最值得借鉴的就是传统语文教学的这个经验。

现代语文教学走了一条非常艰难的道路，我们把分析课文思想内容、把语文知识和方法策略作为教学重点，其实这样的教学并不利于学生形成语言规范、提高语言素养。每一篇课文都有三个方面的学习价值：一是文化常识，二是语文知识，三是语言经验。这三个方面的教学内容在小学阶段哪个最重要？毫无疑问是语言经验的积累。可是这个内容在我们的语文课中往往被排在第三位，这是现代语文教学的重大失误。语文课应该把语言经验的积累放在首位，语文课就是要让学生书声琅琅，让学生把课文语言牢牢地输入自己的语言仓库里。

有的教师可能会担心，学生多读多背、模仿课文中的语言，会不会导致说话没有个性？对学生的语言发展会不会产生负面影响？这实在是杞人忧天。因为没有一个孩子的语言会是一样的。就像学写字临楷一样，学生临摹字帖会不会限制学生写字的个性？当然不会。小学年龄段的孩子记性好、悟性差，处于规范语言形成的关键期，因此更需要强调语言的规范。

其实我并不否定语文知识教学在语文课程学习中的重要作用。语文知识教学或学习方法策略传授是现代语文教学的重要内容。不过，我更想表达这样一个观点：对于小学这一特定年龄段的学生而言，语文知识教学包括读写方法策略指导，对学生语言运用质量的提高和语文素养的提高，其价值是非常有限的。只有当学生积累了相当的语言经验，其语言表达能力到了相当的程度，学到的语言知识或读写方法规律才能发挥一定的作用。

因此，积累语言经验是小学生学习语文的前提和基础，是小学语文课最重要的教学内容。小学语文课的教学内容要进行战略性的调整，要从重视语文知识教学转移到强调语言经验的积累上。语文课要安排大量的表达实践，通过实践去丰富学生的语言经验，在阅读和写作中形成语感。热切期望以上观点能够引起全国广大的语文教师和语文教学研究工作者的思考和讨论。

寻找课文语言与学生语言的差异

　　儿童在日常生活中也在学习语言，运用语言，但生活中吸收并运用的是口头语言，与规范的书面语言有着一定的差异。书面语言表达更加严谨，在用词方面讲究词语运用的准确、生动和有变化；在句子组织方面讲究句子的连贯、有条理和多样化。儿童生活中习惯使用的以短语、短句为主的口头语言，基本都是大白话；如果改用书面语言表达，就有许多新的词语和更长、更复杂的句型需要学习，而且在词语的选择和搭配、句子的选择和组织等方面，有许多新的语言规则需要熟悉和掌握。因此语文教师在教学课文中，应该重视学生平时习惯使用的口头语言与课文中书面语言在表达上的差异，引导学生关注课文中作者丰富的词语运用和有新鲜感的句子组织，从中汲取丰富的书面语言表达的营养，熟悉书面语言遣词造句的规则。比如课文《九寨沟》描写九寨沟景色的这一段话：

　　一座座雪峰插入云霄，峰顶银光闪闪。大大小小的湖泊像颗颗宝石镶嵌在彩带般的沟谷中。湖水清澈见底，湖底石块色彩斑斓。从河谷到山坡，遍布着原始森林。每当天气晴朗时，蓝天，白云，雪峰，森林，都倒映在水中，构成了一幅五彩缤纷的图画。

　　很多教师在教学这段课文时抓的是写景的方法、比喻句、先分后总的构段方式。其实这段课文中最有价值的教学内容是作者丰富的用词和句型。比如学生写雪峰的高，往往是写"雪峰高高的""雪峰高极了"，作者用的是"插入云霄"这个词；写湖水的清，学生一般是写"湖水清清的""湖水很清很清"，作者是写"清澈见底"；写湖底的石块美，学生多半会写"湖底石块很美很美""湖底石块美极了",作者是用"色彩斑斓"。课文中用了这些词语,使得文章语言表达更美,更有品位。还有课文中写湖泊的句子,如果用学生的语言来写,大概是写"沟谷中的湖泊大大小小的""沟谷里有很多很多的湖泊"。学生为何写不出课文中这样的句子,因为在他们的语言仓库中没有这样的句型。

其实每篇课文都有三个方面的教学价值:一是课文内容所传递的文化;二是课文中隐含着的语文知识和读写方法;三是课文中新的用词和句型以及作者遣词造句的经验。对处于语言发展关键期的小学生来说,积累词语句子,丰富语言经验是每篇课文最基本最重要的教学内容。所以语文教师在解读文本的时候,不仅要去研读这篇课文可以教哪些语文知识、阅读策略和表达方法,更应该去发现课文中作者遣词造句与学生遣词造句的差异。在教学中通过反复朗读和比较,引导学生发现作者用词造句的生动和优美。对处于语言发展最佳年龄的小学生来说,积累课文中丰富的词语和句型,熟悉作者规范的遣词造句经验,相比写景方法,比喻句、先分后总构段方法等概念化的知识方法学习更有效,也更有价值。

善于发现课文语言与学生语言的差异,是每一个语文教师必须修炼的一项基本功,会直接影响课堂教学的效率。比如教学三年级课文《荷花》中的这段话:

有的才展开两三片花瓣,有的花瓣儿全部展开了,露出嫩黄色的小莲蓬。有的还是花骨朵,看起来饱胀得马上要破裂似的。

不少语文教师关注的是句子中的三个"有的……"。其实"有的……"这个句式在一、二年级已经反复教学了多次,学生早已熟悉,在他们的语言中已经"有的"。教师需要关注的是学生语言中没有的。这段话中有没有值得学习的新句型?有啊!看:

有的花瓣儿全部展开了,露出嫩黄色的小莲蓬;有的还是花骨朵,看起来饱胀得马上要破裂似的。

这两句话分别用了两个分句，前面一个分句描写了花瓣全展开荷花和花骨朵的样子，加了后面这个分句就把荷花的样子描写得非常生动。这样的句型在许多学生的语言中是没有的，或者是很少运用的，这就很值得教学了。语文教师应该关注的是学生语言表达中没有的词语或句型。如果让学生用"有的……"这个句式来描述某一种花，那么学生说话时运用的还是他已经掌握的句型，一般不会有新句型加入。如仿照课文中的句型来描述某一种花的样子，那么学生说话时就会出现两个甚至三个分句，这样就能促进学生语言建构质量的提升。

一位教师在教学《挑山工》这篇课文时，要求学生画出"我"在哪些地方遇到挑山工的句子，然后板书：

山下——回马岭——五松亭——小卖部

这样可以理清作者叙述的顺序，也能理解挑山工爬山时走得不比游人慢。但是这样教学可能就很大程度上忽略了这段话所蕴含的语言表达方面的丰富资源。其实这段话中更有价值的是作者交代这些地点时所写句子的变化：

我们在山下遇到一个挑山工，

回马岭那条陡直的山道前，我们发现那个挑山工就坐在对面的草茵上抽烟。

半山的五松亭，看见在那株姿态奇特的古松下整理挑儿的正是他，

在极顶的小卖部门前，我们又碰见了他，他已经在那里交货了。

作者在描写挑山工行为的同时很自然地交代了相遇的地点，这样富有变化的句子运用，读起来既自然又生动。如果改用学生的语言，可能会是这样：

我们在山下遇到一个挑山工，

我们在回马岭那条陡直的山道前又遇见了他，

在半山的五松亭，又看见这位挑山工，

在极顶的小卖部门前，又碰见了他。

这就是课文语言与小学生语言的差异。教学中如果教师能够引导学生深入比较语言表达的这些差异，学生就能很具体很感性地体会到自己语言与作家语言的差异，这对丰富学生的语言经验，提高语言表达的质量是十分有效的。

其实课文中的语言与学生语言的差异是客观存在的，如果语文教师在备课时能够关注并且在教学时能够引导学生去发现，那是最好不过的事情。然而在一篇课文中这样的差异不胜枚举，教不胜教，而每篇课文的教学时间十分有限，教师不可能将时间都花在语言差异的教学上。加上每个学生的语言水平高低落差很大，有些词语对这部分的学生来说是新词，对另一部分学生来说可能已经掌握；至于课文中的句型，哪些是新的，哪些是学生已经掌握的，那更是难以分辨得清楚。这该怎么处理？其实儿童学习语言包括掌握语言规则的最好办法并不是教师直接去教学，而是让学生通过听、说、读、写的实践自己去习得，语言规则的掌握主要靠学生自己的内隐学习。所以教学中正确并有效的做法就是让学生读熟这些句子，把这些句型输入进学生的语言仓库，并且内化为自己的语言。学生在积累这些句型的同时也熟悉并默会了汉语的这些语法规则。比如《丹顶鹤》这篇课文中有这样一句话："丹顶鹤很逗人喜爱。它腿长，脖子长，嘴巴也长。"

如果仔细分析，就会发现这句话中至少包含这样3个语言规则：

1. 代词的使用，第一句出现了"丹顶鹤"，后面的句子可以用"它"来替代。

2. 主语承前省略，如果后面三个分句写成"它腿长，它脖子长，它嘴巴也长"，就显得啰嗦，所以可省略代词"它"。

3. "它腿长，它脖子长，它嘴巴也长"，最后一个加上"也"字读起来更加顺口。

教学中教师将这些规则一一教给学生当然不错，但是如果教师没有发现，或者教学内容过多有意不去讲这些规则，是否可以？其实也并无不妥，但教师需要做好一件事情，就是必须让学生读熟课文。这里强调的是

"读熟"，不仅仅是"读懂"，"读熟"的要求是做到烂熟于心，脱口而出。因为只有读熟了，才能内化成学生自己的语言，才能形成语感。其实学生是否能够说清楚这些语言规则并不重要，重要的是能够在自己的语言表达中脱口而出，正确运用，这才是关键。这就是学生语言学习的规律。

从儿童语文学习的规律看，大量积累语言经验，毫无疑问应该成为小学语文教学特别是低中年段教学的重点。所谓语言经验，包括生字、词语、句子等语言材料的积累，包括词语运用和搭配、词与句和句与句组织等汉语运用方面的策略，还包括学生在语言实践中形成的语感。语言材料积累多少可以决定一个人的语文水平的高低，掌握的语言材料越多其语言表达能力就越强，语言水平也就越高。而语言规则的掌握包括学生的语感，能够决定一个人的语言表达是否规范。儿童心理学研究认为，6~12岁儿童正处于语言发展的关键期，最大程度地丰富儿童的词汇量，增加各种常用规范的句子范型，可以为学生今后的语言发展奠定坚实的基础。

所以小学阶段语文教学最有效的教学手段就是将课文中规范的词语和句型输入学生的语言仓库，最大程度地丰富儿童的语言经验的积累。这是学生学习语文的奠基工程，是"过了这个村没了这个店"的。

第三章

运用语言

阅 读 导 语

　　2000 年我调入上海师范大学，从一位语文教研员转变为高等院校从事语文课程教学论研究的大学教师。我非常认真地总结了 20 多年语文教学研究的心得体会，写出了进入高校以后的第一篇论文《以培养运用能力为重点，改革小学语文教学》。指出"从小学生学习语言的实际情况看，运用语言既是重点又是难点，其教学力度至少应该等于甚至应该超过理解语言的教学。所以，无论是语文教学还是语文考试，都应该按照儿童心理和语言学习的特点，把重心转移到语言的运用上来。"文章中对如何以培养学生运用能力为重点构建语文教学的模式提出了比较具体的主张。2001 年、2011 年发布的两部《义务教育语文课程标准》对语文课程的性质定位是"学习语言文字运用的综合性实践性课程"，与我在文中提出观点不谋而合。2002 年发表的《促进消极语言向积极语言的转化》，引用心理学家朱智贤的观点，将学生只能理解不会运用的语汇称为"消极语言"，能理解又能运用的语汇称为"积极语言"。指出阅读教学中学生学到的是"消极语言"，绝大多数学生难以转化成能够运用的"积极语言"。语文学科教学要采取积极措施加以干预，帮助学生完成"消极语言"向"积极语言"的转化。这篇论文根据儿童"语言学习"的心理规律，深刻揭示了造成小学生语言运用困难的心理学原因，从理论上对"语文课要以运用语言为重点"这一观点形成支持。语文课要强化学生运用语言的实践机会，最有效也是最简单的做法就是结合课文设计表达练习，将教师分析讲解的时间让给学生进行表达实践。其实很多优秀语文教师都重视读写结合，阅读教学中经常自觉不自觉地设计各种形式的练习增加学生的表达实践机会。《阅读课表达练习的设计与指导》和《依托课文创设表达情境，提高运用语言的能力》两篇论文，总结了阅读课中教师创造的表达练习形式，分类介绍了各类表达练习的功能。我将结合课文设计的表达练习分为两类：第一类是以学习运用写作方法为目的的表达练习，比如要求学生模仿"总分总"写作方法写一样小动物、运用场面描写方法写运动会的一个场面等。第二类是以学习运用课文语言为目的的表达练习，比如学了《桂林山水》要求学生以导游的身份介绍桂林山水的特点等。语文教师比较熟悉并在课堂教学中经常设计的是第一类；其实对提高学生语言表达能力来看，更应该提倡的是第二类，将学生的注意力引导到词句的运用、话语构建和言语策略运用方面，这类练习对学生积累语言经验和提高语言表达质量都非常有效。这两篇论文提供的表达练习设计形式，虽然在分类上还不很成熟，但对认识这类表达练习的功能作用，拓展教师练习设计的思路，有不少值得借鉴之处。

以培养运用能力为重点，改革小学语文教学

在基础教育阶段，语文学科是大家公认的最重要的学科，所以占的课时最多，语文教师不仅人数多，而且实力最强，学生和家长对这门学科学习也很重视，花费时间最多。按理说有这么多的有利因素，这门学科应该理所当然地成为基础教育阶段最成功的学科。然而事实却并非如此，这门学科投入高，效率低，教师教得吃力，学生学得费劲，简直可以说是一门"问题"学科。这么多的优势，而结果却是如此，怎不令人费解？

一

从广义上说，我国有记载的语文教学已经有几千年的历史。但是古代教学学的是文言文，书面的"文"和口头的"语"相去甚远，学生学的文章基本不理解，在教法上以多读多背，大量积累为主，强调先积累后理解，在理解和运用上采用无师自通的方法。从教学思想看，和现代语文教学截然不同，差距很大。

现代语文学的是白话文。可以这么说，我国现当代的语文教学的模式是从中华人民共和国成立以后开始逐步形成的，至今不过 50 年的历史。回顾 50 年小学语文教学所走过的道路，反思当代语文教学思想和教学模式形成的过程，可以更加清醒地认识当前语文教学存在的问题，并且可以帮助我们认清今后语文教学改革应该走的道路。

按理说，现在学的语文课文都是白话文，学生读一篇文章，如果有一定的理解生字新词的能力，对读懂、理解课文思想内容应该没有太大的困难。无论是 20 世纪 50 年代还是 90 年代，三年级以上的学生课外阅读报纸

杂志甚至是长篇小说，都不是什么新闻。对语文教材中这些内容并不深奥，语言也十分浅显的课文，教师似乎没有必要进行如此这般面面俱到的分析。然而现实的情况是：无论是小学还是初中的语文课，大部分时间是教师的讲解分析和学生的回答问题，语文课的主要形式就是教师和学生对文章的分析讨论。这种以"文章分析"为主要特征，以"问题讨论"为主要形式的语文教学，似乎已经成为中小学语文教学通行的主要模式。这种模式是怎样形成的？课堂中教师和学生究竟在分析讨论什么内容呢？我们不妨深入地做一番观察。

20世纪八九十年代，广大教师注意正确发挥语文学科的教育功能。每教一篇课文，都要努力挖掘课文的教育因素，进行思想内容分析。一方面是帮助学生理解课文的思想内容，另一方面也是为了借助课文思想内容达到语文学科的教育目的。可见，分析讨论课文的思想内容，借此进行思想教育，是语文教师进行课文分析的主要内容之一。

然而单纯的课文思想内容的分析，即使在中华人民共和国成立初期也不被大家认为是合格的语文课。1952年有苏联专家组织的"《红领巾》教学观摩讨论"以及1956年我国语文学科实行《汉语》和《文学》分科教学，对我国的中小学语文教学产生了极大的影响。这场以引进苏联语文教学经验为特点的语文教学改革的直接结果是：我国的语文教学开始大量渗透"文学因素"和"字词句篇"等语文知识（或称"语文因素"）的分析，逐渐形成了以"文章分析"（不是"内容分析"）为特征的教学模式。这种教学模式以"思想内容分析+语文知识分析"为教学的主要内容。在分析文章思想内容的同时，注重了文章所包含的语言知识和文学知识的分析。与中华人民共和国成立初期偏重文章思想内容分析相比较，这种教学模式与语文学科的性质任务更加接近，因此也更容易为人们所接受。

随着语文教学改革的不断深入，这种教学模式虽然在分析的内容上经常有所调整，但是作为一种教学模式，其"思想内容分析+语文知识分析"的基本结构并没有发生根本的变化。

80年代以后，在改革开放的大背景下，受现代教育思想的影响，中小学教育开始重视智力的发展和能力培养。进入90年代以后，更是把充分发挥语文学科在提高中华民族的科学文化素质和思想道德素质中的重要作用，作为学科教学的根本指导思想。自此，以"文章分析"为主要特征的语文教学模式逐步增加了学法指导，思维训练以及素质教育的内容。在这场改革中，我们对课堂教学活动中师生关系处理上做了较大的调整，强调以"学生为主体"，强调"自主学习"，让学生自己"学会"，自己"会学""乐学"。至于学什么，学的还是文章分析。因此从本质上看，语文学科以"文章分析"为重点的教学模式并没有得以改变，而是一次次做了加法，在原来"思想内容+语文知识"的基础上，又增加了新的内容。

可以这么说，小学语文学科逐渐形成并主要采用的是"以文章分析为重点（包括理解课文思想内容和语文知识），以师生问题讨论为主要方法"的语文教学模式。这一模式的目标指向主要是培养和提高学生"阅读分析"的能力。

二

我们很有必要来重新反思一下这种教学模式对整个语文教学的低效应该承担的责任。

评价教学模式的运用是否恰当，主要依据是学科的教学目标。语文教学的主要目标是"指导学生理解和运用祖国的语言文字""培养学生听说读写的能力"。当然，语文学科除了主要目标，还有其他的教学目标，比如思想道德教育，培养良好的学习习惯，发展智力，陶冶情操等，但是这些任务毫无疑问都应该在完成主要教学目标的过程中完成。限于本文的主题，这一问题我们暂不展开进一步的讨论。

那么以训练学生"文章分析"为重点的教学模式，是否能够有效地完成语文学科培养学生"理解和运用祖国的语言文字"，提高学生"听说读写能力"这一目标任务呢？从目前实际的教学效果分析，答案绝对是不乐观的。

以"文章分析"为重点的教学模式主要培养的是学生"理解"语言的能力，也就是阅读能力。阅读能力很重要，是小学语文教学应该花大力气培养的一种基本的语文能力。然而小学语文教学毕竟不能只训练"阅读"这一项能力，"阅读"只是"听说读写"四项技能中的一项。学生的语文能力，除了体现在能够读文章，还应该体现在"说"和"写"，也就是表达运用语言的能力上。

可以这么说，评价一个人语文能力的标志主要不是"理解语言"，而是"运用语言"。具体就是指口头表达和书面表达的能力。从儿童言语学习的心理特点看，"不理解—理解"是一次飞跃，"理解—能运用"是第二次飞跃。第二次飞跃的难度远远超过了第一次飞跃。以"阅读分析"为特点的教学模式，恰恰就是在第二次飞跃上出现了战略性的失误，而这种失误实在是非常致命的。它的失误主要在于：

1. 教学目标把握上的错位

语文是一门工具学科，语文学科主要帮助学生掌握语文这种工具进行社会交际。衡量一个人是否掌握语言工具的主要标志不是看他对这种工具的理解，而是看他是否能够运用。语文这门学科教学的目的就是要让学生能够读得懂，听得懂，能够说，能够写，也就是运用这种工具进行交际。而"分析文章"是一种专门的技能，它包括分析文章的主要内容、中心思想、段落结构、人物形象，分析文章的写作特点以及遣词造句、布局谋篇方面的特点等。尽管这种技能与语文能力有某种程度上的联系，但它绝对不是每一个人都能掌握的技能，更不是小学生能够掌握的技能。一般的人，即使是成年人，要他分析一篇文章，也不那么容易。平时我们经常读书看报，不少人也能说会道，落笔成文，但是很少进行文章分析。因为"掌握语文工具"，具备基本的"听说读写能力"是每个现代人必须具备的基本素质；而"分析文章"这种技能却不是每个人"必须"而且"能够"掌握的技能。

长期以来，我们在语文课堂教学中主要不是在训练学生"掌握"语言工具，提高听说读写能力，而是将"分析文章"这一专门技能作为教学的主要目标。课堂教学中对"动口说""动笔写"这些必须掌握的技能严重忽略，而将大量时间花费在分析文章的训练上，造成了语文教学目标的严重错位。

从 20 世纪 60 年代开始有识之士就大声疾呼语文课一定要"精讲多练"，一直喊到 90 年代，语文课中学生"动口不动手"的现象仍然屡见不鲜。有些学生一堂课下来说不了一两句话。文章思想内容没有讲深，文章的写作特点没有讲透，教师不肯善罢甘休；而学生没有动口说说，没能动笔写写，语言表达运用能力没有得到提高，教师却感到无关紧要，似乎这些能力学生完全可以无师自通，自然形成，无须语文教师指导。现在社会各界人士对语文教学的意见主要集中在学生"话说不好""文章写不通"等语文的运用能力上，而我们的语文教学却没有将运用能力的训练作为教学的重点，岂非咄咄怪事？这种教学目标把握上的错位现象如果不能从根本上得到纠正，语文学科的效率问题永远不可能得到解决。

2. 教学要求认识上的越位

将"分析文章"作为中小学语文教学的重点，严重超越了中小学生认知发展的水平。因为"分析文章"这种技能对逻辑思维的要求极高，绝不是小学年龄段认知发展一般水平的儿童所能够接受的。目前的小学教师大都在中等或高等师范院校接受过"分析文章"的专业训练。从现实情况看，即使是这些接受过专业训练，并且从教多年语文教学的教师，如果不借助教学参考书，自己独立分析文章的难度也很大。据统计，某年上海市高考语文试题中一道"分层次"的题目，考生答题的正确率仅 34.8%，一道"概括中心思想"的题目，考生答题的正确率也只有 45.2%。参加高考的学生，暂且不论他们多读了 6 年书，就从参加高考的学生对象而言，经过小学考初中和初中考高中两次筛选，最后能够进入高考考场的都是些筛选出来的成绩较好的学生。这些学生做这类题目的正确率也不过如此，那何必要去难为那些逻辑思维发展正处于起步阶段的小学生呢？

以"分析文章"为重点来组织语文教学，严重超越了学生认知能力的"最近发展区"，所导致的后果不仅仅是降低语文教学的效率，还严重挫伤了学生学习语文的兴趣。一些在省市数学竞赛中屡屡得奖的学生，一说起分段、体会句子和涵义、分析词语句子使用的妙处等，往往会头皮发麻，手足无措。其实类似的问题别说是小学生，即使让写文章的作家去回答，也并非轻而易举。不是经常有某作家答不出自己作品中类似"为什么用这个词不用那个词"这样的题目吗？语文课堂教学中经常出现教师一言堂或者是只有个别尖子学生与教师对话呼应的反常现象，其根本原因就是教师讨论的问题严重超越了学生认知能力的"最近发展区",即使个别尖子学生竭尽全力地跳,也不一定能采到果子,那么对于大多数一般学生,可能连当听众的水平也不一定具备,更何况让他们去参与讨论。

现在我们的小学语文从中年级开始,每学一篇课文都要求分段、概括主要内容和中心思想。因为考试试题经常出现类似的题目,而学生在答这类题目时正确率往往不高,因为差,所以教师只能拼命抓,不仅是四、五年级,现在更有向低年级渗透的趋势。然而即便如此下功夫抓,学生的正确率还是不高。其实这主要不是教学问题,而是应该从教学要求是否合乎学生认知发展规律来认识问题。可以庆幸的是,2000 年版新大纲删去了分段、概括中心思想、解释词义等要求,从根本上解开了长期禁锢在小学师生头上的枷锁。

3. 在语言学习上的不到位

小学语文学科的教学目的是提高小学生"理解和运用祖国语言文字的能力"。2000 年新颁发的大纲将"指导学生正确地理解和运用祖国语文,丰富语言的积累,使他们具有初步的听说读写能力"作为小学语文教学的主要任务。这些认识是非常正确的。长期以来,由于语文教学的重点是放在培养学生阅读分析文章的能力上,整个教学过程的重心往往朝文章的理解分析倾斜,严重忽视了语言的积累,很少进行运用语言的训练。在一些省市级包括全国性的语文课堂教学展示课或者是观摩课上,都鲜见扎扎实实的动笔写写的练习,在"理解语言"和"运用语言"的训练时间分配上,比例严重失调,几乎不成比例。语文课文中学的词语学生理解了,读过的句子意思领会了,教师似乎就认为已经完成了教学任务,很少想到再去设计一些练习让学生运用课文中学到的一些富有表现力的生动的语言(词语和句子)。因此,小学生学过的词语和句式其实不计其数,但是真正积累下来的不多,会灵活地在自己说话、写文章时用的更是少得可怜。

长期以来,白话文教学一直存在着这样一种误解,以为学习语言的关键在"理解",只要理解了,就能够自然而然会运用。古人云:"书读百遍,其义自现""读书破万卷,下笔如有神"。古人在理解和运用上采取的都是无师自通的自然主义的方法。然而我们应该认识到,古人实施的是少数人的教育，他们的教育对象不会超过学龄儿童总人数的 10%，即便如此，真正能够成才的也仅占少数。我们现在实施的是全民化的素质教育，要使每一位学龄儿童都能切实提高语文素质，靠无师自通的自然主义办法自然是行不通的。

现代语文教学，在"理解"上强调了教师的指导，然而在"运用"上，仍然采用"无师自通"的方法。即使是学习课文中"用词造句、连句成段、连段成篇"等一些偏重语言运用的知识方法，也往往停留在分析理解上，而不进一步提出积累和运用的要求。这种忽视积累和运用的不正常现象，使得我们的语文教学在儿童语言学习上产生严重不到位的现象。这是影响语文教学效率的重要原因之一。从小学生学习语言的实际情况看，运用语言既是重点又是难点，其教学力度至少应该等于甚至应该超过理解语言的教学。所以，无论是语文教学还是语文考试，都应该按照儿童心理和语言学习的特点，把重心转移到语言的运用上来。

三

2000 年颁布的新大纲指出，"语文是最重要的交际工具"。小学生在语文课上学习语言交际，和成人进行语言交际的目的是有区别的。成人语言交际主要是为了表达思想，而语文课上学生不只是单纯地为表达自己的思想，他们还有一项十分重要的任务，就是学习掌握这一交际工具，并能熟练地运用这一工具。学生在语文课上要通过交际活动提高自己语言交际的能力，即不但要学习、熟练语言交际的技能，还需要丰富、扩展自己的语言积累。

如何掌握交际工具？婴幼儿时期主要是通过口耳相授，从口头语言开始接受语言交际的训练；学龄前儿童已经具备了一定的听话和说话能力；进入小学以后，开始学习书面语言交际，随着识字量的增加，儿童通过阅读不断丰富书面语言的积累，并且开始学习运用书面语言表达自己的思想。与此同时，他们的口头语言也在继续发展。根据脑科学研究，4-9 岁儿童是脑部语言系统发展的最佳期。也就是说，小学阶段的儿童学习语言可以取得最高的效率。

儿童掌握语言工具是渐进式的。他们通过听和读，从口头和书面两条不同的渠道获取新的语言信息，并且通过思维系统理解、领会其中的意义；然后将获取的有用信息编码，通过朗读、背诵、摘记等各种方法，储存进自己的记忆系统；在需要交际的时候，从自己的语言仓库里提取适当的语言通过加工组合后输出，用口头或书面语言加以表达。不断地吸收，不断地积累，不断地运用，周而复始，日积月累，从而使自己对祖国语言的理解和运用能力不断得到提高。

由此可见，小学生学习并掌握新语言的过程大致由三个环节构成：

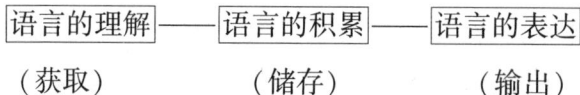

| 语言的理解 | —— | 语言的积累 | —— | 语言的表达 |
| （获取） | | （储存） | | （输出） |

传统语文教学以语言的储存为重点，通过多读多背，大量积累语言材料，在语言的理解上，采用的是自然主义的方法；这种以语言储存为重点的教学模式固然有其合理之处，但是它的缺点是忽视语言理解对语言储存的作用，学生不理解也要死记硬背，结果导致"味同嚼蜡"，严重影响学生学习的兴趣和积极性。此外，在语言的表达上，强调的是"读书破万卷，下笔如有神"，采用无师自通的方法。忽视语言的运用训练，这也是传统教学的一个缺点。

现代语文教学则是以理解语言为重点，将语言的"理解"和运用混为一谈，误以为理解了就自然而然地会运用。因此在实际教学中片面强调理解分析，严重忽视积累和运用，对学习语言过程中"积累"和"表达"两个环节重要性的认识严重不足。试图以理解来代替"积累"，代替"运用"。事实已经充分证明这种认识是很难行得通的，这也是导致现代语文教学效率不高，学生语文学习兴趣低下的重要原因。

以"积累"为重点或者以"理解"为重点，从儿童"语言习得"的心理过程看，都有其片面性，其不合理因素已比较明显地显示。著名的英国语言学家帕尔莫博士曾经说过：理解一种语言是如何运作的，与学会如何使用这种语言之间存在着重大的区别。衡量学生是否学会语文，不是看"理解"了多少语言知识和规则，也不能仅仅看"积累"了多少词语句子，而是应该看他是否能够熟练地"运用"这种语言为评价的主要标志。

为什么在"理解—积累—运用"三个环节中要特别强调"运用表达"这一环节呢？其主要原因是：

1. 评价学生语文能力的主要标志是语言的运用表达。不可否认，"理解"语言也很重要，是运用语言的基础，也是学习语言的一个目标，但是学习语言的最终目标应该是能够"运用"。实践证明，运用表达能力是人语文能力的最集中体现。

2. 理解语言和运用语言是儿童学习语言过程中的两次飞跃。第二次飞跃的难度远远超过了第一次飞跃。所以"运用"是学生学习语言的难点，也是语文教学中最为薄弱的环节。语文教学在抓好第一个飞跃的同时，必须花大力气抓好第二次飞跃，要大力提高运用表达训练在语文教学中的位置。

3. 理解而不会运用，其实不是真正的理解，理解了而且会运用了，那才是真正的理解。运用可以促进理解，而且是一种更高层次的理解。运用还能有效地促进积累。在理解和积累的基础上，如果加大语言表达运用的训练力度，不仅能有效地提高语言表达能力，而且可以加深理解，促进积累，从而"一箭三雕"，最大限度地提高学生的语文素质。

四

以培养学生运用能力为重点来构建语文教学的模式，必须切实转变语文教学的观念。

1. 从"理解课文内容"转为"学习课文语言"

在相当长的一段时间里，语文课的教学重点主要是放在"理解"课文的思想内容上，在通行的"初步理解课文""分段讲读分析""归纳总结全文"的课堂教学三部曲中，分析理解课文内容成了贯穿语文课堂教学的主旋律、硬任务。课文理解了，教学任务就算完成了。课文中丰富的词语、生动的句子，以及大量的规范的语言，学生是否内化，能否运用，则似乎成了学习课文的软任务，可学可不学。以学习课文内容为重点，那些思想意识比较浓的课文，就容易上成思想品德课；而常识性课文就容易上成常识课。语文课为什么会上成地理课、历史课，究其原因，盖出于此。把理解课文内容作为语文教学的重点，无疑就异化了语文学科的性质。语文课上的不是真正的语文课，那还有什么效率可言？

课文是小学生学习语文的主要对象。然而语文学科的特点和数学、常识等学科不同，后者教材内容就是教学目标，学生掌握了教材内容，就完成了教学要求；而语文学科则不同，课文的内容并不是学习的主要任务。换句话说，语文学科主要不是学"课文的内容"，而是课文的"语言文字"，课文的"表达形式"。叶圣陶先生"课文是例子"的精辟论述，表述的就是这个意思。课文为学生学习语文教学提供了具体的情境。学习课文的主要任务不是理解课文情境，而是借助课文的情境学习语言文字，进行各种听说读写的语文实践活动。

1961年，《文汇报》曾经发表社论对当时进行的"文道关系"大讨论进行了总结，社论中有这样一段话，"学生在语文课上学习的主要任务就是掌握和运用语言文字这个'手段'，学会'手段'恰恰成了语文教学的重要目的；语言文字这个'形式'恰恰成了语文教学的内容。"时隔40年，重温这段话，仍感意味深长。

2. 从"理解分析"转为"运用表达"

能理解课文和会分析课文，其实是相去很远的两个不同的概念。美国心理学家布鲁姆在学习目标分类中将学习水平分为六级：

（1）知识（识记）：能事实性地回忆。

（2）领会：理解的最低水平，提供理解的证据和运用信息的能力。

（3）运用：能将习得的材料运用于新的具体环境。运用代表高水平的理解。

（4）分析：能将整体材料分解成构成部分，区分和领会各部分之间的相互关系。

（5）综合：能将各部分组成一个新的整体，产生新的模式或结构。

（6）评价：对材料的内在标准和外在标准作价值的判断。这是最高水平的认知学习的结果。

根据布鲁姆的这一理论，"领会"是最初级的理解，"运用"是第三级，而"分析"则是第四级水平。也就是说，"理解"是一个弹性很大的概念，"领会"是最初步的理解，"分析"也是一种理解，然而"领会"和"分析"是两个不同级别的学习水平。

其实，小学生学习阅读，是从不会阅读到会阅读，从读不懂到读得懂，从读得不熟练到逐步读得熟练。从学习水平看，毫无疑问应该确定在"领会"这一级目标水平上。读懂以后再做什么？从学习水平发展看，他们的"最近发展区"应该是在"领会"以后的"运用"上，所以应该引导学生去"运用"，在"运用"中加深"理解"，从而切切实实地提高学生的语文能力。

现在我们的语文教学在学生初步领会课文内容以后，将进一步的目标定在"分析课文"上，由于超越了学生的"最近发展区"，所以学生常常是能够读懂的文章，经过教师这么一分析，又变得读不懂了。所以有人说笑话，语文课学生阅读是从"不懂"到"懂"，然后又到"不懂"。这样教学语文，怎么会有高的效率，学生怎么可能感兴趣？

语文课一定要将超越小学生思维发展水平的过于深奥的分析理解要求坚决地降下来，按照儿童心理和语言学习的特点，把教学重心倾斜到语言的运用表达上来。要按照"不理解—理解—能运用"的步骤来设计课堂教学的过程，从根本上克服教师无休止地讲解分析的现象，把语文课真正上成"语文课"。

3. "学习语文知识"转为"掌握语文工具"

重视语文知识规律的教学，是现代语文教学和传统语文教学的一大区别。然而，我们必须清醒地认识到，小学生学习语文知识，不必过于注重理性的认识，而是应该强调在语言实践中模仿运用。比如总分、转折等各种句了之间的逻辑关系，静态、动态、语言、动作等有关人物或环境的各种描写方法，比喻、夸张、排比等各种修辞方法，等等。学习这些知识的目的主要是帮助学生在语言实践中自觉地运用，提高语言表达的能力。然而现在语文课堂教学中教师无休止地让学生分析："哪一句是比喻句？""把什么比作什么？""哪一句描写人物的语言？""对表现人物的思想起什么作用?"等等,看似热闹,其实这样的分析除了对付考试,对提高学生的语言表达能力并无太大的作用。现实的情况是学生能够分析什么是比喻句,但是在语言运用中却很少运用比喻;能够分析人物的各种描写,但是写作文时却不会主动地去运用。

掌握语言这门交际工具的过程不像掌握数理学科的知识那样呈线状递进式,可以整理出比较清晰的发展轨迹;语文这门工具的掌握是呈面状扩展式的,它是通过对新语言(主要是构成语言的基本单位——词语和句子)的不断理解、不断积累、不断运用,逐步扩展,渐进提高的。20 世纪50 年代中期语文学科曾经引进苏联语文教学的经验,搞"汉语""文学"分科教学,试图按照语文的知识体系来构建汉语教学的体系,形成一个比较科学的语文知识教学的序列。可是实践证明这条路很难走得通。原因很简单,语文学科不是一门知识性学科,而是一门工具性学科。学习工具性学科就必须按照工具性学科的特点,注重实践,强调运用。"知识"是懂不懂的问题,而"工具"是会不会的问题。

语文学科的改革必须遵循这门学科的规律,把重点转移到语文工具的掌握上来。不能为教知识而教知识,也不能为应付考试而教知识;要为"用"而教,教学知识的目的是更好地指导语言的运用。要淡化知识的理性理解,而注重语文知识的实际运用。

4. 从"教师讲解"转为"学生的语文实践活动"

语文课要强调语文能力的"习得性"或者说"实践性"。听说读写的能力都属于智力技能,根据心理学家的研究,智力技能和动作技能在获得的途径上是一致的,必须依靠个体反复多次的练习。听说读写等语文技能就像游泳或是踢球这些动作技能一样,靠教师分析规律、讲解要领有一定的效果,但真正要形成技能还得靠学习者自身反复的练习,而且必须保证一定的训练量。因为学生的语文能力只有在语文实践活动中才能有效地形成。无论是阅读能力,还是说话能力或是写作能力,都必须通过学生个体亲身参与的实践活动才能真正获得。所以课堂教学必须分配一定的时间给以学生为主体的语文实践活动。

语文课文为教学提供了进行语言实践活动的具体情境。阅读课文也是语文的实践活动，然而语文实践活动不仅仅是阅读，借助课文内容和情境设计各种形式的练习让学生说一说、写一写，这样的实践活动对学生掌握语文工具来说，显得更加重要。语文课主要应该由学生的语文实践活动构成。要让学生通过听听、读读、背背，动嘴说说，动笔写写等多种形式的语言实践活动，积累课文中规范的语言，通过模仿或创造性地运用课文中的语言或表达方法，提高语言表达和运用的能力。教师的任务就是要有效地组织全体学生参与语言实践活动，要让学生积极、主动、有情、有趣地参与各种形式的语言实践活动。不能以教师的讲解来代替学生的语言实践活动，也不能以个别学生的活动来取代全体学生的活动，

要牢固确立学生为主体的教学思想；要充分认识个体的语文能力只有通过个体的语文实践活动才能真正形成；要充分激发学生在阅读实践活动中的主动性和积极性，鼓励自读感悟。

参考文献

［1］朱智贤. 儿童心理学［M］. 北京：人民教育出版社，1980.

［2］苏·比得罗基斯奇. 朱智贤等译. 普通心理学［M］. 北京：人民教育出版社，1981.

［3］曹日昌. 普通心理学［M］. 北京：人民教育出版社，1980.

［4］王德春. 语言学概论［M］. 上海：上海外语教育出版社，1997.

［5］李海林. 言语教学论［M］. 上海：上海教育出版社，2000.

促进消极语言向积极语言的转化

在多年的小学教学实践中，我们一直把语文课分为阅读课和作文课。阅读课读课文，侧重于"阅读理解"，主要培养学生的阅读能力；而作文课写作文，侧重于"运用表达"，培养学生的作文能力。这样的分工，表面看似乎很合理：学生阅读课文时理解了课文中语言（包括词语句子），以及课文中包含的表达方法，然后在作文课上加以运用；阅读课侧重于语言材料的内化，作文课则侧重于语言材料的外化。从理解语言到运用语言，形成互补，构成完整的语言学习的系统。

然而深入分析，就会发现这一语言学习的过程是建立在这样一个前提之上，即学生理解了课文中的语言，就自然而然地会运用。然而实践证明这只是一种理想化了的并且很难实现的假设：因为"能理解"不等于"会运用"，"能理解"和"会运用"不能混为一谈。就像成年人学文言文一样，能读懂理解文言文的人很多，但能运用文言文表达的人却凤毛麟角。因为"理解"比起"运用"要容易得多。儿童学现代语文和成人学文言文尽管有区别，但在语言的"理解"和"运用"的学习规律上是完全相同的。绝大部分学生，特别是中等以下的学生，不仅缺少"自然而然"运用的能力，而且也没有或很少有"自觉运用"的意识和习惯。他们对课文中学过的大部分的词语和句子，往往仅停留在"理解"这一层面，难以自觉转化为自己能够运用的语言。

一

问题的症结究竟在哪里？主要是由于我们对个体言语获得的心理现象

缺乏科学的分析和认识：长期以来，我们的语文教学一直没有区分"消极语言"和"积极语言"的差别，将学生语言学习过程中两种不同层次的学习水平混为一谈。根据心理学家的研究，能"理解的"语言和会"运用的"语言，是个体学习语言过程中的两个不同层次的学习水平。只能理解不会运用的语言称为"消极语言"，既能理解又能运用的语言称为"积极语言"①。

分析学生个体言语形成的心理过程，我们发现，语言的"理解"和"记忆"是"运用"的两个必要条件，而不是充要条件。是"无之必不然，有之未必然"。也就是说，学生理解了并且已经积累的言语，只是为他以后的"运用"提供了必要条件，但并不等于就会自然运用。就像人们学外语一样，许多人背出了相当数量的外语单词，也能够很流畅地阅读并理解外语材料，然而让他把自己理解的单词连起来完整地说几句话，就感到非常吃力，而且往往会词不达意。为什么？因为理解和积累并不等于会运用。"消极语言"和"积极语言"不能画等号。

学母语和学外语虽然有区别，但同是学习语言，必然存在不少共性。这在实际教学中可以找到很有力的证据。依据现行教材估计，小学生读过的300篇课文，其中的词汇量估计在7000个以上；至于这些课文中出现过的句式到底有多少，基于汉语词语组合的无穷变化，很难估计出它们的数量。但是一般来说，所有这些文章应该包括了现代汉语中最常用的基本句式。按理，一个人的词汇量达到7000个，又熟悉了现代汉语常用的句子，其语言表达水平应该是基本可以过关了。然而事实并非如此。课文中学过的许多富有表现力的词语和句子，对大部分学生而言，仅仅是"消极语言"，难以自觉地转化为"积极语言"。不少学生读到小学甚至中学毕业，无论是说话还是作文，词语贫乏，所用的句子还是一些大白话式的最简单的句子，而且连贯性差，语病多。其语言表达水平不能令人满意。

实践证明，除了少数在语言学习方面特别有天赋的学生之外，绝大部分学生对阅读文章时学过的语言材料（包括词语和句子），其掌握程度基本停滞在"理解"这一学习水平上，而且根据他们自身的能力，对其中的

---

① 朱智贤. 儿童心理学 [M]. 北京：人民教育出版社，1980.

大部分很难自动地上升为"运用"这一学习水平。

据此我们可以认定，即使是母语学习，从"能理解"跨越到"会运用"这级台阶，也不那么容易。这级台阶对多数学生来说很高很陡，必须花大力气才能跨越，而且不是所有学生（包括成人）都能顺利地实现这一跨越。

由于学生难以自觉地将"消极语言"转化为"积极语言"，因而造成"积极语言"数量增长的缓慢，滞后于语言表达的需求。学生平时写作文的时候，常常会碰到"肚子里有货倒不出来"的情况，脑子里知道写什么，但是没有办法用合适的语言表达出来。究其原因，就是因为能够供其调遣并熟练运用的"积极语言"实在太少了，脑子里有表象，思想中有意向，但缺少适合的语言表达。

如何帮助学生完成语言学习过程中从能"理解"到会"运用"的跨越，使更多的学生能尽可能多地将阅读课文中学到的"消极语言"转化为他们的"积极语言"，实在是语文教学应该承担的而且是必须花大力气研究的一个非常重要的问题，这对学生掌握语文工具，提高语言表达能力至关重要。然而就是这样一个极其重要的问题，却一直没有为语文教学所正视，因而在学生的语文学习中形成一个"盲区"，一个致命的脱节。正是由于存在这样一个致命的脱节，导致了学生口头和书面语言表达的困难。

二

要将理解的语言转化为学生能够运用的语言，将课文中自己理解了的"消极语言"外化为"会运用"的"积极语言"，从语文教学的整个系统观察，应该在语文学习的过程中，强化"积累"和"运用"两个环节。

为了正确认识"积累"和"运用"在语文教学中的重要意义，我们有必要对口头语言中的两种形式——"会话语言"和"独白语言"进行一番讨论。

心理学通常将"聊天、座谈、讨论、质疑等情况下言语活动使用的语言叫'对话语言'（也称'会话语言'）"。"对话语言"是被对话者积极支持着的语言，有很多意思不是通过语言表达出来的，而是在共同情境中彼此意会出来的。这种语言在文法结构和逻辑系统方面都不很完善，不很严谨。而"独白语言"（也称"独自语言"）通常是指报告、演讲、讲课等比较长时间的独自的言语活动中使用的语言。①"独白语言"通常有一定的内容，并围绕此内容组织自己的发言或安排自己发言的前后顺序。说话者对全部独白都要预先拟订提要或提纲，甚至将发言稿或纲要记在纸上。心理学家认为，"独白语言所有这些特点都表明，它要有专门的言语训练。一个幼儿或是一个缺少文化或识字不多的成年人，要随意地长篇大论地讲话常常是何等的困难。"②"独白语言"和"对话语言"都是口头语言，但是很明显，"独白语言"和"书面语言"更加接近，有人认为"独白语言"是用口说的"书面语言"。"书面语言"是"独白语言"的变种，它具有与独白语言相同的一切特征③。语文学科要培养的学生的说话能力，当然也应该包括"对话语言"，但主要是指"独白语言"。

长期以来人们都认为，入学儿童的口头语言已经发展到了相当的水平，入学以后的主要任务是提高他们的书面语言水平。其实这种认识是有偏颇的。入学儿童生活中的语言大多属于"对话语言"；他们的"对话语言"已经发展到能够进行简单的生活交际的水平，但是他们口头语言中的"独白语言"的发展还刚刚起步，处于起始阶段。大量事实说明，尽管6岁儿童的词汇量可以高达2500~3000个，能够应付日常生活交际的需要，然而他们句子掌握的数量远远低于他们词语掌握的数量。"学龄初期的儿童言语表达能力一般还是很差的，带有很大的情境性"。不少孩子进小学，往往习惯于用最简单的句子东一句西一句地讲话，不能用连贯性的句子来表达意思。在句子的完整性和连贯性方面问题很多④。小学年龄段的孩子正处于语言发展的关键期，如果忽视独白语言的训练，不仅对他们独白语言发展不利，而且会严重阻碍今后书面语言的发展。

严格地说，小学生入学后才开始建构个体的"独白语言"体系。然而学生在日常生活交际中获得"独白语言"材料的机会不多，运用"独白语

① 曹日昌. 普通心理学 [M]. 北京：人民教育出版社，1980.
② 苏·比得罗基斯奇，朱智贤等译. 普通心理学 [M]. 北京：人民教育出版社，1981.
③ 曹日昌. 普通心理学 [M]. 北京：人民教育出版社，1980.
④ 王德春. 语言学概论 [M]. 上海：上海外语教育出版社，1997.

言"进行交际的机会更少；"独白语言"材料的获得和运用的最重要场合就是学校的语文课。语文课文中包含着大量"独白语言（书面语言）"的材料。对学生来说，这些规范的书面语言材料和他们生活中运用的"会话语言"是有区别的，其中许多词语和句子是他们日常使用的"会话语言"中没有的。比如"蚕姑娘送来用丝织成的绸缎"这个句子，对一年级学生来说理解并不困难，然而一让他们说，许多学生都会说成"蚕姑娘送来绸缎"。有一个同学，老师反复纠正五遍，他还是说"蚕姑娘送来绸缎"。如果用"图式理论"来分析，就是该学生前语言结构中没有这个句子图式，他只掌握了最简单的主谓宾句子图式，在"绸缎"前加上"用丝织成的"这一定语修饰，就变成新的句子图式，学生就不会说了。对语言发展正处于关键阶段的小学生来说，每一篇语文课文中不仅存在着生字新词，而且存在着不少新的语言图式，所以语文课文教学的一大任务，就是要大量输入新的语言图式，让学生熟悉并适应"独白语言"图式及其构建习惯，并且逐步形成语感。因为"学习者在语言学习过程中所接触到的各种语言素材，是学习者学习语言的蓝本，也是学习过程的起点。没有语言输入，根本谈不上语言学习。语言输入的内容、数量和方式，往往直接影响着学习的质量和速度。"① "语言能力的提高首先依赖于大量的语言输入，语言输出必须在有足够语言输入的情况下完成。"② 要通过语文课文的学习，通过朗读、背诵课文和尝试性的运用表达，大量吸收"独白语言"的图式，熟悉"独白语言"句子间连贯的方法和习惯，逐步形成语感，才可能有效地提高表达能力。

叶老说"文本于语"，这里的"语"我认为更偏重指"独白语言"，因为"独白语言"和规范的书面语言更加接近。而且"独白语言"的发展可以更加直接而且有效地促进书面语言的发展。相反，如果"独白语言"水平低，就会直接影响到书面语言发展的起点。

现在许多语文课，师生把大量时间花费在课文问题的分析讨论上，将课文中一段段完整的"独白语言"转化为一个个问题，老师问一句，学生

---

① 李宇明. 语言学习异同论 [J].《世界汉语教学》，1993（3）.
② 魏占峰. 第二次习得——寻求欲望教学改革的突破 [J].《语文学习》，1995（2）.

答一句，这样学生操习的还是"对话语言"，而不是这一年龄段儿童亟须的"独白语言"。这种教学的结果，不仅剥夺了学生"独白语言"操习的机会，也大大降低了语言学习的难度；师生的注意力集中在问题答案的正确性上，而不是集中在"独白语言"的表达练习上。缺少专门的独白语言的练习，又不能保证一定的训练量，那么用什么来保证我们的学生做到"话说得清""文写得通"呢？

三

"理解"不等于"积累"，任何一种语言的学习都离不开积累。关于语言的"积累"已经越来越引起语文教师的重视。现在需要研究的是，语文课如何促使学生将积累的"消极语言"转化为能够"运用"的"积极语言"。

为了促进学生"消极语言"向"积极语言"的转化，我认为在语文教学过程中应该增加一个"尝试运用"语言的环节。就像数学课一样，学完了例题接下来应该做几道习题。还比如上英语课，学了新的句子，接下来一定要进行举一反三练习、仿说练习。如果学生说错，老师还要加以纠正，错误严重，教师还要加些题目要学生反复操练，直到正确为止。"尝试运用"的过程，心理学称之为"试误"，是学习过程中一个非常重要的环节，介入教师的指导，可以很大程度地缩短学生"试误"的时间，减少学生的学习困难。基础教育中的其他学科都非常重视"尝试运用"这个重要环节。因为大家知道，学生"理解"而不会"运用"，其实并不是真正的理解，而能够"运用"是学生正确理解和掌握的标志。

可是我们语文学科在"语言学习"上严重忽略了这样一个"试误"或者说"尝试运用"的环节，似乎我们的学生在"学语言"上可以例外，能"无师自通"，理解以后不通过操练就自然会运用。然而语文学科严峻的教学现实一直在强烈地提醒我们，这样的认识是错误的。我们应该清醒地认识：现代语文学习的难点不在"理解"，也不是光靠重视"积累"能解决问题，学生学习语文的难点在"运用"，而当前学生语文学习的主要矛盾正是"不会运用"。语文教学改革的当务之急，是应该像其他学科一样安排一个"试误"的环节，要让学生在教师的指导下进行"尝试运用"，在运用的过程中，通过已经掌握的语言图式来同化新的语言图式（包括词语图式和句子图式），以达到丰富扩展语言图式，熟练"独白语言"表达技能的目的。下图反映了学生语言学习的过程：

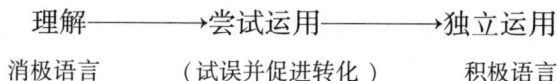

理解————→尝试运用————→独立运用

消极语言　　　（试误并促进转化）　　　积极语言

按照这样的理念教学语文，不仅可以促进学生对语言的正确理解，而且可以促进消极语言向积极语言的转化，为学生今后在其他语言环境中独立运用这些新学语言搭一级台阶，架一座桥梁。这样一级台阶，这样一座桥梁，对众多中等及以下的学生是特别需要的，也是非常有效的。按照这样的观念来改革我们的语文课，语文课堂教学的模式就会发生很大的变化：

——语文教学不再应该以"理解课文思想内容，分析课文的表达形式"为主要目标，也不会是以师生之间问题讨论为主要形式来进行。课文内容和课文语言的"理解"，仅仅是整个教学过程中的一个中间环节，而不是终极环节，语文课教学的终极目标应该让位给语言的"运用"。

——问题讨论也不再是语文教学的主要形式，尽管语文课还需要讨论，但其主要形式应该是每一个学生实实在在的"尝试运用"语言的实践活动。

——教材的功能也会发生变化，一篇篇语文课文不应该再是师生分析讨论的中心，而应该成为学生进行语言实践活动的蓝本。

——教师也不再是传授语文知识的角色，而应该转换为语文实践活动的设计者和组织者。

四

以学习和运用语言为主要目标来组织语文教学，那样的语文课究竟该怎么上呢？语文课内"尝试运用"语言的实践活动究竟怎样设计呢？

下面我们举一些课堂教学实例来说明。

比如二年级课文《白头翁的故事》，故事内容明白如话，学生朗读两三遍，就能够理解，而且能正确说出故事中寓含着的道理。可见读懂课文并不难，难的是让学生在有限的教学时间里能够用课文的语言流利地讲述这篇故事，这必须花费时间，而且教师必须从中进行精心的组织和指导。

这篇课文计划上 2 个课时。

第一步，教师先花费 25 分钟时间让学生自读课文，学习课文的生字，然后讨论课文中的一个问题：

白头翁为什么"直到头发白了，它还是没学到什么本领"？

教学中这一答案不难得出。说明学生通过自读课文，完全可以理解课文内容。

第二步，分段指导学生有感情地朗读课文。

通过有感情地朗读课文，帮助学生读熟并积累课文语言。一边读，一边练习说话。

文章的第二节和第三节分别写白头翁跟喜鹊学造房子，跟黄莺学唱歌。老师设计的说话练习是：

这只美丽的小鸟看见＿＿＿＿＿＿＿＿＿＿＿＿，决定＿＿＿＿＿＿

＿＿＿＿＿＿＿＿＿。

开头，＿＿＿＿＿＿＿＿＿＿＿＿＿但是没过多久＿＿＿＿＿＿＿

＿＿＿＿＿＿。

它说＿＿＿＿＿＿＿＿＿＿＿＿＿＿＿＿＿＿＿＿＿＿＿＿。

先让每个学生自己准备"跟喜鹊学造房子"一段。

然后抽查几个学生示范讲述，师生共同评讲交流。

再让学生分小组讲故事，让每个学生都有说话练习的机会。

再自己练习白头翁"学唱歌"一段。这一段练习让学生自己分小组练习说话。

第三步，模仿课文语言，自己编故事。

通过这两次练习，学生基本熟悉了课文中的句式，然后让学生根据课文第四段自己编故事。第四段里写"白头翁跟大雁学飞行，跟老鹰学打猎，也是有始无终"，但是怎么学的，课文没有具体展开，老师要求学生模仿第二、三段课文，举一反三，自己编写。

教师鼓励学生自己想象，白头翁还可能跟哪些鸟儿学本领，比如跟啄木鸟学捉虫、跟猫头鹰学捉田鼠等，可以根据自己的意愿编故事。大大激发了学生的兴趣和创新精神。

这两组练习分别引导学生模仿课文中的语言讲故事，举一反三自己编讲故事，对学生而言都是"独白语言"的练习。学生通过讲述，不仅内化了课文中规范的语言，而且有助于语感的形成。因为这两段课文中分别用了多个副词、连词等，将句与句连贯起来，行文流畅，这种语感现象根本无法对小学生讲清，即使成人多半也只能意会，而不可言传。学生通过反复读，反复说，通过多种形式的话语建构实践体验，就能够形成"语言定势"，这就是语感的形成过程。学生通过说话，还能有效地加深对课文的理解，比如这段课文中的"这一行、厌倦、有意思"这些词语意思，学生通过说话自然就理解，根本不用老师讲解。

课文最后再讨论一个问题：白头翁让自己的子孙"世世代代都记住这个教训"，是什么教训？占用时间不多，学生通过讨论可以得到教育。

这个教学设计反映出以下一些新的教学观念。

1. 教学的主要目标是学习课文语言。教学的结果是学生获得课文的语言，能尝试运用或模仿课文语言说话，而不仅仅是理解课文内容。因此整个课堂设计将理解、积累和运用有机地结合起来，以"运用"为最终目标，理解课文内容只是教学的第一步，大量时间用来让学生读熟课文语言，再讲故事等语言实践活动。

2. 切实保证学生运用"独白语言"练习说话的时间。教师依据课文设计了三次说话练习，构成课堂教学的主体部分。课堂里大量时间就用于学生"独白语言"练习，几乎可以占到整个课时的五分之二，甚至是二分之一。

3. 新的语言图式通过语言实践活动"习得"。先是基本模仿课文语言讲故事，通过讲述，使学生对课文语言加深印象，促进积累；然后再让学生举一反三编故事。其实质是让学生通过"尝试运用"性的说话练习，在语言实践中同化课文中新的语言图式。因为新的语言图式只能靠学生自己"习得"，而不是靠教师教会的。

以上只是举例性地描述"以学习语言为目标"的一堂语文课的教学设计。课文不同，年级不同，课堂教学设计自然会有变化。

如果我们的语文学科能从教学观念上加以改变，把每篇课文教学的最终目标瞄准在语言的"运用"上，那么语文教师自然就会把大量的时间用于"运用"语言的练习上，就能从根本上改变目前教师围绕课文内容无休止分析讲解的不正常状况。各个年级的语文课如果都能保证时间让学生大量地进行语言实践活动，那么我们的语文教学就一定会出现生动活泼的局面，一定会将学生重新吸引到课堂教学中来。那样的话，提高语文教学的效率就不再是一句空话，而会变成实实在在的行动了！

阅读课表达练习的设计与指导

当下语文课教师面对的是一篇篇课文，教师将大量时间用于课文解读，用于学生说话、写作等表达实践活动的时间不能得到保证，这是造成部分学生表达能力低下的直接原因。在当前的语文课程背景下，许多语文教师发挥自己的聪明才智，利用课文生成能够激发学生表达兴趣的话题，挤出时间引导学生参与多种形式的表达活动，增加阅读课表达实践的机会，这样能够有效地提高语文教学的效率。

结合阅读课文创设表达练习，最常见的练习方式有复述课文、转述课文等。比如学了《哪吒闹海》要求学生复述哪吒闹海的故事；学完《桂林山水》要求学生以导游的身份介绍桂林山水的特点等。这类表达练习设计简单，如果能够留出充分的时间让大多数学生都有参与表达的机会，不失为行之有效的表达练习。这类表达练习设计方法老师们都很熟悉，这里不再赘述。

其实阅读课中教师创造的表达练习形式不胜枚举。下面我们按照表达练习的功能，分类介绍几种阅读课上常用的表达练习设计与指导。

一、运用课文词语的表达

按照脑科学的研究，小学生正处于语言发展的敏感期。因此，扩大学生的词汇量，丰富学生的词语积累，是小学各年段语文教学的重要任务。20世纪各版本的语文教学大纲都强调掌握的常用词语不仅要理解，而且"大部分要会运用"，这是对词语教学目标的正确阐释。为此，阅读教学中根据课文内容创设情境，引导学生运用文本中的词语进行表达，既能加深对词语意思及课文内容的理解，又能有效地促进学生将消极词汇转化为积极词汇。一些优秀教师对词语教学目标的认识比较深刻，经常会结合课文教学穿插"运用词语"的表达训练，这样的教学意识难能可贵。我们研读下面这个课例。

【课例 1】三年级《旅行家树》（教学片段）
课件出示：

> 它站在美丽的住宅区，也站在华丽的别墅门前，那么青翠，那么优雅，给建筑物增添了几分秀丽和清幽。

1. 读这段话，体会这句话中"美丽、华丽、秀丽"运用的准确性。
2. 选择下面的词语，描绘一下旅行家树给建筑物带来的美丽。
出示：美丽、华丽、秀丽、青翠、优雅、清幽
生：美丽的孔雀树，站在华丽的别墅门前，给别墅增添了几分秀丽。
师：用了三个词，不错。
生：青翠而且优雅的孔雀树，站在华丽的别墅门前，给别墅增添了几分秀丽和清幽。
师：真了不起。用上了五个词。还有谁想说说？
生：美丽的孔雀树，站在华丽的别墅门前，舒展着它那青翠而优雅的枝叶，给建筑物增添了几分秀丽和清幽。
师：你把六个词都用上了。而且用得很正确，句子组织得也很通顺，太了不起了。

教师从课文中挑选出六个形容词，根据课文内容随机创设了一个情境，让学生"描绘一下旅行家树给建筑物带来的美丽"。这是一种根据给出的内容尝试运用多个词语的造句练习。由于说话内容是给定的，不需要学生另起炉灶再动脑筋，所以学生可以将全部注意力集中在这些词语的组织运用上：如何把给出的词语尽可能多地组织到自己的话语中，如何把话说清楚、说连贯、说通顺。这种练习富有挑战性，需要学生运用自己的语

言智慧来应对；但是又有很大的适应性，可以满足不同层次学生的能力需求，好的同学六个词语能全部运用，差的同学可以少用几个。但是不管用多用少，都能不同程度让学生获得成功体验。另外值得注意的是，教师选出的六个词语中"美丽、华丽、秀丽"是一组近义词，教师没有刻意地让学生来辨析它们的细微差别，而是让学生在运用中体会它们的区别，学生在自己的话语中运用正确妥帖了，那么词语教学应该说是到位了。所以语文课中的词语教学不一定是解释词义，让学生在运用过程中领会词语的意思，不仅可以加深对词义的深入理解，而且能够提高学生词语学习的水平。

二、基于课文情境的转述

这类表达训练就是根据课文思想内容生成适合学生表达的情境话题，让学生进行口头或书面表达，这也是阅读课上最常用的一种训练表达的方式。

【课例2】《新型玻璃》
师：五种新型玻璃的特点和作用都弄明白了吗？
（全班学生举手，表示明白了。）
师：我不打算让你们说了，我想让你们写。写什么呢？（老师在黑板上写下了"自述"两个字。）"自述"是什么意思？对，就是自己介绍自己。现在我把全班分为五组，第一组写"夹丝网防盗玻璃自述"，第二组写"夹丝网玻璃自述"，第三组写"变色玻璃自述"，第四组写"吸热玻璃自述"，第五组写"吃音玻璃自述"。现在你们都是新型玻璃了（笑声）。请把你们各自的特点、作用写出来，为自己做个广告。看谁会夸自己。当然喽，要实事求是，不要吹牛。（笑声）
全班学生写"自述"。师巡视。
学生写了将近15分钟，然后交流。

这类写话练习由于表达内容是课文给定的，无须学生发挥，只是叙述对象变了，原来是作者以第三人称叙述，现在要求学生用第一人称叙述，因此学生必须变换角色身份重新组织话语，把一种新型玻璃的特征说清楚、说连贯、说通顺。这种练习设计有趣，也富有挑战性。学生在表达过程中获得的不仅是连贯地遣词造句的历练，也可以获得表达策略的体验。

【课例3】《哪吒闹海》

有教师在学生复述课文以后，设计了一组转述练习：1. 龙王向哪吒的父亲告状，他会怎么说？2. 龙王告状以后，父亲会去责问哪吒，哪吒在父亲面前是怎样辩解的？

我们读读这一段课堂实录：

师：假如你是龙王，找到了哪吒的父亲李靖，你会怎样？

生：去告状。

师：你帮龙王想一想，怎么"告"才能让李靖相信是哪吒的错？

生：李靖，你的儿子哪吒犯了滔天大罪！他一摆混天绫，就使得我的龙宫摇晃起来；他一扔乾坤圈，便把我家夜叉打死了；他一抖混天绫，还把我三太子的原形逼了出来，最可恨的是他还把龙筋抽了出来。赶快把你的儿子交给我处置！我要将他碎尸万段！

师：你这么说，我就奇怪了。我的小孩哪吒才7岁啊，怎么会打死夜叉和三太子呢？

生：你不知道啊？他有两件法宝，一件是混天绫，一件是乾坤圈。

师：那他怎么会到大海边去，怎么会把龙宫搞得鸡犬不宁啊？

生：他干坏事，我什么也没干。（众大笑）

师：你这叫"此地无银三百两"，自露马脚！（众大笑不止）

生：哪吒把我的龙宫摇晃得快塌了，派出去的夜叉又被他打死了，还把我三太子的龙筋抽出来送给你做成了腰带。（师插话：哪吒还来不及送呢！）所以你要把他交给我，交给我处置。不然，我要上玉皇大帝那里告你！

师：龙王是这么说的，那么作为哪吒的父亲，他相不相信？

生：不完全相信！他马上会去问哪吒的。

师：如果你是哪吒，到了父亲面前，会怎样说这件事？

生：父亲，你知道吗？龙王父子常常为非作歹，老百姓都不敢下海捕鱼了。我只不过是在海边洗个澡，就出现一个怪物，他举起斧头便砍，我没办法才打了他，但不知道怎么的他死掉了。后来又来了一个人，举枪便刺。我也没办法，不小心又把他打死了。

师：两个"没办法"，责任都在夜叉和三太子身上了。但你说得不太清楚，还能讲得更明白一些吗？

生：父亲，你不知道吧？这龙王父子常常兴风作浪，老百姓都恨透他们了。我在海边洗澡，也不碍他们什么事，却有一个怪物举起斧头便砍我，我一扔乾坤圈，他就死了；后来又来了一个人，举枪便刺，我只是抖了一下浑天绫，他也死了。我不知道他就是三太子啊！

师：同样一件"哪吒闹海"的事，龙王和哪吒都在李靖面前讲述了一遍，这样的讲述都是对原来这件事情的转述。龙王和哪吒两个讲的一样吗？

生：不一样，一个是讲哪吒干坏事，一个是讲龙王干坏事。（众笑）

生：龙王是告状，哪吒是解释。

师：对！因为他们的目的不一样，所以说法也不一样。那么，这篇课文的编者，他是站在谁的角度写的？在帮谁说话？

生：帮哪吒说话。

同样一件事，因为说话的人不同，说的目的不一样，所以说出的话也会不一样。这是一种口语交际训练，通过表达实践，学生不仅明白了怎样根据不同的目的转述一件事情的方法，同时也锻炼了表达能力，并且还能感受得到"兼听则明，偏听则暗"的道理。

基于课文情境的转述由于叙述的目的、叙述的对象或叙述的语境发生了变化，因此对语言组织提出了新的要求，对学生的话语构建能力是一种挑战，这类表达练习可以有效提高学生的语言智慧。

三、基于问题情境的表达

许多教师在阅读课上设计各种问题情境，引发师生对话。但是这类对话目标往往停留在追求答问的正确，而不在乎答问语言表达的通顺和连贯，也不在乎参与对话的学生数量。因而参与的往往是少数优等生，大多数学生往往只能扮演听众角色，没有说话练习的机会。其实，如果教师能够改换一种思路，把表达语言的通顺、清楚及语言组织的连贯、得体作为追求目标，那么阅读课内不少问题情境可以转化为很好的语言表达练习。请看以下课例。

【课例 4】《我应该感到自豪才对》

这是一篇文艺性说明文。教学中教师通常会设计讨论骆驼脚掌、睫毛和驼峰有什么特点之类的问题让学生回答，学生回答正确，讨论也就结束了。一位教师改换思路，要求学生改用小骆驼的口吻来介绍自己的脚掌、睫毛和驼峰的特点，通过转述来帮助学生理解骆驼的特点。我们看教师的指导过程。

一、根据课文内容，说说小骆驼脚掌有什么特点

1. 沙漠旅行结束了，小骆驼又遇到了小红马，它会怎样介绍自己的脚掌呢？根据课文内容试着说一说。

生 1：我的脚掌长得又大又厚，所以在沙漠里走路不会陷进沙子里。

生 2：大沙漠里到处都是松软的沙子，多亏我的脚掌长得又大又厚，所以才不会陷进沙子里。

师：你把"大沙漠里到处都是松软的沙子"这层意思放进去了，说得很好。谁的本领大，能够把"小红马又细又长的脚"这层意思加进去，再来说一说？

生：茫茫大沙漠到处都是沙子，多亏我的脚掌长得又大又厚，所以才不会陷进松散的沙子里。如果我的脚也像小红马那样，那就会陷进沙子里拔不出来。

生：茫茫大沙漠到处都是松软的沙子，如果我的脚也像小红马那样又细又长，那就会陷进沙子里拔不出来。多亏我的脚掌长得又大又厚，所以在沙漠里走路很方便。

师：这是小骆驼对小红马说的话，所以"像小红马那样"这句应该改成什么？

生：改成"像你的脚"。

师：对。你把这段话再说一遍。

生：茫茫大沙漠到处都是松软的沙子，如果我的脚像你的脚一样长得又细又长，就会陷进沙子里拔不出来。多亏我的脚掌长得又大又厚，所以在沙漠里走路不会陷进去。

二、根据课文内容，说说小骆驼的驼峰有什么特点

师：大家说得很好。下面我们再来说说小骆驼的驼峰有什么特点。该怎么说？

生：沙漠无边无际，多亏我背上的那两个肉疙瘩叫驼峰，里面贮存着养料，足够我们路上用的。

师：说得不错。谁能把"沙漠里没有水、没有食物"这层意思加进去？

生：沙漠无边无际，沙漠里没有水，也没有食物，多亏我背上的那两个肉疙瘩叫驼峰，里面贮存着养料，多走几天也没有关系。

师：再提高点要求，把小红马的特点也说进去。

生：沙漠无边无际，沙漠里没有水，也没有食物，多亏我背上的那两个肉疙瘩叫驼峰，里面贮存着养料，足够我们路上用的了，再多走几天也没有关系。如果换了小马，即使不饿死也会渴死，

生：沙漠里没有水，也没有食物，走几天也走不到尽头。幸亏我背上有两个驼峰，里面装满了养料，足够我们路上用好几天。不吃不喝也没有关系。如果换了你，一天两天不吃不喝，肯定走不出沙漠，就会死在沙漠里。

师：你把"小红马"换成了你，真聪明。

三、说说小骆驼的睫毛有什么特点

……

骆驼脚掌有什么特点？如果学生回答"又大又厚""不会陷进沙漠"，答案没错，但学生表达时用的是一句话，一个短语，甚至是一个词语，理解力得到了锻炼，但是对学生表达能力提高没有什么作用。课例中教师追求的不仅是理解的正确，更着眼于学生语言表达的完整连贯。在教师的悉心指导下，学生从只说一层意思，到能够说出两层意思、三层意思，体现

出语言表达的明显进步。学生为了把话说好，也必须理解课文内容，因此这类情境说话既能让学生获得言语训练，又能促使学生更加主动地去深入理解课文的情感，有一箭双雕之功效。如果阅读课上教师经常有意识地将一些侧重理解的问题讨论改换成指向"运用语言"的表达训练，那么学生的表达能力何愁不能提高？

四、创造性表达

基于课文创设情境，让学生利用课文的留白空间展开想象，进行创造性表达，也是课堂教学中出现频率很高的一种表达练习方式。

如低年级课文《两只小狮子》，狮子妈妈说了这样一句话："孩子，将来我们老了，不在了，你靠谁呢？你也应该学会生活的本领，做一只真正的狮子！"教师在这里设计了一个练习。

请大家想象：懒狮子听了妈妈的话，会怎么说呢？

生1："妈妈，我懂了，以后我一定会苦练本领，成为一只真正的狮子！"

生2："妈妈，我错了，我再也不偷懒了，我会向哥哥、姐姐们学习，练习滚、扑、撕、咬，不信？你等着瞧！"

生3："妈妈，你说得对，我不应该天天玩，要多学习生活的本领，成为真正的狮子！"

【课例5】《有这样一个小村庄》

学生学完课文以后，教师设计了一次"记者招待会"，让小村庄里的几位幸存者回答记者的问题。

师：小村庄里的几位幸存者来到了我们中间。这位是小村庄的 A 村主任，这位就是当初砍树最多的 B 先生，这位就是当初反对砍树而且积极植树的 C 女士。这三位幸存者今天要召开一个记者招待会，在座的各位都是各大新闻媒体的记者，请大家发问，由 A、B、C 三位回答。

生1：请问 A 村主任，你是怎样幸存下来的？

A：洪水把我冲出很远，幸亏我抓住了一棵没被砍伐的树，才侥幸活了下来，好险啊！

生2：请问B先生，当初你为什么砍树，砍了多少棵树？

B：当初我只顾眼前能过得好一点儿，没有环保意识，更没想到这样做会祸及子孙后代，我砍了几百棵树，我有罪，我认罪。（生大笑）

生2：（继续追问）你这样做难道村主任不管你吗？

B：他也砍，所以他管不了我，再说我给他送礼了，他也不敢管我，他是个腐败村主任。

生3：A村主任，是这样吗？

A：是，是，我也有罪，身为村主任，不但不保护环境，还受贿，罪大恶极。（生笑声不断）

生4：请问C女士，您为什么反对砍树，而且植了许多树？

C：当时我觉得乱砍滥伐是不对的，长此以往，家园受到破坏，大自然一定会惩罚人类。我看到那么多树被砍掉了，只剩下光秃秃的土地，心里很难过，每年都植一些树。但砍树的人太多了，家家户户都在砍，我一个人的力量太小了。

生5：A村主任，你现在怎样认识这个问题？

A：如果还让我当村主任，我一定把保护生态环境作为第一任务，制定出法规，再也不破坏环境，祸及子孙了。

生5：欢迎A村主任的转变，欢迎你回到我们中间来。（大家热烈鼓掌）

生6：B先生，你的认识有什么变化？

B：我们这个小村庄的毁灭是因为我们的环保意识太差了，我今后一定向C女士学习，保护树木，植树造林，重建我们的家园。

C：我也要加大宣传力度，让世人都知道保护环境的重要意义，再建一个美丽的小村庄。

师：今天的记者招待会就开到这里。请大家回去拿起笔，向全社会呼吁：我们只有一个地球，我们全人类要共同保护我们赖以生存的家园。可以写诗歌、编小品、绘图画、谱歌曲、写调查报告，记叙这次记者招待会，展望新建的小村庄会是什么样，还可以上网查资料，介绍环保知识，向环保部门提建议……让我们用美妙的歌声结束这堂课。

教师以记者招待会的形式让学生总结自己学完这篇课文以后的体会。让学生通过自我教育提高环保意识，又有效地进行了表达练习。在表达过程中学生结合自己的生活经验，展开丰富的想象，根据村庄被毁后召开记者招待会这一特定情境和幸存者这个特定身份进行表达。和一般的表达说话不同的是，这样的表达练习规定了具体话语情境和明确的角色分工，因此表达过程中学生的情境感和角色感很强，是一种贴近生活的口语交际练习。最后教师让学生以各种方式书面记叙这次记者招待会，弥补了课堂训练面不足的缺陷。

五、评价性表达

阅读课文时，教师经常要求学生对课文中的人物作出自己的评价，或谈自己的感受。比如学完《詹天佑》这篇课文，有的教师要求学生为詹天佑塑像旁的碑写一句或几句话，这也是一种评价性表达，可惜的是学生的评价往往就是简单的一句话或几句话，对学生语言表达能力提高效果不佳。有的教师设计的评价性表达练习，要求学生在课文中寻找具体事实来支持自己的观点，将自己对人物的评价组织成一段连贯的话。这样评价詹天佑，学生就必须从课文中寻找材料，还需要考虑材料组织的合理，话语构建的连贯等，不仅可以促进学生对课文思想内容的理解，而且可以训练学生连贯地、有条理地构建话语的能力。

【课例6】《詹天佑》

1. 自学课文，用一个词语概括你对詹天佑的印象，对他进行评价。

詹天佑（   ）

（根据学生回答整理板书：是我国著名的爱国工程师 是清朝末年杰出的工程师 工作一丝不苟 工作不怕苦不怕累）

2. 刚才大家是用一句话来评价詹天佑，只说出了自己的观点，没有具体事实的支持，因此说服力不强。怎样能够使自己表达的观点更有说服力呢？我教大家一种方法，就是从课文中找出具体的事实来印证你对詹天佑的评价。

请你从课文中寻找，哪些事实能够说明詹天佑是"爱国"的工程师？找出来，交流一下。

（根据学生回答板书：帝国主义争夺修筑权　京张铁路工程艰巨　詹天佑毅然接受任务）

3. 请把以上材料整理成一段话，说明詹天佑是"爱国"工程师。要求：表达连贯、有条理，有说服力。先自己试着说一说，再交流。（学生思考，试说。）

生1：詹天佑是爱国工程师。京张铁路是联结华北和西北的交通要道。那里都是高山深涧，悬崖峭壁，工程艰巨，连外国著名工程师也不敢轻易尝试。詹天佑毅然接受了任务，并且修好了铁路。为中国人民争了气。

师：说得很有条理。如果能把"帝国主义要挟"这层意思说进去，更有说服力。

生2：詹天佑是爱国工程师。清朝末年帝国主义国家为了控制我国的北部，想争夺京张铁路的修筑权。后来清政府任命詹天佑为总工程师修筑铁路。消息传出，帝国主义者认为这是个笑话，说能在南口以北修筑铁路的中国工程师还没有出世呢。因为铁路沿线一路都是高山深涧，悬崖峭壁，外国著名工程师也不敢轻易尝试，中国人无论如何完成不了的。可是詹天佑不怕困难，不怕嘲笑，毅然接受了任务，并且提前四年修好了铁路。

师：把"帝国主义嘲笑"这层意思说进去，更能说明詹天佑的爱国。还有其他说法吗？

生3：詹天佑是爱国工程师。京张铁路是联结华北和西北的交通要道。那里都是高山深涧，悬崖峭壁，工程非常艰巨，连外国著名工程师也不敢轻易尝试。帝国主义国家为了控制我国，都想争夺京张铁路的修筑权，他们要挟清政府，如果用中国的工程师来修筑铁路，他们就不再过问铁路的修建。后来清政府任命詹天佑为总工程师修筑铁路。詹天佑毅然接受了任务，并且修好了铁路。

师：先说"工程艰巨"，再说帝国主义要挟，最后说詹天佑接受任务，非常好。这样说也很有条理，有说服力。

4. 每个同学选择下面一句话作为自己的观点，准备说一段话，找出课文中的材料，对詹天佑作出评价。要求说得有条理，有说服力。

詹天佑是清朝末年杰出的工程师

詹天佑工作一丝不苟

詹天佑工作不怕苦不怕累

"读了课文以后，你对詹天佑有什么认识?"在阅读课上我们经常听到教师提这样的问题。这其实就是对文本人物的评价。但对这类问题的回答学生往往是一句话，甚至是一个词语。教师一般追求的也是理解的正确，很少在语言表达方面提出要求。课例中教师将这个评价练习设计成"在课文中寻找具体事实来支持自己的观点，将自己对人物的评价组织成一段连贯的话"，这样的评价练习，其目标就变成了训练学生表达的连贯性和思维的条理性，既是表达训练，又是思维训练。这样一种说明自己观点的表达，在生活中有很高的实用价值。这类表达练习其实很多写人的课文都可以设计，当然比较适用于高年级。

以上所举的各类表达练习有一个共同的特点，就是在表达内容上都是现成给定的，要求学生从课文中找出具体的表达内容，而不必重起炉灶自己寻找表达内容，其目的是把学生的注意力引向话语的表达上，让学生集中注意力思考怎样构建话语，怎样把话说清楚、说连贯。

我们认为阅读课的表达与作文课的表达其功能应该是不同的。叶圣陶先生说，作文课上学生是用昨天的语言来表达昨天的思想。因为学生作文时使用的都是已经掌握的并且非常熟悉的词语句子，那些不很熟悉的词语句子，即使学过并理解其意思，但如果从来没有运用过，在一般情况下很难出现在学生的作文中。因而作文课上的表达对学生语言发展的作用是十分有限的。怎样才能让学生有意识地去运用那些新学的但不那么熟悉的语言材料，最佳的途径和方法就是基于阅读的表达练习。利用课文创设语境，引导学生运用课文中新学的词语句子进行表达。比如复述课文或转述课文，比如"说说小骆驼脚掌有什么特点""介绍一种新型玻璃的特点和作用""从课文中找出具体的事实对詹天佑作出自己的评价"，等等。在这类复述、转述或情境表达练习中，会出现大量的新词新句加入的现象，这对学生今后在其他语境中迁移运用这些新词新句会产生积极的影响。

因此我们在设计阅读课的表达练习时，要尽可能减少表达内容上的障碍，要尽可能引导学生去自觉运用课文中新学的词语和句子，把课文语言转化为学生自己的语言，从而最大程度促进学生语言的发展。

依托课文创设表达情境，提高运用语言的能力

从 20 世纪 50 年代开始，我国历年颁发的小学语文教学大纲或课程标准，一直是将"理解"和"运用"祖国语言文字并列作为语文教学的目标或任务。2011 年版《义务教育语文课程标准》对语文教学性质和任务做了新的表述："语文课程是一门学习语言文字运用的综合性、实践性课程"，十分引人注目。纵观当今世界，日本、美国、法国等主要发达国家母语课程重点历来指向语言的运用和表达。日本的《国语指导要领》明确地将表达能力培养作为国语教学的重点。2011 年版《义务教育语文课程标准》对语文性质和任务的表述做如此重大的改进，目的是进一步强调语文课程是一门学习语言文字运用的课程，这就使我国语文课程与世界各国的重点取向更趋一致，有利于扭转语文教学中一直存在的"重理解分析，轻表达运用"的不正常现象，并且对逐渐改善我国语文课程中阅读与写作的结构性失衡能够起到积极的作用。

我国的语文课程历来是以阅读理解为重点组织教学的。用于课文阅读的教学时间占四分之三，而用于语言表达的教学时间不足四分之一，这是造成大多数学生"语文不过关"的直接原因。大家都认同，阅读能力与表达能力有着密切的联系，阅读能力的提高可以促进表达能力的提高。但阅读与表达毕竟是两种不同心理机制的能力，无论是口头表达能力还是书面表达能力，都必须是在亲身实践的表达过程中才能获得，必须有一定量的实践活动时间的保障。因此语文课程要真正成为以提高学生"语言文字运用能力的综合性、实践性课程"，必须对语文课程结构进行重大的调整，减少用于阅读理解的教学时间，增加用于表达实践的教学时间，建构"理解"和"表达"相对均衡，并且适当朝向"运用"的课程结构。

在当前语文课程背景下，语文教师面对的是一篇篇课文，每学期要完成二三十篇甚至四十篇课文教学，按照每篇课文要用2~3课时进行讲读分析，要增加学生表达实践的机会，构建"读写均衡"，语文课程难度极大。因此，语文教师必须转变观念，最大程度地减少或压缩语文课上低效的文本解读分析时间，将宝贵的课堂教学时间用于学生表达实践的练习，才能从一定程度上改善语文课程"理解"和"运用"的失衡现象。

在长期的语文教学实践过程中，许多语文教师深切地感受到文本解读的低效，于是利用课文情境，巧妙地设计出能激发学生兴趣的话题，引导学生进行多种形式的口头或书面表达实践练习，有效地提高了教学的效率。

阅读课结合课文的表达练习一般可以从两个方向进行设计。一类是以学习写作方法为目的的表达练习，比如要求学生模仿"总分总"写作方法写一样小动物，学习《开国大典》一课场面描写方法写一个运动会的一个场面等。这类练习设计语文教师比较熟悉，特别是重视读写结合的老师平时备课时经常设计这类练习。还有一类是以促进课文语言转化为主要目的的表达练习，比如学了《哪吒闹海》要求学生复述哪吒闹海的故事，学完《桂林山水》要求学生以导游的身份介绍桂林山水的特点等。这类练习由于有现成的表达内容，在表达内容上降低了难度，就可以将学生的注意力集中在词句组织、话语构建和言语策略运用方面，对促进课文语言的转化和表达技能的提高非常有效。这里我们着重讨论这类练习的设计。

阅读课中教师创造的表达练习形式千变万化，不胜枚举。下面我们按照表达练习的功能，分类介绍几种阅读课上常用的表达练习设计与指导。

一、创设情境转述

根据课文内容生成合适的情境话题，让学生进行口头或书面表达。这是阅读课上最常用的一种训练表达能力的方式。情境转述的主要特点是：1. 生成的说话情境须有变化，学生必须转述，不是简单地复述。2. 学生可以从课文中找到现成内容，无须再寻找新的内容。

【课例1】《燕子专列》

课文第三段写：政府通过电视台、广播电台呼吁人们立即行动起来，寻找燕子，把它们送到火车站。

1. 如果你是电台的播音员，你会通过电台说些什么？读读课文 1~3 小节，想想哪些内容是必须要说清的？

2. 根据学生交流板书：（1）燕子在瑞士境内遇到的麻烦；（2）政府的决定；（3）呼吁人民救援燕子，把燕子送到火车站

3. 作为电台播音员，向全国人民发表讲话，呼吁保护燕子的专项行动——

播音员说话内容课文中都能找到，但情境发生了很大变化：课文中没有写播音员说了什么，但是根据课文可以推测出播音员的说话内容，只是需要重新加以组织。这样的情境表达很富有挑战性，很能激发学生的表达兴趣。

情境转述的练习设计方法很多，比如：有的教师在学生复述《哪吒闹海》课文以后，设计了一组转述练习：1. 龙王向哪吒的父亲告状，他会怎么说？2. 龙王告状以后，父亲会去责问哪吒，哪吒在父亲面前是怎样辩解的？《火烧赤壁》用一句话交代了"周瑜和黄盖商定火攻计策"的情形，要求根据课文内容，把黄盖和周瑜商定计策的具体情形说清楚。

基于课文情境的转述由于叙述的对象或说话的语境发生了变化，因此对语言组织提出了新的要求，对内容组织与话语构建是一种挑战。这类表达练习比较适用于中年级以上的阅读教学，可以有效提高学生的语言智慧。

二、变换文体转述（改写）

改换一种文体来转述课文内容，比如：将《桂林山水》这篇课文改写成一篇导游词，将《惊弓之鸟》改写成课本剧。这类练习比较适合书面表达练习，也是阅读课上教师经常设计的一种训练表达的方式。

【课例 2】《高尔基和他的儿子》

1. 儿子回国后收到父亲写来的一封信，请你以儿子的身份给父亲写一封回信。这封信该怎么写？

2. 根据课文内容，确定回信内容：

(1) 问候爸爸。

(2) 询问自己栽种的花的生长情况。

(3) 读了父亲来信自己的感受。

3. 每个学生动笔写信。写完后交流。

和一般的表达练习不同的是，这个练习设计了一个真实的情境任务，规定了具体情境和明确角色，是一种结合学生生活经验的交际练习。部分表达内容课文中可以找到，但还要写出自己读信以后的感受。所以学生在表达过程中需要深入理解课文内容，对学生的阅读能力和表达能力进行综合检验。

三、创造性表达

基于课文创设情境，让学生利用课文的留白空间展开想象，进行创造性表达。这类表达练习适用于二年级以上各年级的课文教学。

【课例3】《月光曲》

贝多芬听了盲姑娘弹钢琴，推门进去为兄妹俩弹钢琴。他为什么推门而入，他会想些什么？老师设计了这样一段想象说话练习：

贝多芬想：＿＿＿＿＿＿＿＿，于是他推门而入。

这类想象说话要求学生依据课文内容合理开展想象，然后用几句话表达自己的思想，在语言表达的内容和话语组织上都有一定的创造性。这样的表达练习时间不多，一般可以结合课文理解过程进行。

四、评价性表达

阅读课文时，教师经常要求学生对课文中的人物作出自己的评价。如果改换一种思路，让学生确定一个观点，然后在课文中寻找具体事实为依据来支持自己的观点，组织成一段连贯的话对人物进行评价，这样的评价性表达，不仅可以促进学生对课文思想内容的理解，而且可以训练学生有条理地构建话语能力和连贯的表达能力。

【课例 4】《普罗米修斯》

1. 读完课文，用一句话概括你对普罗米修斯的印象，对他进行评价。

普罗米修斯（　　　　　　　　）

（是非常机智的神、是勇敢而极富同情心的神、是不向恶势力屈服的英雄、是愿为人类幸福不惜挑战天规的大英雄）

2. "普罗米修斯是个勇敢而极富同情心的神"，围绕这一观点，在课文中找出能支持这个观点的具体事实。根据学生回答板书：

当时人类的生活痛苦　决心为人类盗取天火　机智地偷取了火种　把火种带到人间

3. 把以上材料整理成一段话，说明普罗米修斯是个勇敢而极富同情心的神。要求：表达连贯、有条理、有说服力。

4. 每个同学再选择一个观点，在课文中找出能支持这个观点的具体材料，组织成一段话，对普罗米修斯作出评价。要求说得有条理、有说服力。

五、说明性表达

阅读课上经常有各种问题讨论，引发师生对话。但这类对话教师往往追求对问题理解的正确，而不关注学生语言表达的通顺和连贯。如果教师能够改换思路，把学生对问题表达的清晰完整及语言组织的通顺连贯作为教学目标，那么阅读课内不少问题讨论可以转化为很好的语言表达练习。

【课例 5】《船长》

1. "哪个男人敢走在女人前面,你就开枪打死他!"船长下令后,疯狂的人群安静了,"大家沉默了,没有一个人违抗他的意志",是哪些原因使得"疯狂的人群安静了"?

生 1:因为男人有责任和义务保护妇女与儿童,船长的命令很正确,是得人心的。

生 2:不少男人拼命拥挤正是为了保护自己的妻子、儿女!

生 3:因为离船沉没还有 20 分钟时间,如果遵守秩序就可以保证每个人的撤离。

生 4:那些独身的男人因为受到纪律的约束,也不敢拥挤,可以保证撤离的速度。

2. 谁能把这些原因连起来,连贯地说清楚"没有一个人违抗船长的意志"的原因?

生:"船长下令后,疯狂的人群安静了",其中的原因主要有三点:首先,船长的命令很正确,因为在危难时刻作为男人有责任和义务保护妇女与儿童;其次,良好的秩序可以加快撤离速度,可以让更多人安全撤离;第三,离船沉没还有 20 分钟时间,这些时间可以保证船上人员撤离。

开始学生只能用一个短语或一个短句概括其中一个原因,现在可以用几句话甚至一段话连贯地将这些原因表达出来;原来只是只言片语的理解,现在能够完整归纳几点原因,这应该是语文教师的追求。如果学生仅仅认识了三点原因,或者对"有个伟大的灵魂出现在他们的上空"这句话有了深一层理解,那么学生收获的仅仅是课文的"人文",而对提高语文能力其实无直接效果。

按照以上的设计进行教学,语文课就会变得比较简单,但却更加有效。其有效性主要体现在以下几个方面:

1. 由于课文中能够找到现成的内容,因此这类练习的重点是训练学生如何通顺连贯地构建话语,学生会主动运用课文中的词语和句子说话,在语言实践中丰富语言积累，体验话语构建的策略，提高语言智慧。

2. 学生连贯地说一段话，是"独白语言"的练习。学生在生活中运用"对话语言"说话的机会很多，但缺乏大段"独白"语言表达的机会。心理学研究表明，"独白语言"提高必须经过专门的训练，"独白语言"训练可以直接促进书面表达能力提高。通过这类练习，每一个学生都能在课堂上获得独白语言表达的实践机会。

3. 学生要说好一段话，必须主动地去理解课文。因此这类情境说话既是一种语言表达训练，又能促使学生更加主动地去深入理解课文的情感，有一箭双雕之功效。

4. 按照运用课文语言的思路去设计阅读教学，教师就会把教学重点放在学生的表达训练上，就能最大程度地将课堂教学的时间还给学生，真正体现出学生在课堂教学中的主人地位。

第四章

教学方式重构

　　以白话文为主要标志的现代语文教学至今刚刚满一百年。语文教育专家和一线语文教师、教研员对该课程的改革投入了极大的精力，但效果一直不尽如人意。语文课程高耗低效的顽症之所以会长时间、大范围存在，其原因当然是多方面的，其中文本肢解式的讲读课文教学方式一直是受人诟病的焦点。尽管百年来语文教学内容一直在发生变化，但讲读课文这种教学方式却异常稳定，其实这是造成语文课高耗低效的重要原因。2020年我发表了论文《注重语文学习实践性，重构语文课教学方式》，就语文课长期坚持且大家习以为常的讲读课教学方式的形成历史做了追溯和剖析，明确指出以教师讲读为主的语文课，超越小学生最近发展区，超越语文课程教学目标，不适应儿童学习运用语言文字的规律。"语文是一门学习语言文字运用的综合性实践性课程"，应依据学生学习语文规律，建构以学生实践为主的教学方式，将重心从教师的"教"，转向学生的"学"。这篇论文还对语文课教学方式改革提出了一些可行性建议。《求真，语文课型改革的探索》提出了语文教学可以从改革课型开始，介绍了如下四种语文课型：第一是朗读课，这是中国传统语文教学的基本方法和宝贵经验，通过朗读把语言内化到自己的语言仓库里。第二是表达课，将阅读课和表达课的比例调整到1∶1。第三是读书课，指学生自己读书，阅读能力只有通过大量阅读才能有效提高，读书兴趣和习惯是自己读出来的。第四是方法指导课，在学生读写实践中适当指导方法。尽管课程标准提出"语文是一门实践性课程"，但语文教师包括理论研究者对语文课程这个至关重要的特点，能够正确领会并付诸实践的其实并不多。《实践：语文教学的不二法门》明确指出"现代语文教学其实是走入了一个误区，误以为方法规律指导是第一位的，要先理解再实践。其实这是错的！""对小学生来说，实践比规律指导更重要"。《读书习惯是语文核心素养中的核心》提出培养学生读书习惯是语文课程最核心的目标，语文课必须围绕这一核心目标来改革我们的教学，当下"国民不喜欢读书，中小学语文课程难辞其咎。"这两篇论文从不同角度提出了以学生实践为主的语文课构建的方法措施。《关于语文训练的讨论》写于2008年，是针对当时教育界流行的对"训练"的误读而写。指出"语文训练的价值不仅仅是掌握一种工具，更是一种民族文化的认同，因而语文训练天然地蕴涵着人文性。"其实中小学生学习语文重在掌握听说读写技能，而掌握技能关键在训练。时至今日，这篇文章读来仍有现实意义。

注重语文学习实践性，重构语文课教学方式

　　语文从传统读经教育中剥离出来单独成为一门课程不足 120 年，以语体文（白话文）为主要标志的现代语文教学至今不满百年。经过一代又一代语文教学研究者、实践者的艰难而又曲折的探索，现代语文教学虽然形成了完整的框架体系，但始终没有从根本上摆脱高耗低效的困境。语文是基础教育中最重要的课程之一，整个社会对这门课程的发展都非常关注，网络媒体也针对语文教育多次展开讨论。语文教育研究领域的专家、语文教研员以及一线语文教师对该课程的改革投入了极大的精力，但效果不尽如人意。社会舆论对语文课程的非议始终存在，语文教学的相关主体包括学生、家长、语文教师对这门课程的教学方法及其效果也有不同的看法。语文课程高耗低效的问题之所以会长时间、大范围存在，原因当然是多方面的，其中文本肢解式的语文课程教学方式一直是受人诟病的焦点。本文从语文课堂效率这一热点问题出发，就语文课长期坚持且大家习以为常的讲读课教学方式做认真分析，积极探索能够突出当代语文教学实践性特点的课程改革方式，并对语文课教学方式改革提出可行性建议。

一 "讲读法" 在中国语文教学中的发展历程

　　传统意义上的语文课是教师带着学生一篇一篇讲读课文。除小学一、二年级语文课以识字、写字、学习词语为重点之外，从小学三年级到初中三年级，语文课堂基本上就是教师带着学生讲读课文。语文课的普遍教学流程是给课文划分段落、概括段落大意、分析课文主要内容和中心思想，以及品鉴课文好词好句、研究写作特点等。这种千篇一律的语文课教学方

式较为机械，不符合学生身心发展规律和学习规律，容易消磨学生对语文的学习兴趣，降低语文课教学效率。值得肯定的是，近年来基层教育工作者在实践中不断尝试着多样化的语文课教学改革，语文课教学内容和方法也不断发生变化：教师尝试采用学生自主学习、同桌伙伴学习、小组共同学习等多种学习方式进行语文课教学；努力使用现代化教学手段，营造生动活泼的课堂氛围；精心选择教学内容，重视学习方法的指导；重视语文教学资源的开发和利用，拓展语文课外学习时间和阅读空间。这一系列的教学改革措施有助于培养学生的语文学习兴趣、潜移默化中提升学生的语文实践能力、提高语文课堂教学的效率。纵使语文教学方法逐渐丰富，语文教师带着学生一篇一篇讲读课文这种基本教学方式却异常稳定，且没有发生实质上的改变。

当下小学阶段语文教育是否仍要以讲读课文为基本方式？答案是否定的。其实，讲读课文并非中国传统语文课教学方法。中国历史上的语言文化教学是让学生在蒙学阶段阅读四书五经等经典诗文，文本形式是文言文，学生自行朗读背诵，提倡的是"书读百遍，其义自现"，主张学生自己感悟，不求甚解。当然古代也有些优秀塾师解释经文，运用串讲法逐句解释文章内涵及其背后的深层次含义，这样的课堂形式强调教师单方面的讲解，易形成"一言堂"的局面。

20 世纪 20 年代开始，小学教材全部改用白话文，语文教材入选的课文绝大多数是适合儿童阅读的文学作品、科普读物等。小学一、二年级学生认识了基本常用字，从三年级开始学生基本可以读懂这些课文（当然这里的懂仅仅指读懂文章写了什么）。因此语文教师教授白话文课文面临一个非常棘手的问题，就是学生读得懂的课文该怎么教？像文言文课堂那样串讲词句当然不行，有教师用方言来解读白话文课文，显然也不是好方法。中华人民共和国成立以后，由于当时社会形势巨变，教师们发现课文内容大多包含新的思想、新的价值观，是对学生进行政治思想教育的好材料，因此很重视对课文思想内容进行分析讲解，把语文课上成政治思想课倾向非常明显。20 世纪 50 年代初期，中国语文教育界在苏联专家指导下开展过一次"红领巾教学观摩讨论"，引进苏联文学课讲读分析课文的教学方式，从而在中小学语文教学阶段初步形成以"讲读法"为主的课堂教学方式。新中国在教育教学改革的初期出台了相关政策。1956 年的《小学语文教学大纲（草案）》明确提出"阅读教学采取讲读法"①。1963 年的《全日制小学语文教学大纲（草案）》将其称为"讲读教学"，并给予了这一方法相关的解释："讲读教学包括教师和学生两方面的活动，一方面是教师的讲解和指导，另一方面是学生的诵读和练习。"② 这种教学方法是将教师的"讲授"与学生的"读练"相结合的阅读教学方法。语文课采用讲读法有其合理的一面，其意义在于改变了语文教学中长期存在的教师讲学生听的"满堂灌"现象，有助于启发学生思维，调动学生学习积极性。从教学内容看，讲读法教学大量渗透语言学、修辞学、文章学以及文学鉴赏等语文因素，教学内容更加接近语文课程本身的性质；讲读法凸显了教师的主导地位和指导作用，与当时官方提倡的凯洛夫"三中心"教育思想相吻合；讲读法比较适用于文选型语文教材的教学，因此容易为教师所接受。在教育行政部门大力推动下，讲读法被广泛运用到中小学语文课教学之中，久而久之成为中小学语文课的主流教学方式。

然而讲读法毕竟是苏联文学课的教学方法，在教学内容上侧重于对作品主题思想、背景介绍、文章语言特色及写作风格等进行分析鉴赏，更加适用于对文学作品的鉴赏与评价，很难满足中小学生学习语言文字的需要。讲读法的基本特征是以教师讲解分析为主，学生的"读"主要是配合教师的"讲"，学生可以更好地理解教师讲授分析的更深层次内容。这种方法很容易突出教师在课堂内的主导地位和作用，消减学生在课堂中的主体地位。

二、语文课教学方式改革的必要性

由于语文课长期以来坚持讲读课文的课堂教学方式，因此中华人民共和国成立七十多年来语文教师一直在研究白话文课文究竟怎么讲才能真正

---

① 课程教材研究所. 20 世纪中国中小学课程标准·教学大纲汇编（语文卷）[M]. 北京：人民教育出版社，2001：121.

② 课程教材研究所. 20 世纪中国中小学课程标准·教学大纲汇编（语文卷）[M]. 北京：人民教育出版社，2001：157.

提升学生的语文素养，讲哪些内容才能完全激发学生的学习兴趣。教师日常备课钻研教材，目光集中在挖掘文字背后的微言大义，钻研文本表达特点以及读写方法策略等。教师普遍认为带领学生深度挖掘文字背后的深层内容，就能提高语文课的有效性，激发学生的阅读热情。特别是近年来，在一部分名师的观摩示范课上，名师过度追求文本解读的新意，对课文人文内容越挖越深，对语文知识包括读写方法越讲越复杂，导致语文课越来越难上。仍有许多老教师对于"语文到底教什么、到底怎样教"还是一头雾水。其实教师对文本解读得越细、越有创意，可能离学生学习语文的规律就越远。

2011 年版《语文课程标准》是这样定位阅读教学任务的："阅读教学应注重培养学生感受、理解、欣赏和评价的能力。"[①] 这一定位更适合相对成熟的青年人的语文教育，对青少年儿童包括初中生、小学生的意义和价值并不大。普遍意义上的语文学习被片面定义为是对书面文本的理解行为，但与语文阅读目的和教学对象却有着较大的差异。成年人已经具备熟练的阅读技能，其目的或为了解信息，或为愉悦生活，或为欣赏作品，或为研究学问，等等。小学生"阅读"目的则主要是"学习阅读"：一、二年级主要是学会阅读，三年级开始虽然会阅读了，但由于语汇量和知识面的限制，只能读懂浅显的儿童读物，其阅读技能也不熟练，很少能达到自主理解的水平。1986 年小学语文教学大纲对六年级学生阅读提出的要求是能够阅读适合少年儿童阅读的书报。[②] 这是符合小学生阅读能力发展水平的。美国学者莫提默·J. 艾德勒和查尔斯·范多伦[③]依据人的身心发展规律将个人的阅读能力发展划分为四个层次，分别是基础、检视、分析和主题阅读。一是基础阅读，个人通过阅读大致了解文章内容；二是检视（熟练）阅读，即在速读浏览的基础上将读物进行分类；三是分析阅读，指个

---

① 中华人民共和国教育部. 语文课程标准（2011 年）（实验稿）［M］. 北京：北京师范大学出版社，2011：22.

② 课程教材研究所. 20 世纪中国中小学课程标准　教学大纲汇编（语文卷）［M］. 北京：人民教育出版社，2001：208.

③ ［美］莫提默·J. 艾德勒、查尔斯·范多伦. 如何阅读一本书［M］. 北京：商务印书馆，2010：1921.

人能分析文本主题、结构、写作特色等；四是主题阅读，相当于研究性阅读，个人能够通过阅读创造性地形成新的观点（通过对大学一年级部分学生调查，有三分之一学生的实际阅读水平仍处于第二层熟练阅读层次）。可见达到分析阅读层次，即使对高中生而言也有较高的难度，对小学儿童而言更是难以企及。如果按照阅读能力发展的这四个层次分析，小学一、二年级主要应该让学生学会阅读，这是第一层次阅读训练；三年级及以后应该重视第二层次阅读训练，培养学生熟练的阅读技能（然而熟练阅读技能的培养绝不是小学六年就能完成的）受制于小学生认知能力和有限的生活经验，到小学毕业，学生仅仅可以阅读少年儿童读物，要读懂适合成人阅读的书报，还应该经过初中三年阅读技能训练与阅读实践（也就是说，整个九年义务教育阶段，其实都应该以培养学生熟练阅读技能为教学主要目标）。这期间学生必须大量阅读少年儿童读物，阅读文学作品和非文学作品，通过 6~8 年的大量阅读实践丰富文字词汇等语言知识，获得"前阅读知识"和阅读各种文本的经验，掌握熟练的阅读技能。然而现代语文教学忽略了学生阅读能力发展的阶段性规律，学生完成基础阅读后，跳过第二层次检视阅读，直接进入第三层次分析阅读（语文课采用的讲读法，其实质是将分析阅读作为教学目标，试图通过每学期有限的二十几篇课文的深度分析，使学生掌握分析阅读的方法。如果学生通过九年义务教育，就能够像语文教师那样去解读课文当然再好不过，但因为学生没有教师那样的认知水平，没有教师那样丰富的生活阅历和阅读经验，更没有像教师那样受过专业训练，因此通过教师分析讲解尽管可以使学生对这个文本加深一些理解，但换一个文本学生的理解能力基本又回到原点）。语文教师每篇课文教学总是不能走出分析课文的怪圈，总是无休止地在文章分析这个圈子里循环往复，就是因为分析阅读严重超越了小学生最近发展区，不是小学生能够学会的。

学者艾伟说过：影响人阅读理解的因素很多，最主要的是经验背景。[①]所谓经验背景，就是阅读者的阅历及知识基础。钟启泉教授也曾尖锐地批评语文课的这种现象："儿童阅读的本质是一种意义建构。而语文教学中

---

① 艾伟. 中学国文理解程度之研究 [J].《中华教育界》，第 18 卷 (11).

的'课本阅读'，常常表现为接受教师关于课文的'结构分析'。"① 青少年儿童在阅读时是读物内容的被动接受者，很难达到主动去理解甚至反馈输出的水平。由于教师通过讲读法分析内容难以让学生产生意义建构，因而语文课上经常出现"教与不教差不多"的尴尬局面。

有研究者曾针对语文讲读课课型的"教学效率"做过两次专题调查。第一次测试是评估不同年龄阶段学生在语文课前后其阅读成绩的变化。测试结果证明，三年级后测正确率提高 12% 左右；五年级后测正确率提高 1.5%。② 因为五年级学生阅读课文不是零起点，教师不讲学生大致也能读懂，通过教师讲读，学生提高非常有限。三年级学生理解能力不强，但对教师的讲解还有些感觉，五年级学生在语文课后阅读成绩的提高几乎忽略不计。第二次测试重点比较了以教师讲读课文为主和以学生自学课文为主两种教学模式的效果差异。在三所不同类型的小学中分别选择学业成绩相近的三年级和五年级各两个班级，教（学）同一篇课文。一个班级采用"教师中心"方法，另一个班级采用"学生中心"方法。调查结果表明，无论是三年级还是五年级，教师讲读课文的效果都不优于学生自学的效果，有的班级学生自学效果甚至比教师讲读的效果要好。③

综上可知，语文课程应该依据学生阅读能力发展的实际状况，把教学目标定位在"掌握熟练的阅读技能"，并且聚焦这一目标来建构语文课教学体系，这样才能从根本上摆脱语文课"教与不教差不多"的尴尬局面。

三、基于语文学习规律，突出语文学习实践性

语文教师怎样从讲读课文的怪圈跳出来？关键还是要改变语文教师传统的教学观念。语文教师在教研与授课时首先应转变立场，将教学重心从"教"转向"学"，充分发挥学生的主观能动性，不断培养学生的语文实

---

① 钟启泉. 儿童阅读的本质及其环境设计 [J].《中国教育学刊》, 2019 (5)：41-46.

② 吴忠豪. 关于语文阅读课教学效率的调查 [J].《教学月刊》, 2010 (4)：610.

③ 吴忠豪、胡雪缘. 关于语文阅读课教学效率的调查之二 [J].《教学月刊》, 2012 (7)：711.

践能力。这是语文教师必须实现的教学观念的改变。

北京十一学校校长李希贵曾说："学生读书比老师讲课更有效。"他在潍坊工作时曾经对一所中学的语文课进行改革，把教师讲课文为主的语文课由每周六节缩为两节，这两节课里教师讲教材里的课文，另外四节把学生放到阅览室自主阅读。后来这些学生的语文成绩在全市遥遥领先，有的甚至在高考时取得了优异的成绩。更重要的是这项举措有效提高了学生的整体素质。当代语文教育家于永正老师总结了自己半个多世纪的语文教学经验，说："语文能力不是讲出来的，学习兴趣不是讲出来的，情感态度更不是讲出来的。讲，作用真的有限。"① 相信如果于老师有机会再次成为小学语文教师，肯定会引导学生们主动阅读，培养学生自主阅读能力，要求学生背诵经典诗文，养成读书和动笔写作的习惯。山东名师韩兴娥多年来一直坚持引导学生进行海量阅读。她认为，依据学生身心发展的规律，随着其年龄的增长，理解能力的提升，语文课本教学的时间在不断减少。长此以往，在学生的阅读能力和语文素养不断提高的基础上实现师生与经典同行。② 韩老师教出的学生语文基础扎实、善于表达、视野开阔、知识面广，表现出了很高的语文素养，进入中学以后受到教师和家长的高度评价。以上案例均来自一线语文教师的教学实践活动，说明学生语文能力是在实践中形成的。这为语文教师改变教学观念提供了重要依据，也为语文课堂教学改革提供了新的视野和路径。

"语文是一门学习语言文字运用的综合性、实践性课程。"③ 这是国家以正式文件方式对语文课程性质和特点下的定义。值得关注的是，这部课程标准反复强调了语文课程"实践性"的特点。长期以来语文教学工作者都非常关注语文课程"综合性"的特点，特别重视挖掘这门课程的德育功能，发挥学科的教化作用，而"实践性"特点却一直没能得到应有的重视，在实际的课堂教学中也没有真正落到实处。语文课程"综合性"特点是这门课程固有的、显性的特点，而"实践性"特点并非课程本身固有，

① 于永正. 假如让我再教一届小学生 [J].《江苏教育研究》, 2016（8）: 6465.

② 韩兴娥. 让孩子踏上阅读快车道 [M]. 武汉：湖北教育出版社, 2009: 163.

③ 中华人民共和国教育部. 语文课程标准（2011 年）（实验稿）[M]. 北京：北京师范大学出版社, 2011: 2.

它是学习这门课程的特点，反映的是这门课程学习的规律。"实践性"特点需要通过长期的教学实践、反复的观察和深入研究才能被人认识；在教学过程中也只能靠执教者的主观努力才能落实。这也是中国语文课程标准直到 2011 年才将"实践性"作为课程特点提出的重要原因。

其实从学生学习语文这个视角观察，语文课程更应该强调的是"实践性"的特点。因为学生学习语文，无论是听说能力还是读写能力，都不是从教师讲授中学得，而必须通过亲身的听说读写实践才能得到不断地巩固和提升。在肯定教师指导对语文课程教学的重要性的同时，不可忽视语文实践对学生语文能力的形成的重要性。尽管绝大多数语文教学工作者在理论上认同"实践"在这门课程学习中的重要性，许多有识之士一直在提倡"精讲多练"，强调要把语文课堂还给学生，要在实践中加强语言文字训练，充分落实以学生为本的教学理念，但是多年来语文课授课模式和教学方式仍旧是以教师为主，缺乏学生的语文实践。语文课上学生仍然充当的是配角甚至是观众角色。无论教师主观意图如何，语文课客观上还是上成了一门学理性课程，而非实践性课程。这种理论认识与实际行为的背离，其深层原因是没有真正认识语文课程"实践性"的特点，特别是对学生究竟如何学习语文的基本规律缺乏深入的认识。

当然，对语文课程实践性认识的滞后，主要不是语文教师或教研员的责任，而是现代语文课程教学理论研究的不成熟。尽管《语文课程标准（2011 年）》提出语文是实践性课程，"培养这种能力的主要途径也是语文实践"[1]，但是当下语文课要真正成为一门实践性课程，仍需专业领域对于语文课在理论性和实践性的长期探索和分析。

四、重构语文课教学方式的具体措施

依据学生语文学习的规律，如何建构以学生语文实践为主要方式的语文课程呢？作为一线的语文教师或教学工作者目前可以做哪些工作，从哪

---

[1]　中华人民共和国教育部.《语文课程标准（2011 年）》（实验稿）［M］. 北京：北京师范大学出版社，2011：3-4.

些方面着手进行改革呢？

首先需要做的一项重要工作就是引导学生大量读书。温儒敏教授说："读书是语文课的头等大事。"① 学生的读书习惯和熟练的阅读技能主要靠学生自身的大量阅读实践。按照苏霍姆林斯基的研究，学生要能够比较熟练地阅读，需要经过 2000 个小时以上的默读训练。如果以义务教育九年时间计算，那么每天阅读时间不少于 1 小时。国外小学阅读课的教学方式就是学生自主阅读，学生读物都不相同，教师根本无法讲解。国外流行的分级阅读，也是提倡每个孩子根据自己的阅读兴趣与能力读不同级别的书籍。语文课必须保证学生有充足的读书和交流时间。读书兴趣和读书习惯必须通过学生自身大量的阅读实践才会形成。教师的教育或指导只是外因，可以起促进作用，但不能替代学生读书。在现实情况中，语文课的读书时间一般每周只有一节，甚至隔周才有一节，这与读书在语文课程中的重要地位严重不相匹配。读书习惯养成必须有持续并连贯的读书时间作为保证，每天有固定的阅读时间，不能有空就读，没有空就不读，这不利于习惯的养成。养成读书习惯还需要有阅读量的累积，课程标准规定的小学阶段阅读 145 万字是保底阅读量，上不封顶。为此必须对语文课程进行整合，大幅度压缩低效的讲读课教学时间，鼓励学生自主读书，在时间和空间上为学生提供更舒适的环境条件。经常开展读书交流活动，营造班级读书氛围，利用班集体力量使那些不喜欢读书的孩子也能体会读书的乐趣，养成读书习惯。根据学生的成长规律，青少年时期是学生良好读书习惯养成的重要时期，所以小学和初中阶段的语文课程在学生阅读能力和语文素养培养中扮演着重要的不可替代的角色。

其次是强化学生的表达实践。现代语文课程在设计上一直表现为"以阅读为重点"，在中高年级语文课时安排中，用于训练学生书面表达能力的时间仅占四分之一，这样的课程设计忽视了对学生表达能力的训练，学生在该方面的能力难以得到提高。一直以来我们都认为阅读是基础，读得多自然就写得好。然而事实证明这个观点似是而非，阅读与写作虽然有内

---

① 温儒敏. 把培养阅读兴趣与习惯，当作语文课的头等大事 [J].《语文建设》，2016（9）：4.

在联系，但"读"只是"写"的必要条件，不是充分条件。需要更正的是，读和写是两种不同的语文技能，小学生学语文的重点是表达，难点也是表达，学生需要有更加充分的表达实践机会。考查一些教育发达国家的语文课程，表达和阅读时间大多平分秋色，且向表达倾斜。日本的国语课明确提出"以表达为重点的国语指导"，用于表达的时间甚至超过阅读，国语教材中阅读课文后都设计表达练习。因此，实践性的语文课程构建应该平衡阅读训练和表达训练的时间分配，着重创造学生表达的实践机会。学生通过表达实践，可以反过来认识和积累大量词语、句子，深刻体会那些巧妙的表达方法的价值所在，从而促进学生更加主动、积极地进行深入阅读。通过强化表达实践促进学生主动阅读，是有效提高阅读能力的途径或手段。

再次是重视语言经验的积累。语文核心素养的第一条是语言的建构与运用，这是人类思维发展、文化传承、审美创造的基础。语言的建构与运用必须有两个基本要素：一是必要的语言材料积累，语言材料越丰富，语言建构能力越强，就像造房子，砖头、木头等建筑材料越多，房子就能造得越大越高；二是语言建构和运用的经验，通俗讲就是遣词造句、布局谋篇的经验。当下阅读学、写作学对篇章知识研究比较深入，因此课堂上教师对谋篇布局学理知识讲授比较具体。但是词语的运用、搭配技巧，词句的组织联结艺术等，这些很难从学理上讲清楚、说明白，因为建构语言主要是凭经验、凭感觉。学生写文章用词不当、词语搭配不好、句子有语病，追根溯源就是缺乏语言经验。所以语言经验决定一个人语言建构的质量，也影响语言运用的规范。语文是一门经验性课程，因此积累语言经验是学习这门课程的基础，特别是小学阶段。如何激发学生的语文兴趣、丰富学生的语言经验？一是要鼓励学生多读多背。学生要吸收规范的课文语言，要形成语感，就必须反复读，读到滚瓜烂熟才能把课文语言转变成自己的语言，才能形成语感。二是培养学生主动积累有新鲜感词语的意识或习惯。学习语言最好的办法不是老师规定学哪些词语哪些句子，而是让学生自己去发现文章里有积累价值的词句，寻找课文语言与自己语言的差异。如果小学阶段能形成稳定的习惯，那么学生会终身受益。三是要主动运用有新鲜感的词句。积累语言经验的最终目的是运用，只有会运用了，才是真正转化成学生自己的语言。指导学生表达时主动运用课文高质量的语言，不仅可以提高学生的语言质量、丰富语言经验，对学生语文素养提高也会起到直接的促进作用。

最后是适当教学语文知识，指导学习方法规律。重视方法规律的指导是现代语文教学一大进步，然而也必须警惕不能走进另一个误区：以为方法规律指导是语文课第一位工作，课堂教学中将大量时间用于方法规律的指导，由此挤压了学生语文实践的时间和空间。《语文课程标准》强调要"在大量的语文实践中体会、把握运用语文的规律"①，在实践中获得的运用语文的方法规律才真正有用，而且大量的语文运用规律其实是默会知识，只能在实践中自己去领会、把握，很难言传。当然我们不能因此否定教师指导学生获得语文方法规律的必要性。当下亟须研究的是语文课到底应该教哪些必要、有用的知识或方法规律，切忌把教师自以为是的所谓的知识和方法教给学生。其实小学生需要掌握的学习方法非常有限，如果每个学期重点教好一两个阅读方法或写作方法，循序渐进，反复操练，落到实处，最终形成好的学习习惯，那么语文课便是成功的。总而言之，语文课要把握好学生语文实践与教师方法指导之间的关系。与学生的语文实践相比，方法规律的指导始终是第二位的，语文学习应该强调的是学生实践为主、方法指导为辅，不能本末倒置。

五、关于语文教学改革的展望

上文对语文教学中实际存在的问题进行分析并提出建议，这些建议是否科学合理，不仅需要从理论层面进行检验，更需要结合语文教学的实际情况加以验证。语文课程与教学改革是一项极其复杂且艰难的系统工程，涉及语文课程性质的正确定位、语文教学内容的精准选择、教学方法的合理运用、学生语文学业的科学评价，还有大语文教育框架如何建构等方面，不可能毕其功于一役。白话文语文教学方式百年来经过专家和教师的

---

① 中华人民共和国教育部.《语文课程标准（2011 年）》（实验稿）[M]. 北京：北京师范大学出版社，2011：4.

艰苦探索正在不断深入，对许多理论问题的认识从模糊逐渐走向清晰，但有许多理论与实践方面的谜团尚未解开，这应该是客观事实。希望这篇文章能为语文教学工作者摆脱思维定式，为探索语文课程改革的正确方向提供新的思路，助力学生语文实践能力的提升。

求真，语文课型改革的探索

为什么多年来社会各界对语文教育一直都不满意呢？原因很多，其中一个重要方面就是教学方法有问题。

语文独立设科始于 1904 年，然而用白话文编写语文教材却是 1922 年，当时是国语国文，后来变成国语。白话文到底应该怎么教？白话文教学开始采用的是文言文的教法——解词解句。按照这个方法上语文课，一定很枯燥乏味。因此，苏联专家听了中国的语文课后提出意见，要在全国开始推广"红领巾教学法"（其基本要素有：解题，介绍作者和时代背景；初读或范读课文，讲解生字词；分析课文，即教师串讲，一般是分析结构、段落层次、大意；总结中心思想；总结写作特点；课堂练习或布置作业），由此出现了讲读课这种课型。

讲读课的源头有两个：一是我国的读经教育。读经教育就是以内容学习为主，学习"四书五经"，灌输统治阶级的思想观点。这种模式，本质上不是语文教育，而是道德伦理教育，理所当然地以内容分析、思想灌输为主。二是苏联的文学课，在讲思想内容的基础上，添加了文学分析的方式，讲课文里的知识和语言，语文课变成了文学语言课、人物形象分析课、主题思想总结课。

讲读这种模式并不是我国传统的语文教法。我国传统的语文教法，就是多读多背，小学阶段把该读的全部背下来，然后再来写。这种教法延续了两千多年，自有它的道理，可惜现在被我们丢掉了。

发达国家的语文课也不是讲读课。到美国去听课，发现他们的老师其实不讲课，即使阅读课也是学生自己读书。讲读这种课堂教学方式，其他国家为什么不采用呢？我的理解是，其实它不是教语文的最佳方式。

讲读课是以课文内容分析为主要目标，而分析课文内容对语文来说就是教教材，是非本体教学。情感、态度、价值观，课文里包括的社会常识、科学常识都是语文教学内容，但都是非本体教学内容。语文课若以课文内容分析为主要目标，围绕这个目标组织教学，就会上成唐诗课，上成思想品德课。语文的本体教学内容是什么呢？是语文知识、语文方法、语文听说读写，这是语文课区别于其他学科的本质的教学内容。讲读这种模式其实造成非本体教学内容成为语文教学的主要内容。

语文课强调两个"来回"，即先从语言文字到思想内容，然后再从思想内容到语言文字。语文课是否有语文含量，就是看第二个回合语文教师教得怎样。讨论课文的写作方法，对学生来说，效果其实并不理想。每篇课文教师都要研究写作方法，课堂的语文含量取决于这一块内容做得怎么样，问题是即使搞好这一块内容，也不符合儿童学习写作的特点。为什么这样说？作家的写作方法、文章的写作方法，对孩子来说都是"高大上"。义务教育阶段的学生，应该学习文章中有哪些方法可以学会，对他们学习语文有什么帮助。我们教学生分析文章写作方法，其实是在教学生这个年龄段学不会的本领。

因此，按照这两个"来回"教语文的最大问题就是，语文课变成以教师讲为主的讲读课，分析课文思想内容，讲解文章写作方法，但语文应当是在实践中学会的、用会的，并不是教师讲会的。课堂讲解分析占用了学生宝贵的语文实践时间。这样一种教师过度强势、过度讲解的现象，必须改变。

这个问题 20 世纪 50 年代就提出来了。20 世纪 60 年代强调精讲多练，80 年代提出加强语言文字训练，也都是针对这一问题；现在我们常说语义课要重视学生的语文实践，也是对教师讲得太多这一现象而言的。大家都认识到了，可为什么始终想改却改变不了呢？问题就出在讲读课这种教学模式上。语文教学改革，我觉得最好的途径或者说最容易走得通的一条路，就是改变讲读的教学模式。提高语文教学效率首先要从改革课型开始，因此我思考了如下几种课型：

第一种是朗读课。这是中国传统语文教学的宝贵经验。多读多背、重视语言积累是语文教学最基本的东西。字、词语、句型，都是积累的对象。语言学习关键在于积累，"书读百遍，其义自见"。因此，朗读课应该是语文课的基本课型，让学生通过朗读把语言组织到自己的语言仓库里。

第二种是表达课。表达课在如今的语文课里只占四分之一，四分之三的时间用于老师讲读，这样很不合理。从国际上看，母语学习中阅读和表达所占比是 1∶1，这符合儿童学习语言的规律，因为检验语文能力的标志是表达。文章读得再多，读得再透，不进行表达训练，语文能力也是无法提高的。表达是一种技能，而技能必须通过练习获得。现在的作文课是表达课，但除了作文课之外，我还有一个设想，就是练习基于阅读的表达，用课文设计情境，让学生进行表达。这种表达最大的好处在于，让学生把课文里的语言读熟并且尝试运用，把课文里的语言变成学生自己的语言，让学生有机会运用这些语言去表述。这对提高学生语言表达能力大有裨益。

第三种是读书课。这里的读书不是教师讲书，而是学生自己读书。学生的阅读能力是读出来的，大量阅读可以锻炼学生的阅读技能、丰富学生的智力、拓宽学生知识面，学生对文章的理解也会随之加深。因此，从根本上说，提高学生的阅读理解能力，只有靠他们自己多读，这是一个非常有效的途径。

第四种是方法指导课。现在的语文教学，强调语文知识、语文方法是对的，但不主张完整的语文知识教学，不追求语文知识的系统性和完整性，是有问题的，是违背知识教学规律的。零散的知识是无效的，知识只有在一个系统当中才有效。因此，语文课程要探知教哪些有用的知识，教哪些阅读写作的方法，这是我们当前面临的重要问题。静态的语文知识体系，比如语法、修辞、逻辑，现在是比较完整的；而听说读写的方法、如何成句，则是当前语文知识体系中的瓶颈。因此，这个问题必须研究，否则语文教师始终像在大海里捞针，难以开展有效的教学。语文教育工作者，特别是高校语文教育研究者应该把这个体系建立起来，使一线教师有所凭借，这是我们的历史责任与天然使命。

实践：语文教学的不二法门

"实践"是语文课程学习的基本特征和属性。课程标准对语文课程的实践性反复强调了三次，"语文是实践性课程，应着重培养学生的语文实践能力，而培养这种能力的主要途径也是语文实践。""语文课程要引导学生多读书、多积累，重视语言文字运用实践，在实践中领悟文化内涵和语文应用的规则。"

这么多年来，我们一直强调语文课程的工具性、人文性特点，工具性、人文性也是语文课程的基本属性。但从教学这个方面看，从学生学习语文这方面看，我们似乎更应该强调的是语文的"实践性"，因为学生的语文能力，无论是听说能力还是读写能力，都不是老师讲会的，而是学生在听说读写的实践中获得的，或者说是习得的。

我们的语文课一直强调以学生为主体，以学生为本，老师要"精讲多练"，要"加强语言文字的训练"，其实目标就是一个，即语文课要把时间还给学生进行实践活动。可是这么多年来，语文课一直没有走出"老师讲得多、学生练得少"的误区，多年的习惯积重难返，要扭转这个局面确实很难。但是忽略语文实践性这种状况必须扭转，否则，我们的语文课将永远低效，语文改革永远找不到出路。三十多年前吕叔湘先生说过"十年时间两千七百多个课时，本国语言不过关"，什么原因，就是因为老师讲得太多了，学生在语文课上阅读实践、写作实践太少了。我们的语文课效率不高，问题就出在老师讲得太多了，这不适合儿童语言学习的规律。所以现在课程标准提出"语文是一门实践性课程"，对这个重要的课程特点，许多语文教师包括当下不少从事课程理论研究的工作者，真正能够深刻认识领会的其实并不很多。所以针对当下的语文课堂教学来说，强调学生的实践性怎么都不过分。因为孩子学阅读学写作，主要是在实践中学习的，不是听老师讲的。

吕叔湘先生曾强调语文是技能，和打乒乓球、学游泳没本质上的区别。怎么学习游泳呀？你在课堂里教学生怎么换气，手怎么划，脚怎么蹬，讲得再多管什么用啊！你得让学生自己去实践啊，到水里面才能学会游泳。崔峦老师提出语文课要转向"以策略为导向的语文教学"，这句话固然不错，但要补充一句，"以策略为导向，以实践为基础。"而且我以为"实践"比"策略"更重要。

我听过台湾地区赵镜中老师上的《太阳》，他教的是说明文怎么读。还听过台湾地区的老师在南京上的一堂课，他教的是"预测"这样一个阅读策略。我的总体印象是台湾地区的语文课着重在教阅读的方法和策略。我说指导阅读的方法策略这个思路没错，但是对小学生而言，阅读实践可能更加重要。增加学生的阅读实践和指导阅读方法策略，两者相比我认为实践更加重要。如果学生阅读经验很少，老师教的阅读策略即使很有用，学生也不一定能理解。我们一定要认清咱们的教学对象是小学生，他们最需要的是增加阅读实践经验。就像面对一个不会投篮的人，投十个难得中一个，你去指导他投篮的方法策略，怎么提高投篮命中率，手什么姿势，脚什么姿势，怎么调整呼吸，就能投十个中八个，甚至达到90%或以上？你跟不会投篮的人去讲这些道理是没用的。最好的方法就是让孩子自己去练习投篮，自己去实践。我们的孩子其实也是处于一种原始阅读经验的积累阶段，阅读实践越丰富，经验堆积得越多，那么阅读方法规律就越有效。

我认为，现代语文教学其实是走入了一个误区，我们误以为方法规律指导是第一位的，要先理解再实践。其实这是错的，小学生学习阅读，是从不会阅读到会阅读，从阅读不熟练到熟练阅读，从阅读儿童读物到阅读成人读物，是由低到高、由浅入深这样一个发展过程。在阅读过程中，当他阅读时碰到障碍，遇到瓶颈时你适当地去指导一些规律，教他一些方法，这样的指导会更加有效，而且时间很节约。对儿童来说，阅读实践比规律指导更重要，当然我不否定规律指导。

心理语言学提出了语言学习的两类方法：第一类就是用听说的方法，

强调语言实践，在实践过程中学习语言；第二类是以认知教学法为中心，认知心理学派强调的是理解，是运用的基础。学习语言知识也要先能理解，再去运用。需要注意的是，认知教学法指导语言学习的三阶段：第一阶段是理解，以老师讲为主，占四分之一的教学时间；第二阶段是通过运用检查学生是否正确理解掌握这个概念，占百分之五十的教学时间；第三阶段是综合运用，占四分之一的教学时间。大家要注意教学时间的分配，认知教学法虽然强调理解是运用的基础，认为不理解就不会运用，但还是把主要教学时间放在学生的实践运用上，理解只占四分之一，实践运用占整个教学时间的四分之三。而现代语文教学把大量的时间放在方法策略的理解上，忽视了学生的实践，因此，教学效率不高就在所难免。

张祖庆老师《语言的魔力》这堂课应该说上出了很高的水平，他最后设计的写老板讨债的一段话非常好。前面反复朗读体会老板喋喋不休说的一大段话，引导学生体会怎么描写人物的语言，怎么写出老板语言的喋喋不休，通过比较分析后反复朗读，再现老板当时的心理状态，让学生对怎么描写人物语言有比较深刻的认识。最后再要求学生说出老板讨债时的一段话。学生完成这个练习有两大难点：第一个难点是老板讨债时会说什么，要想出讨债的理由，这个很难，所以先小组讨论然后全班交流；第二个难点是这些理由怎么说清楚，要说得振振有词，要把理由说充分。

我们重点讨论两个问题。

第一，"说什么"和"怎么说"的重点取舍，这堂课重点指导"说什么"，我认为应该重点指导学生怎么把理由说充分，这才是训练表达运用。其实要想出讨债的理由和学生的认知能力、思维能力和生活经验有关，小学生缺少生活经验，要说出讨债的理由难度很高，所以可以由教师直接给他，或者让同学凑一下，不必花太多时间；重点放在把理由说清楚，有说服力，这就是表达。小学阶段最容易接受的是什么，是语言表达，儿童处于语言发展的关键期，表达能力和习惯培养是这阶段学生的优势。

第二，这段话是说出来还是写出来。因为时间不够了，张老师把原来设计的书面表达改成口头表达。其实口头表达只有个别学生在练习，很难落实到每个同学。这里留出充分的时间让学生静静思考，把表达的理由写出来，看谁的理由能够写得充分。然后再来交流这个理由你是这样写的，他是那样写的，哪个写得充分，还有什么更充分的写法。讨论交流后再做修改，你这个理由怎么写得更好，或者换一个理由再写一段话。学生第一次写的是原有水平，通过交流和老师指导再写出来的是这节课在原有基础上的提高。

第三，表达是学生学习语文的重点难点。我们的语文课程在课程设计上有一个结构上的失衡，我们将四分之三的教学时间用于阅读，用于表达的时间不足四分之一。其实对小学生语文学习来说，难点在表达，重点也是表达。所以，境外母语课程在教学时间分配上都是朝表达倾斜，母语课阅读和表达时间是各一半，日本国语课60%的时间是用于表达，包括阅读课文里都有表达练习。所以语文课堂教学中老师要想方设法让学生练习表达，挤出时间放在学生的表达训练上。

读书习惯是语文核心素养中的核心

《中国学生发展核心素养》总体框架指出，"核心素养主要指学生应具备的，能够适应终身发展和社会发展需要的必备品格和关键能力。""核心素养"既包括传统的教育领域的知识、能力，又包括学生的情感、态度、价值观。提出核心素养这个概念，可以矫正过去重知识、轻能力，忽略情感、态度、价值观的教育偏失，更加完善和系统地反映教育目标和素质教育理念，更加适应世界教育改革发展趋势，提升我国基础教育国际竞争力。

"核心素养"是一个复杂的结构，其所涉及的内涵并非单一维度，而是多元维度的综合体现。在基础教育阶段的小学教育中如何培养学生的核心素养呢？东北师大史宁中教授指出，"学生核心素养的培养，最终还是要落在学科核心素养的培养上。所谓学科核心素养，就是指学科的思维品质和关键能力。"崔峦老师将语文学科核心素养培养概括为五个方面：人格雏形的培养，听说读写书能力的养成，培养阅读素养，有一定的自学能力和独立思考能力，积淀文化提高审美。崔峦老师认为，小学语文学科核心素养培养具体体现为八个方面，即：有一定的识字量，词汇量，认识3000字，掌握7000词；能写一手好字；读懂一篇文章，包括读懂一本书；能写一篇有内容有情感文从字顺的文章；有一副好口才；养成一种读书看报的习惯；有一定的独立思考能力；有一颗博爱的心。这些对核心素养的具体诠释使得原来扑朔迷离、包罗万象的"核心素养"概念变得比较明晰也比较浅显了，使得广大一线教师可以操作了。

我国近20年开展的第八轮课程改革，以及轰轰烈烈进行了近30年的素质教育，与当前提出的"核心素养"培养在指导思想上是基本一致的，在培养目标上也是一脉相承的。2001 年和 2011 年颁发的两部语文课程标准提出的知识与能力、情感态度价值观、过程与方法三维目标，其宗旨也是强调学生全面协调的发展，矫正传统教育中重知识、轻能力，忽略情感态度价值观的教育缺失。因此现在提出培养学生"核心素养"这个概念，并不是全面否定前阶段课程改革和素质教育取得的成果，不必重起炉灶再另搞一套。对广大语文教师而言，当下最需要的是静下心来，认真思考近 20 年来语文课程改革对学生全面发展有益的经验和不利的因素，按照语文教育本身的规律和小学生的心理特点，探寻语文课程与教学改革的路径，使语文课程改革沿着更加正确的方向推进。

语文课程和教学改革是一项极其复杂且困难的系统工程。现代语文教学近百年的改革路程历经艰难，坎坷而曲折，并且至今仍没有走出高投入低产出的困境。语文课程改革最根本的问题似乎不在对这门课程的终极目标认识不清，而是我们对这门课程各项具体目标的认识不清以及达成目标所走的路径选择不当。限于文章篇幅，本文仅就语文课程阅读教学问题展开深入的讨论。

培养学生的阅读能力和良好的读书习惯，毫无疑问是语文核心素养的重要构成部分。一个人的阅读史，就是一个人的精神发育史。一个不喜欢读书的人其精神发育一定是不健全的；一个不喜欢读书的民族是没有希望的，一个国民不爱读书的国度是没有前途的。一个人的读书习惯是从小养成的，小时候如果养成读书习惯，那么此人终生都会喜欢读书；反之，此人就一辈子不喜欢读书。有阅读学专家研究，读书习惯养成和年龄有很大的关系。一个人读书习惯形成的关键年龄在 12 岁，也有学者认为是 15 岁。也就是说，小学和初中年龄段基本可以决定一个人一辈子是否喜欢读书。中小学语文课程虽然是以阅读为重点，花在阅读教学的时间远远超过表达，但是语文课程重点不在培养学生的阅读习惯，何以见得？

首先，是读书在语文课程中的定位有误。培养学生的读书习惯，毫无疑问是中小学语文课程最重要的工作。但是在我们的语文课程中，读书（整本书阅读）被称为"课外阅读"，只是语文课程的补充或延伸，不是语文课程的重点。这只要看看读书课在课程表中的数量就一目了然，课外阅读指导课每周只有一节，有些是间周安排一节。就是这么少得可怜的课外阅读指导课，在实际教学中也往往会被挪用，读书课是说起来重要，做起来次要，忙起来不要。当然，有些学校或教师为了强化读书，"擅自"增加读书课，则另当别论。

其次，没有明确地将读书习惯培养作为语文课程的主要目标。语文课程标准中虽然有关阅读方面的目标定得很细也比较具体，但是比较多的是强调阅读的能力培养和阅读的方法指导，没有将"养成读书习惯"这一核心素养作为阅读教学的主要目标。我仔细研究了语文课程标准1-4年段阅读目标，虽然各个年段都提到了课外阅读，也规定了读书数量，但只有在第二年段明确提出"养成读书习惯"这条目标。其实将"养成读书习惯"作为中年段也就是三、四年级的目标，显然不很现实，因为不符合儿童的年龄特点。其实引导学生养成读书习惯应该是贯穿小学和初中语文课程最重要的一项目标，而这一目标在总目标和分年段目标中都没能充分凸显。可见现行课程标准对培养学生读书习惯的重要性缺少认识，对各年段如何培养学生读书习惯缺少学理研究。说到底，就是对读书习惯培养是中小学语文课程的核心指标这一点意识不够。

第三，语文课堂教学中缺少学生有效的阅读实践。现代中小学语文课程的基本教学形态就是教师带着学生一篇一篇讲读课文。阅读教学的主要方式就是听教师分析讲读课文。语文教师都知道讲读课文效率不高，学生对教师讲读课文不感兴趣，甚至非常抵触，因此语文教师一直在研究如何提高讲读课文的有效性，从20世纪50年代讲课文思想内容，到20世纪60年代讲字、词、句、篇语文知识，到20世纪八九十年代培养听说读写能力，一直到21世纪开始深入解读文本，抓课文内涵、人文因素等，研究了差不多60年，遗憾的是至今也没有找到高效的讲读课文的方式。学生的语文能力没有实质性的提高，学生对语文课不感兴趣的现象依然严重存在。其实学生在小学阶段最需要学习的不是分析课文，而是熟练的阅读技能，学生有了自动化或半自动化的阅读技能，阅读一本书不费劲了，才有可能喜欢读书。熟练的阅读技能听教师一篇篇讲课文是没用的，只有通过自身大量的阅读实践。现代语文教学采用的讲读课文这种方式，其目的是想培养学生分析课文的能力，其实严重超越了小学生认知水平的发展，并且课堂教学时间被教师大量的分析讲解挤占，没有用于学生有效的阅读实践，这对学生读书习惯的养成也非常不利。

第四，语文课程没有将学生是否养成读书习惯作为评价内容。阅读评价主要考查的是学生对文本理解的深度，而对学生每学期到底读过几本书，很少有教师关注。即使课程标准规定了每个年段学生的阅读量，但是很少有教师真正在意。其责任当然主要不在语文教师个人，长期以来语文课程建设中一直没有将学生读书习惯的养成真正当回事，这才是真正的原因所在。

语文课程要提高学生的核心素养，必须把培养学生读书习惯作为这门课程最核心的目标。并且围绕这一核心目标来改革我们的阅读教学，特别是要从我们习以为常的讲读课文这个窠臼中跳出来。

首先，要改变的是我们长期以来形成的似是而非的阅读教学理念。中小学阅读教学的目标是什么？我们的语文课程标准是这样阐述的："阅读教学应注重培养学生感受、理解、欣赏和评价的能力。""阅读教学应引导学生钻研文本，在主动积极的思维和情感活动中，加深理解和体验，有所感悟和思考，受到情感熏陶，获得思想启迪，享受审美乐趣。"对成人而言，这样定位阅读目标应该是不错的。然而对小学生而言，这样的目标定位就很值得商榷。小学生阅读与成人阅读虽然都是以书面文本为对象的阅读行为，但其阅读的目的是截然不同的。成人阅读或为愉悦生活，或为了解信息，或为研究学问等。成人已经具备了一定的阅读技能，因此其阅读主要是根据阅读目的对阅读文本进行理解、欣赏或评价。小学生"阅读"的目的是"学习阅读"，按照我们对儿童学习阅读的过程观察，小学生学习阅读的过程大致需要经历两个阶段，第一个阶段是从不会阅读到会阅读，这一阶段主要是识字，认识常用词语和基本句型，通过2-3年的反复训练，正常儿童一般就可以学会阅读，具备最基本的阅读技能，至于那些有阅读障碍的儿童则所需时间会更长。第二个阶段是从阅读不熟练到能熟练地阅读。据脑科学研究，学生从不会阅读到学会阅读，一直到能够熟练阅读，一般需要8~9年的时间。美国学者莫提默·J.艾德勒和查尔斯·范多伦合著的《如何阅读一本书》，将人的阅读能力发展划分为四个层次：第一个层次是基础阅读，在这个层次的阅读主要是读懂这篇文章说什么，能摆脱文盲状态；第二个层次是检视阅读（即熟练阅读），主要强调阅读的熟练，比如十五分钟内读完一本书，能说出这本书写什么，说出书的类别，比如是小说、历史、科学论文等；第三个层次是分析阅读，能分析文本主题、结构、写作特色风格等，这是最好的阅读方式，但需要掌握相当的阅读技能；第四个层次是主题阅读，相当于研究性阅读，阅读时可能会读很多书，分析这些书中都谈到的问题，并且在此基础上创造性地形成新的观点，这是最主动、最花力气的一种阅读。根据两位学者的调查，有三分之一的大学一年级学生的实际阅读水平处于第二个层次，也就是说高中学生要达到分析阅读水平也是相当困难的。这项研究成果的科学性我没有经过实践进一步加以验证，但我们是否可以形成这样的共识：小学阶段的阅读训练，主要是第一个层次基础阅读和第二个层次检视阅读，重点是解决读懂文章和熟练阅读的问题，重在培养学生熟练的阅读技能，而分析课文不应该作为小学阅读教学的重点或主要任务。

其次，要改变教师习以为常的讲读课文的阅读教学方式。现代语文教学有一个很大的误区，就是阅读教学主要是指导学生阅读的方法，以为方法规律的学习比学生阅读的实践更有效更重要。因此阅读教学中主要就是听教师讲读课文、分析课文，教师在意的是课文思想内容的深度理解，以及课文中关键的语文知识或读写方法的具体指导。我并不否定适当的方法指导当然有必要性，但我们决不能忽视心理学研究的一个基本结论：习惯必须通过反复多次的行为操练才能真正形成。学生形成阅读习惯，主要靠学生自身的大量的阅读实践，绝不是靠教师的讲解分析。教师的讲解或某些有效的方法指导，能够缩短学生技能形成的时间，但不能替代学生的阅读实践。学生熟练阅读的形成需要经过大量的阅读实践才能形成。按照苏联教育家的研究，学生达到半自动化的阅读（即比较熟练的阅读），需要经过 2000 个小时以上的默读训练。2000 个小时是一个怎样的概念？如果按 6 年算，每周需要阅读 10 个小时，也就是每天阅读时间不少于 1.5 小时。如果按小学、初中共 9 年计算，那么每周需要阅读 7 小时，也就是每天阅读时间不少于 1 小时。我研究过国外的小学阅读教学，也考察过国内的一些国际学校，发现外国同行在阅读课上并不是像中国教师那样分析课文或讲解课文，他们上阅读课的主要方式就是学生自己阅读，每个学生阅读的书籍或文章各不相同。国外所谓的分级阅读，就是提倡每个孩子根据自己不同的阅读能力在阅读课上阅读不同级别的书籍。我到美国的一所小学考察，发现这所小学课表里每天安排一个小时阅读，一个小时写作。一个小时阅读就是让学生去阅览室选择喜欢的书籍阅读。这所学校在搞阅读教学改革，其改革的措施有两个方面：一是根据学生的阅读兴趣，组织学生共同阅读同一类型的书籍，比如喜欢科普读物的，喜欢武侠小说的，组织成读书俱乐部，这样可以通过交流，激发读书兴趣，提高阅读质量；二是有计划地指导阅读的方法或策略，每次花 10~15 分钟指导学生一些阅读的方法，余下的时间就是让学生自由阅读，引导学生在阅读中运用学到的方法。从国外同行的阅读教学方式中我们可以发现，"讲读课文"其实不是语文教育唯一的课程形态，更不是最佳的语文课程形态。如果从培养学生读书习惯这一大目标出发，小学甚至初中的阅读教学其实应该是以学生自主阅读的实践为主要的教学方式，而不是把时间大量地花在听教师讲解课文上。早在 2010 年我曾经在一篇文章中指出，"如果语文课不改变'讲课文'为主的语文课程形态，那么可以预见，再过 30 年我们的学生语言能力还可能过不了关。"我们的阅读教学改革应该跳出讲读课文的思维定式，按照学生的心理特点和学习语文的规律，探索中小学语文教学有效的途径和方法，从根本上改变我国语文教学长期存在的高投入低产出的被动局面。

第三，语文课程必须将学生读书习惯的养成作为评价的一项主要指标。考试是指挥棒，对教学改革会直接起到强大的作用。语文考试评价中如果注意考查学生的因课外阅读而扩展的知识面，甚至将学生每天的读书时间，每个学期的读书量也作为评价学生语文成绩的硬性指标，只要有这样一些指标导向，我们语文教学的面貌就会因此而产生巨大的改变。

关于语文训练的讨论

"语文训练"在20世纪90年代前后一度是我国语文教学改革的关键词。1992年颁发的《九年义务教育全日制小学语文教学大纲（试用）》中，"训练"一词出现近20次。然而进入21世纪，语文教学改革的关键词改换成"语文素养"，课堂教学中"人文感悟""文本对话"成为热点，"语文训练"被边缘化。有人甚至将"语文训练"视作应试教育的产物而大加批评，"训练"一词几乎成为语文教师的忌讳。学校教育中数学课重视计算训练，英语课重视听说训练，甚至连思品课、社会课都强调道德礼仪行为训练，而唯独语文课却要"淡化"训练，似乎中国人学母语只需"个性化"的文本对话和主题探究，"独特"的感悟和体验，即可掌握语文工具。这实在是对语文课程与教学的误解。

一、语文课程不能没有训练

语文是一门以掌握母语交际能力为主要目标的课程。语文不仅是社会交际的主要工具，也是学习其他课程的工具。众所周知，工具掌握的表征在"会用"，即不仅知道"这是什么"或"这有什么用处"，更在于学会"这如何应用"。就如掌握计算机工具，关键是"会用"，所以非专业人士学计算机无须研究计算机深奥的工作原理和程序编写，因为那是专业人士需要掌握的专门学问。中小学生学习语文的目标自然重在"会用"语言进行口头的和书面的社会交际，重在掌握听说读写技能，而不在掌握语言学、文学或文章学的专门学问。掌握技能关键在训练。

心理学家朱智贤认为："技能与知识不同。知识是在人脑中形成的经验系统，技能是在个体身上固定下来的复杂的动作系统""知识是对经验的概括，技能是对动作和动作方式的概括"。① 知识可以在个体间通过传递而获得，而技能则只能通过个体有意识地反复训练才能形成。

对于训练，孔子在《论语·学而》中曾留下遗训："学而时习之，不亦说乎?"就是说在"学习"的过程中不仅要"学"，而且还要经常"习"，许慎在《说文解字》中解释道："习，数飞也。"原意为雏鹰练习飞翔，须反复习飞才能学会。叶圣陶先生也对语文训练发表过深刻的见解："学生须能读书，须能作文，故特设语文课以训练之。最终目的为：自能读书，不待老师讲；自能作文，不待老师改。老师之训练必做到此两点，乃为教学之成功。"② 吕叔湘先生认为："使用语文是一种技能，跟游泳、打乒乓球等技能没什么本质上的不同……语言以及一切技能都是一种习惯。凡是习惯都是通过多次反复的实践养成的。"③ 张志公先生也讲过："用了'语文'这个名称，表明在这门功课里要向学生进行全面的语言训练。"他认为"进行全面的语文训练，包括口头的和书面的"语言训练。④

其实，对于学习语文需要训练，也是国外许多学者的共识。著名教育家夸美纽斯就提倡做中学："师傅并不用理论去阻留他们的徒弟，他们从早就叫他们去做实际工作……所以，在学校里面，要让学生从书写去学书写，从谈话去学谈话，从唱歌去学唱歌，从推理去学推理。"针对语文学科教学，他也明确地说道："一切语文从实践去学习比用规定学习来得容易。这是指的听、读、重读、抄写，用手用舌头去练习，按可能的范围以内，尽量时时这样去做。"⑤ 英国著名课程论专家斯腾豪斯也认为学校教育主要包括三个过程，即训练、教学和引导，训练是学生获得技能的过程，教学是获得知识信息的过程，而训练和教学要服从引导的过程。⑥

---

① 朱智贤. 心理学大词典 [M]. 北京：北京师范大学出版社，1989：300.

② 中央教育科学研究所. 叶圣陶语文教育论集（下）[M]. 北京：教育科学出版社，1980. 716.

③ 吕叔湘. 关于语文教学的两点基本认识 [J].《文字改革》，1963（4）：3-8.

④ 语文学习编辑部. 教学争鸣录 [M]. 北京：上海教育出版社，2000：2.

⑤ 夸美纽斯. 大教学论 [M]. 北京：教育科学出版社，1999：159.

⑥ 张华. 论课程目标的确定 [J].《外国教育资料》，2000（1）：15.

《全日制义务教育语文课程标准（实验稿）》（以下简称《语文课程标准》）也并不否定"训练"在语文课程中的重要价值。《语文课程标准》指出："语文是实践性很强的课程，应着重培养学生的语文实践能力，而培养这种能力的主要途径也应是语文实践。"语文实践在语文课堂上的具体体现就是学生在教师指导下的训练。儿童语言能力是在活动中获得的，是在其与外界相互作用的活动中获得的。语文教师应积极提供能激发和支持儿童有意义的语言使用的情境，让儿童从使用语言中学习语言，从说话中学习说话，从聆听中学习聆听，从阅读中学习阅读，从习作中学习习作。

二、语文训练必然是一种人文训练

对语文训练提出疑义的人其实也不否定语文训练，他们质疑的焦点是反对纯技术性的语文训练，或者说是离开人文性的纯工具性训练。其实，这是一种似是而非的二元论看法，其要害是将原本就融合为一体的语文课程特点的两个方面人为地对立起来。《语文课程标准》认为："工具性和人文性的统一，是语文课程的基本特点。"这一基本特点明确划分出语文学科的工具性与计算机、数学等其他学科工具性的本质区别。因为语言本身就是一种文化，语言是民族文化的载体，是民族构成的核心要素，一种语言就是一个民族精神体系的表征。对于新生代而言，学语文的价值不仅仅是掌握一种工具，更是一种民族文化的认同，民族精神的塑造，民族印记的烙刻。因此，语文训练天然地蕴涵人文性，汉字的一笔一画、汉语的一词一句都是民族文化的结晶和民族思维的呈现。在全球化背景下，特别是在汉语遭受西方强势语言冲击日益严重的态势下，让学生学好祖国语文，认同汉语是思维和社会交际的第一语言，就是语文教育人文性最核心的价值取向。即使是书写汉字笔画笔顺、默写汉字词语、背诵句子篇章等一些表面上看操作性、技巧性很强的训练，也不能简单地将其视作纯工具性的训练，因为内中必然包含认同民族语言文字的人文因素。语文训练的人文性可以从三个层面来认识。

首先，语文训练是成"人"的训练。《春秋谷梁传》里有这样一句话："人之所以为人者，言也。人而不能言，何以为人？"言是人区别于其他动物的主要标志之一，狗吠、狼嚎、鸟鸣、鸡啼，都不是言。语文训练就是使人成为完整的正常的社会人的训练：不会说话的人是哑巴，不能听话的人是聋人，不会读书写字的人是文盲。语文的任务就是使人成为能听会说，能读会写的社会人，这是语文训练最基本的人文功能。其次，汉语文训练是义务教育阶段中国公民必须接受的训练。汉语是中国的国语，以汉语为母语或第一语言是区分中国人（除部分少数民族）与外国人的一项重要指标。有些在侨居国长大的第三、第四代华裔从血脉上说他是中国人的后代，但由于其不会说中国话，其文化认同与思维方式都可能发生异化。因此汉语文训练是一种强化儿童国家意识和民族意识的训练，这是语文训练重要的价值取向，也是语文训练人文性最重要的体现。第三，汉语文训练是成为有教养的中国人的训练。人的教养主要是从语言和举止行为外显的，语文训练使人说话文雅，写文章有文采；古训曰"读书知礼"，语文训练也能使人的举止文明，行为儒雅，使人的素养、审美品位和文明程度得到综合提升。

当然，语文课程是一门综合性很强的课程，内涵非常丰富，其人文教育元素除了语文领域，还包含思想品德、文史地理、艺术审美、哲学社会等众多领域。但是掌握语文工具，训练学生熟练掌握应用汉语进行口头和书面语言交际的能力，毫无疑问是这门课程必须承担的人文教育任务，而且语文训练其实也不可能剥离其他的人文元素。将语文训练认作是"纯技术"训练而加以反对，或者削弱语文训练不适当地添加其他人文教育的元素，看起来好像很"人文"，其实影响了学生对语文工具的熟练掌握，最终会掏空语文课程最基本也是最重要的"人文"。

我们强调语文训练的人文性特征，当然也不会赞成一些教师为了应试，片面追求升学率和分数成绩，大搞题海战，搞机械的语文训练，从而使得学生不堪重负，这理所当然应该反对。但这其实是语文训练的异化，是应试背景下功利性和技术主义渗透到语文训练中的反映，与语文训练的人文性并无必然的逻辑联系。思想品德课、政治课不是工具学科，不是也有人在搞题海战，搞死记硬背吗？其实语文课效率不高的归因正是课堂内语文训练的缺失。课堂内忽视必要的训练，把宝贵时间都耗费在效率不高的课文内容的人文解读上，导致学生学的语文知识不会运用，听说读写等语文技能训练不到位，学生成绩提不高，教师只能课内损失课外补，从而形成恶性循环。试图以淡化或取消课堂内的语文训练来解决学生负担过重问题，非但不能奏效，反而是饮鸩止渴，使语文教学陷入更深的泥沼。

三、语文训练的三个维度

在新一轮课改的背景下，广大教师认同语文训练的理念并不困难，难的是从理论和实践上理清语文训练的内容和途径，拿出可供实际操作的训练方式方法，才能真正避免语文训练中存在的技术主义倾向，确立语文训练在课程中的价值和地位。

应当承认，对课文思想情感的理解感悟其实也是一种语文训练。从儿童学习语言的心理规律看，有意义的语言输入才是有效的学习，理解文本语言是语文训练的基础，同时也是语文训练的一个维度。但是理解文本语言的训练应该有两个路向：一是通过文字符号理解文本旨意，即课文"说什么"；二是理解文本的表达形式，即课文"怎么说"。从儿童语言学习水平分析，这两个路向同属"理解"，是同一级学习水平。语文教师平时经常说阅读教学要有"两个来回"：先通过语言文字理解思想内容，然后再从思想内容出发，理解文章的表达方式。在语文教学实践中，许多教师是把重点放在"说什么"的解读上，教学设计围绕课文"说什么"展开，把课文内容理解当作教学的重点，因此出现了把语文课上成思想品德课、社会课、历史课、常识课等倾向。如果语文课上经常引导学生讨论"怎么写"，久而久之学生就会养成一种良好的阅读习惯，就是研读课文怎样遣词造句把事情表达清楚，把人物描写具体的。这样不仅可以让学生在阅读中获取更多的语文营养，而且可以对课文的人文内涵有更加深刻的认识，从而提高阅读的效率。

叶圣陶说："如果不着眼于形式方面，只在内容上去寻求，结果是劳力多而收获少。"① 夏丏尊也曾指出："学习国文应该着眼在文字的形式方面。"② 王尚文先生也坚持："语文教学的聚焦点应该是话语形式，即'怎么说'，而非'说什么'。"③ 我赞同他们的观点。语文课固然要理解文本内容，但是理解内容并不是主要目标，否则语文课教材文本就与思想品德课、历史课、常识课教材文本无本质区别。语文课教材文本的教学价值重点在于理解文本语言及其表达形式。

积累语言是语文训练的第二个维度。中国传统语文教学重视多读多背，其实是强调书面语言学习和积累。传统语文教学的目标语是文言文，而文言文的词汇和语法体系对儿童而言是一种新的话语系统，要构建这样一种与儿童口语有很大差异的话语系统，其难度可能不亚于学习一门外语，因此多读多背是必不可少的教学手段。1902 年清政府颁发的《奏定初等小学堂章程》规定，初等小学堂学生五年背诵经典总量 101800 字；《奏定高等小学堂章程》规定，高等小学四年背诵总量 115200 字，九年总量达 217000 字。其实传统的读经教育也提倡让学生理解"大义"。《章程》指出，"凡讲经者先明章旨，勿令学童苦其繁难""经义奥博无涯，学堂晷刻有限，止能讲其大义；若欲博综精研，可俟入大学堂后为之，此乃中小学堂讲经通例"。④ 可见古人读经也反对"死记硬背"。当然有些塾师本身功底不好，经籍要义讲不清楚，或者有些学生悟性差，包括学习不够用功等原因，出现死记硬背现象也在所难免。现代人当然不会赞同语文教学重回读经时代，但是我们应该认识到：大量积累是学好语文的前提!? 现代语文教育学生语文能力不过关，是否与学生读书少、语言内存量不足有关!? 语言学家克拉申说："学习者在语言学习过程中所接触到的各种语言素材，是学习者学习语言的蓝本，也是学习过程的起点。没有语言输入，根本谈不上语言学习。语言输入的内容、数量和方式，往往直接影响着学

① 中央教育科学研究所. 叶圣陶语文教育论集（上）[M]. 北京：教育科学出版社，1980：177.

② 夏丏尊. 论语文教育 [M]. 郑州：河南教育出版社，1987：86.

③ 王尚文. 语文是什么 [J].《小学语文教师》，2008（4）：4.

④ 课程教材研究所. 20 世纪中国中小学课程标准·教学大纲汇编 [S]. 北京：人民教育出版社，2001：5.

习的质量和速度。""语言能力的提高首先依赖于大量的语言输入，语言输出必须在有足够语言输入的情况下完成。"① 谁违反了规律，就会受到规律的惩罚。

学生在小学段究竟应该积累多少语言材料合适，迄今为止没有人做过科学测量。参照古人文言文教育经验，如果现代学生有 6 万~10 万字的语言材料积累，那么学生语文水平至少可以高出一个层次。当然这对语文教材课文编选提出更高的要求，课文必须经典，有积累价值；对语文教学也提出了时间要求，就是要保证足够的时间引导学生朗读、背诵、复习、巩固；并且十分重视对学生朗读背诵的过程评价。其实积累语言训练并不困难，难的是要认同这种观念，要有足够的自觉。

运用文本语言的语文训练的第三个维度。"理解"是基础，"积累"是前提，然而学语言终极目的是"表达"。所以叶圣陶先生说，语文"这门课是学习运用语言的本领的"②。运用文本语言表达应该成为语文训练的重点。心理学家朱智贤认为："在儿童言语发展过程中，有很多积极词汇（或称主动词汇），即既能理解又能运用的词，也有一些消极词汇（或称被动词汇），即或者对词义不十分理解，或者虽然有些理解但不能使用的词。教育的任务，就在使消极词汇不断转化为积极词汇。"③ 现代语言学家认为，完整的语言学习过程应该由语言的"输入"（理解、记忆）和语言的"输出"（表达）两个环节构成，"语言输出并不仅仅是语言能力的运用和表现，而且也是语言学习不可或缺的一环。……如果没有语言输出，而要真正掌握一门语言是不可能的。"④ "语言的获得，不仅需要习得者广泛地接触语言材料，而且还要直接使用这些语言材料参与交际，使接触性的语言材料通过说明、证实、修正、重新组织等交际手段变成可理解的语言材料。"⑤ 这里所说的"接触性语言材料"，其实就是那些已经积累但是不能运用的"消极词汇"；"可理解性材料"，是指那些会运用的"积极词汇"。

① 张国扬、朱亚夫. 外语教育语言学［M］. 南宁：广西教育出版社，1996：122.
② 叶圣陶. 叶圣陶论语文教育［M］. 郑州：河南教育出版社，1986：192.
③ 朱智贤. 儿童心理学［M］. 北京：人民教育出版社，1980：16.
④ 李海林. 语言能力的心理模型及教学策略［J］.《中学语文教学参考》，2004（2Z）：14.
⑤ 张国扬、朱亚夫. 外语教育语言学［M］. 南宁：广西教育出版社，1996：126.

要实现这一转化，就必须直接使用这些语言材料参与交际，使接触性的语言材料通过学生思维的加工组织等手段，变成可理解的语言材料。

四、语文训练的重点是语言表达

语文训练包括三个维度，然而在实际教学中不能平均使用力量，必须依据儿童认识水平和语言学习规律来平衡各年龄段训练重点。我国传统语文教育重视多读多背，明显地将语言积累训练放在首位。因为读经教育是一种以文言文为目标语的书面语文教育，相对儿童生活中使用的口语有着很大的差异，因此没有大量文言文材料积累，不可能形成文言文语感和写作能力。古代蒙学教育充分强调童稚记性强的优势，在未成年时大量诵读规定的经典，在理解上采取"书读百遍，其义自现"的策略，提倡学生熟读成诵，自读自悟，只求初知大义，不求"博综精研"经典的微言大义。这种以积累为重点的语文教育尽管有种种缺陷，但符合文言文学习规律。现代人尽管对这种方法有诸多非议，但也很难设计出更佳的教学文言文的方法。

现代语文教育的目标语是白话语文，传统的以积累背诵为重点的文言文训练方式，显然不适应白话语文的教学。白话文课文语言和内容都接近儿童生活，因此读懂文本大义并不困难。这样的课文怎么上？许多教师采用的"分析讲解式"或"感悟式"教学。其目标没有停留在读懂文本大义，而是追求对文本背后思想情感的深层感悟和人文精神的审美体验，而这种感悟体验是没有边际的，并且带有浓烈的文学鉴赏的阅读倾向。其实提高学生阅读能力可以有两种路向，一种是着眼于文本难度的不断加深：幼儿读物—少儿读物—成人读物—专业读物，学生的阅读能力随着文本难度的提高而不断提高。还有一种路向是不断加深同一个文本理解深度，一部《红楼梦》，少年时代读和青年时代读理解深度不一样，到了暮年再读，又会读出另外一种境界。小学阅读训练毫无疑问应该坚持前一种路向，训练学生从不会阅读到会阅读，从不熟练阅读到能够熟练阅读，从阅读少儿读物到会读成人读物。因为学生对文本感悟的深度受到生理成熟、认知水平和人生阅历等多种因素制约，与成熟教师的感悟不是同一个境界。让年幼的小学生读出成熟教师的"感悟"，不仅是拔苗助长的行为，而且会扼制学生的阅读兴趣。传统语文教育阅读经典只是要求"初知大义"，不提倡"博综精研"深层涵义，这符合儿童认知特点，因为儿童"悟性未开"；现代白话文教育因为"初知大义"不难，因此而将"博综精研"文本的微言大义作为阅读训练重点，其实不符合儿童年龄特点和认知规律，因为"悟性未开"是古今儿童共同的认知特点，并不会随目标语的改变而改变。现代白话文教学以深层涵义"理解"为重点的语文训练，相比以"积累"为重点的传统语文训练并没有明显优势，反而使得语文教育水平有所降低，并导致学生语言不过关，因而理所当然地受到教师乃至社会各界的批评和质疑。

纵观世界各国，以"表达"为重点是大多数发达国家母语教学的共同倾向。日本"国语课"非常明确地认定国语教育首先是言语教育，其首要任务是培养学生的表达能力，坚持从言语教育的立场出发的国语教育①。美、英、法等国家在其制定的课程标准一类的文件中也大多以表达为重点。美国英语课程用于英语知识学习和表达、阅读练习的时间大致为2：4：4，语言知识的运用和口头、书面表达训练是英语课的主要教学内容，而阅读课是让学生到图书馆自己读书，教师只进行一些阅读方法策略的指导。俄罗斯母语课程分为"俄语"和"文学"，其小学阶段是以"俄语"课为主，并且文学课也承担很重的口头和书面表达训练的任务。当然，汉语文教学有其独特性，汉文字是表意文字，中华民族的思维方式与西方国家也有很大的区别，因此照搬外国语文教学方式是行不通的。但是我们也应该认识到，古今中外儿童的心理特点和语言学习规律有许多是相通的，国外语文教学中确有不少有益经验值得借鉴。

综观我国的语文课程，课堂教学中大量时间耗费在文本解读训练上，挤压了用于表达（说话和写作）训练的时间和空间。以文本解读为重点的语文训练不符合儿童认知特点和现代语文学习规律。但是现代语文教育不能也不应该简单回归"积累为重点"的传统语文教育方式。语文作为一种社会交际工具，其核心功能在于能够熟练"运用"；学生语文能力过关的

---

① 付宜红. 日本语文教学研究［M］. 北京：北京师范大学出版社，2003：20.

主要标志也是能够熟练地运用语言进行口头和书面交际;"语文"课程名称的含义就是"口头语言"和"书面语言"。因此我认为:语文教学不能忽视阅读训练,但是以阅读为重点不是现代语文教学的最佳方式,现代语文教学改革的方向应该以口语和书面语的"表达"训练为重点。

五、语言表达训练的方法

当下语文课教师面对的是一篇篇课文,读懂文本内容,感悟人文涵义,是语文教学的基本要求,也是表达训练的提前和基础。提倡语文课以表达为重点,并不意味着取消语文课的阅读理解训练,而是提倡合理配置课堂内"理解"训练和"表达"训练的比例,增加口头或书面表达活动时间。其最有效的方法无疑是结合课文阅读设计各种言语表达的话题,让学生在表达过程中加深对课文思想内容的理解,促进学生对课文语言的积累,使理解和表达、积累和表达获得双赢或多赢。结合课文阅读设计说话写话练习,对广大语文教师而言并不新鲜,大凡语文教师都自觉或不自觉地设计过,并且有着丰富的经验。常见方式有如下几种。

1. 复述课文

不少教师认为复述课文只是机械重复课文内容,价值不大,其实这完全是对复述功能的误解。记忆心理学家通过实验发现,对于人的大脑来说,"复述"是让短时记忆变成长时记忆的一把钥匙。复述时如果加入了主观的理解,并将新的信息与以往信息相联系,这样的精细复述更有利于提高记忆的保持量。所以和背诵相比,复述更有利于大脑的长时记忆。许多国家的语文教学都非常重视"复述",甚至将"复述"作为阅读教学过程中不可或缺的环节,读完课文一定要让学生复述课文内容。因为复述不仅仅是一种练习说话的方式,更是一种促进书面语言长时记忆的途径,扩大学生语言内存的有效手段。学生复述时使用的词句,都是从课文中撷取来的,这些词句在学生以后的表达中出现的可能性将会大大增加。

2. 运用规定的词语描绘情境

比如，教学《旅行家树》这篇课文第一段，要求学生运用"美丽、华丽、秀丽、青翠、优雅、清幽"等词语，描绘旅行家树给建筑物带来的美丽。这是一种尝试运用多个词语描绘规定情境的表达练习。由于内容是给定的，所以学生可以将全部注意力集中在这些词语的组织运用上：如何把给出的词语尽可能多地组织到自己的话语中，如何把话说清楚、说连贯、说通顺。

3. 创设情境说话（写话）

创设情境说话（写话）也就是利用课文生成合适的情境让学生说话（写话），这是阅读课上教师最常用的一种表达训练的方式。比如教学《鸟的天堂》，教师要求学生把描写大榕树的勃勃生机这一节背诵下来，然后创设情境：以一只飞来的仙鹤，发现了这株美丽的南国的树，你将怎样召唤你的亲人、朋友来此安居乐业？请你变成那一只仙鹤，写一段能打动人的话。提示：可以学着用文中巴金的话来写，也可以用自己的话来写。这个写话训练就是基于课文情境设计的。首先，所写话题是依据课文内容生成，能够让不同程度的学生都有内容可写，能力强的学生可以写几方面的特点，能力差些的学生写出一方面的特点肯定也不会感到费劲。其次，课文语言可以为学生写话提供很大的支持。写话练习之前先让学生背诵课文片段，然后依据课文语言重构话语表达自己的思想。这样的言语表达活动能够促进课文语言的内化，并且有效地提高学生言语表达的质量。第三，将写话人的身份确定为一只发现"鸟的天堂"的仙鹤，比较能够激发学生写话的兴趣，并且对培养学生想象能力也非常有利。最后，整个写话过程也是进一步加深学生对课文内容理解的过程，学生要写好这段话，必须主动、深入地理解课文的思想内容，将自己阅读课文时获得的感悟重新加以整理，以表达来促进理解，读写相得益彰。

4. 答问练习

这几乎是每堂阅读课上不可缺少的练习。只是很多教师重点追求的是问题答案的正确，而不是问题语言表达的正确。如果能够将后者作为训练目标，要求学生对答问的言语正确组织和连贯表达，并适当给予指导，那么这类表达练习对学生熟练地组织话语，连贯地表达思想，都是一种非常好的训练。比如，教学《第八次》，教师在精读课文时围绕"布鲁斯是个怎样的人"展开讨论，让学生一段段朗读，一段段体会交流，从指导过程看，教师将文本分解为对某一句子或段落的解读，学生接受的只是对只言片语的感悟，而不是对文本整体的理性思考，降低了思维难度；其次学生对布鲁斯品质的表达也仅仅是一个个词、短语或短句。学生虽然最终明白了布鲁斯"热爱祖国、坚持不懈、敢于抗争"等品质。但是除此之外，收获有限。因为教师追求的是理解布鲁斯的品质，然而语文课的追求不在于结论，而是在于获得结论的方法或途径，重在结论获得过程中学生思维品质和表达质量的提升：原来只能概括一点品质，经过指导可以概括出两个甚至三个；原来只会用一个词语或一句短句表达，经过训练能够将几句话前后联系起来完整连贯地用一段或几段话表达。语文课的价值诉求不能停留在问题答案的正确，更应该体现在问题表达言语质量的提高。

决定一堂课学生收获的大小，关键不在教师对文本解读的深度，而是取决于教师所设计的语文表达活动的有效性和学生的参与度。当下语文课教师面对的是一篇篇课文，文本解读是显性任务，而每篇课文表达训练，往往需要教师自己去揣摩、去确定、去添加，这就给语文课的表达训练平添诸多障碍。但教师如果能够提高语文训练意识，正确处理好阅读训练和表达训练的关系，并且坚持以表达为重点开展教学，那么就能创造出丰富多样的行之有效的表达训练方法，这对提高学生语文能力将会产生积极的效果。长期难以解决的中小学生"语文不过关"瓶颈问题或许就能迎刃而解了。

第五章

教材研究

阅读导语

　　白话文语文教材主要采用的是文选型编写方法，语文教学内容缺乏科学性和连贯性，这是长期困扰语文教材编写和语文教学的重大问题。自20世纪50年代开始，语文学界对教学内容科学化的探索一直没有停止过。《语文教学内容科学化的三次探索》，详细介绍了中华人民共和国成立以来我国语文教材和课程标准（教学大纲）中呈现的对教学内容科学化的三次探索。第一次探索是1956年进行的汉语文学分科教学，当时的《小学语文教学大纲》强调语文课应按照语言知识的规律进行教学，并且详细规定了各年级汉语教学的具体要求。尽管这次改革时间很短，但是对推进语文教学内容的科学化起到了实质性的作用。第二次探索是1978年以后人民教育出版社出版的小学语文课本以读写例话的形式，有计划地有重点地编排了语文基本功训练项目，明确了每个年级阅读与写作的教学内容，指导学生掌握阅读与写作的方法。这次探索延续了二十多年，并且延续至今，在现代语文教学史上留下了浓墨重彩的一笔。第三次探索就是现行统编语文教材，改变了以往单纯以人文主题或以语文知识、读写方法为主线的教材编排体系，采用"人文主题"和"语文要素"双线结合的方式编排教材。这样的编写思路既有继承，又有发展，不是对以"人文组元"教材编写思路的简单否定，也不是对前两次语文教学内容探索的全面颠覆，而是"守正创新"，因而更加符合教材编写的规律，也容易为广大教材使用者接受。统编教材中单元语文要素从三年级开始出现，一直延续到六年级。四个年级8册教材，在单元导语中共出现阅读要素68个，习作要素63个。这么多语文要素如何梳理清楚它们的前后联系，如何在教学中突出重点，落实到位？《统编教材中年段语文要素解读》《统编教材高年段语文要素解读》两篇文章，分别依据语文课程标准的年段目标，将中年段36个阅读要素和高年段32个阅读要素进行分类解说。指出从提升学生语文核心素养的角度看，教材中的诸多语文要素所能发挥的作用并不相等，不能平均使用力量。特别是一些对学生良好阅读习惯形成关系密切的语文要素，不是通过一个单元学习或者几篇课文教学就能掌握，必须经过反复实践才能真正掌握，最终形成良好的阅读习惯。

语文教学内容科学化的三次探索

　　20 世纪 20 年代开始，我国语文教材从文言文改为白话文编写，揭开了现代语文教学新的一页。白话文语文教材主要采用的是文选型编写方法，注重教材的选文质量，但是篇目之间缺少内在的语文知识体系，序列性差，使得语文教学内容缺乏科学性和连贯性，这是长期困扰语文教材编写和语文教学的重大问题。因而追求语文教学内容的序列化，使其形成科学、合理的结构体系，一直是语文课程与教学论专家和语文教材编写者研究的热点。

　　现行统编语文教材改变了原来语文教材按人文主题组织单元的方法，采用双线组织单元，每个单元安排人文主题和语文要素，其中语文要素明确呈现了各单元语文知识、能力及方法策略等方面的教学内容，前后联系，循序渐进。有教师认为统编教材化解了语文课教什么的一大难题，这是统编语文教材的一大亮点，也是我国语文教材编写的创新。说"亮点"固然不错，论"创新"未免言过其实。因为自 20 世纪 20 年代白话文语文教学开始，语文学界对教学内容科学化的探索一直没有停止过，统编教材推出的中高年段系列化的语文要素，是现代语文教材编写史上对语文教学内容科学化的第三次探索。本文着重介绍 20 世纪 50 年代以来我国语文教学内容科学化的三次探索，并对其作适当评价。

第一次：汉语、文学分科教学（1956—1957）

　　1956 年，我国语文教学进行了一次重大的改革——汉语、文学分科教学。这次改革从 1952 年成立"语文教学委员会"开始筹备，到 1956 年编写出大纲教材，整整准备了 5 年。据当时参与人教社教材编写的蒋仲仁先生回忆：50 年代初学习苏联，语文教学也从学习苏联中得到启发。苏联语文课本从小学起就选读许多伟大作家的作品，如普希金、托尔斯泰、果戈理、屠格涅夫、契诃夫、高尔基等，而我们的课本显得那么单薄、贫乏、干瘪。以小学为例，苏联小学 4 年读 2 套课本，阅读课本和俄语课本，光阅读课本译成汉文就是 70 多万字。我们小学 6 年，整套课本才 20 多万字。一比较就看出我们语文教学有缺点，这些缺点影响语文教学质量的提高。

当时教育界认为中华人民共和国成立后语文教学虽然取得一定的成绩，但存在着"目的和任务不明确""缺乏系统性和计划性""缺乏科学的教学法"等缺点，因此决定在中学实行"汉语""文字"分科教学，并制订编写了大纲和教材，在全国推行。这次改革在小学阶段提出了《改进小学语文教学的初步意见》，概要如下：

1. 识字教学是小学低年级语文教学的重点；

2. 阅读教学中，除文学教学之外，还要学社会和自然的普通文章；

3. 要把词汇、语法、文章的一些规律性基本知识按儿童学习的要求作适当的安排，强调从语言实践来认识规律，应用规律。

其中的第 3 条改进意见特别强调语言知识和规律的教学。1956 年颁发的《小学语文教学大纲（草案）》认为"发展儿童语言的工作是从两方面进行的：一是教儿童从语言的丰富的表现方面学习；一是教儿童从语言的规律方面学习"。因此，这部"大纲"将汉语教学与阅读、作文、识字等并列，作为语文教学的一大任务，并且详细规定了各年级汉语教学的具体要求。"汉语"教学要求是从语音、词法、句法、标点符号四个方面提出，比如五、六年级汉语词法和句法教学要求如下。

汉语（每学年 68 课时）

二、词法

（一）词。单音词与多音词。词与名称。

（二）词类。

（三）名词。方位词。加在名词前边的定语。

（四）代词。人称代词。疑问代词。指定代词。

（五）数量词。

（六）量词。物量词。动量词。

（七）动词。趋向运词。能愿动词。判断词。动词的宾语。加在动词前边的状语，加在动词后边的补语。

（八）形容词。加在形容词前边的状语，加在形容词后边的补语。

（九）副词。

（十）介词。介词结构。

（十一）连词。

（十二）助词。结构助词。时态助词。语气助词。

（十三）感叹词。

（十四）常见的构词法（包括四个字的成语的结构）。在阅读的时候能够利用构词法的知识来理解课文里的词语。

（十五）词与词的结合：哪一类词可以跟哪一类词配搭，配搭时的词序。

（十六）各种主要的词级及其形式上的标志。

三、句法

（一）句子。句子的成分：主语、谓语、宾语、补语、定语、状语。

（二）由主语谓语两部分构成的简单句。

（三）动词做谓语的句子。宾语，双宾语。

（四）"把"带头的谓语。"连"带头的谓语。

（五）主动与被动。

（六）复杂的谓语。

（七）形容词做谓词的句子。

（八）名词做谓语的句子与判断词。

（九）肯定与否定。

（十）句子里的顿号和连词。

（十一）只有一部分的句子：无主句，单词句。

（十二）陈述句。句号。

（十三）疑问句。问号。疑问与肯定否定。

（十四）祈使句。感叹号。

（十五）感叹句。感叹号。

（十六）复句。

（十七）不用列举的或对举的词，也不用连词组合的复句。

（十八）用列举的或对举的词（数量词、方位词、代词、趋向动词、形容词等）组合的复句。

（十九）用连词组合的复句。

这部大纲将汉语与识字、阅读、作文并列作为语文教学内容，可以说是前无古人后无来者的举措。仔细分析如此具体而又详细的十六条词法教学要求和十九条句法教学要求，远超现行语文课程标准第四学段的要求，有些甚至是大学中文系汉语教学要求。与此相适应，这部大纲还专门规定了各年级汉语的教学课时，五、六年级每学年有 68 课时，而五、六年级作文课时数也不过 68 课时。与此同时，人民教育出版社还根据中小学语文教学大纲同步试编了中学"汉语""文学"分科教材，小学语文教材没有分科编写，而是专门编写了语文练习册。

汉语、文学分科教学是中华人民共和国成立以后在教育行政部门直接领导下的一次有组织、有计划、大规模开展的语文课程改革试验，这次改革在小学阶段的最大特点就是重视汉语知识教学，可以说这是在探索语文教学内容科学化的路上迈出的第一步。但由于中苏关系急剧恶化，加上教材本身存有缺陷等各种复杂原因，这次试验到 1957 年下半年就夭折了。

这次探索本身确实存在不少问题。第一，中学文学教材按文学史系统从古到今编排，太偏重文学要求，且教材分量过重，要求偏高，学生难以掌握。第二，汉语课本按语言知识体系编排，偏重词法、句法静态知识教学，缺乏在动态语境中语言运用的训练。这样学习语文知识，难以直接指导语文运用实践，而且很容易将语文课上成语文知识课。第三，大部分教师对如何用好汉语、文学分科编写的教材，在专业知识储备和教学方法运用上一时都难以适应。由于上述原因，故而教学大纲中有关汉语教学的要求其实并没有真正在小学语文教学实际中贯彻落实。

尽管这次改革时间很短，但是对推进语文教学内容的科学化起到了实质性的作用，语文教学中要有计划、有步骤地学习语文知识，这一观念在广大教师的思想中扎下根来，并一直影响到现在的中小学语文教学。此外，这次探索对提高语文教学质量以及学生的学习兴趣，对提高和完善语文教师的专业知识，提升教学能力，对推广汉语拼音方案和普通话，都起到了一定的促进作用。

第二次：加强语文基本功训练（1978—2000）

1978年秋季，教育部颁发了《全日制小学语文教学大纲（试行草案）》，并在全国范围内开始使用由人民教育出版社出版的全国通用五年制小学语文课本，使全国小学语文教学有了统一的大纲，统一的教材。小学语文教学改革进入了一个新的历史时期。广大小学语文教师在课堂教学中，狠抓"双基"，在短短几年中使语文教学质量迅速提高。随着改革开放国门打开，国人面对"知识爆炸"的年代，深刻认识到如果我们还停留在60年代抓基础知识、基本训练的水平上，那么就会被迅速发展的世界性教育改革的浪潮甩得更远。广大小学语文教学工作者遵循邓小平同志提出的"三个面向"的指示，围绕着"加强基础，培养能力，发展智力"展开了深入的研究。一致认为掌握学习的方法规律，是提高学生学习能力的重要手段。传统语文教学重视教师的教，忽视学生的学，侧重于教法研究，忽视对学生学习方法的研究。语文教学改革必须转变观念，重视学生学习方法规律的研究。语文学科要结合课文，循序渐进地进行阅读基本功训练，努力提高学生的自学能力。

1978年秋季推出的人民教育出版社出版的全国通用五年制小学语文课本，以及1982年在五年制教材基础上修订编写的六年制小学语文课本，其共同特点就是以读写例话的形式，有计划地、有重点地编排了语文基本功训练项目，用来帮助学生理解读写基本功训练的要求和方法。并且以读写例话为重点训练项目，贯穿讲读课文、阅读课文、独立阅读课文，组成一个个整体，明确了每组课文的教学内容。低年段重点是识字学词和学习普通话，着重进行字、词、句等语文基础训练，因此不专门编写读写例话。从中年级开始适当进行段的训练，学习给课文分段，概括段意，掌握课文的主要内容，重视朗读训练，开始命题作文的训练。高年级着重进行篇的训练，加速培养读写能力，以句段训练为基础进行篇的训练；培养概括段意、课文主要内容，明确中心思想的能力，进一步加强作文训练。中高年段教材将各年级阅读和写作教学要求分解成一个个训练项目，编写成读写例话，进行读写基本功训练；教材还有计划编排了观察、思维等与语文能力有关的其他若干个基本功训练，发展学生智力，培养语文能力。

原国家教委于1992年颁发了《九年义务教育全日制小学语文教学大纲》，人民教育出版社也于1993年秋季开始陆续出版小学语文教材"修订本"。这套教材广泛吸收了十多年来小学语文教学改革的经验，并在继承的基础上有所创新，但在教材总体设计上还是坚持了语文基本功训练的思想，努力实现语文基本功训练的整体优化。中高年级仍然是以重点训练项目为核心组织编写教材，重视读写基本训练，加强读写能力培养。中高年级教材改革的基本点是加强读写训练项目的科学性和计划性，使读写序列更清楚，坡度更加平缓，有利于培养学生的自学能力。下面是人民教育出版社六年制小学语文教材1986年和1992年两个版本编写的读写例话题目：

册数	1982年六年制语文教材	1992年六年制语文教材
第七册		练习给课文分段
		留心周围的事物
		归纳段落大意
		围绕一个事物写好片段
第八册	怎样读懂一篇课文	一边读一边想
	注意观察周围事物	一要真实，二要具体
	一边读一边想	抓住课文的主要内容
	一要真实，二要具体	注意段和段之间的联系
第九册	抓住课文的主要内容	理清文章的条理
	怎样选择材料	练习编写作文提纲
	文章的段落	注意事物的联系
	详写和略写	按一定顺序写
	领会文章的中心思想	分清课文主次
	中心要明确，段落要分明	详写与略写

续　表

册数	1982 年六年制语文教材	1992 年六年制语文教材
第十册	理清文章的条理	怎样读懂一篇文章
	按事情发展的顺序写	注意积累材料
	静态和动态	从内容中体会思想
	注意事物的联系	抓住事物的特点写
	分清事情的前因后果	练习概括中心思想
	前后照应	写文章要求中心
第十一册	主要的和次要的	阅读要有一定速度
	突出重点，分清主次	认真修改自己的作文
	分辨事物和联想	了解人物的内心活动
	展开丰富的想象	事物的静态和动态
	外表和内心	体会课文的思想感情
	抓住人物的特点	表达自己的真情实感
第十二册	文章里的思想感情	分辨事物的联想
	真情实感，恰如其分	展开合理的想象
	注意文章的细节	分清事情的前因后果
	观察要细致	前后照应，首尾连贯
	注意当时当地的情况	
	抓住要点，考虑周到	

　　比较 1982 年和 1992 年六年制语文教材中的读写例话，我们发现有几点区别：一是 1982 年课本从第八册开始编写读写例话，而 1992 年课本从第七册开始编写，提前了一个学期。二是 1982 年和 1992 年课本四年级每册编写读写例话 4 个，五、六年级每册 6 个（1992 年版十二册 4 个）。三是两个版本读写例话的总量分别为 28 个和 30 个，后一个版本提前一册编写读写例话，但总量只增加 2 个。最值得注意的是 1992 年教材编写的读写例话与 1982 年相比在内容上做了约 50% 的大调整，两个版本读写例话题目完全相同的仅 5 个。读写例话前后次序安排也有很大变化，比如"怎样读懂一篇课文"，1982 年版安排在第八册，1992 年版安排在第十册。以上所有这些内容上的调整和排列前后变化，说明人们对阅读与写作方法的认识是动态发展的，需要不断进行修改和完善。

　　20 世纪 80 年代开始的语文教材内容科学化探索，应该可以在现代语文教学史和语文教材编写史上留下浓墨重彩的一笔。这次探索之所以能够延续 20 多年，并且至今仍为语文学界所怀念，主要是因为这次探索在教材编写的总体设计上体现了以下一些特点。

第一，以读写训练项目为核心编写语文教材，将语文教学内容从重视知识传授转变为重视读写方法指导，体现了对语文教学内容认识上的巨大进步，符合语文课程的性质和学生语文学习的特点，是语文课程和教学改革的方向。第二，科学合理设计读写基本训练项目，并且在实践过程中不断调整修改，明确了每册教材的教学内容，形成阅读和写作的方法体系，有效提高了语文教学的效率。第三，读写例话编写中注重阅读与写作的配合，相互促进，密切了阅读与写作的内在联系，有利于学生读写能力协调发展。第四，读写训练项目每学期控制在 6 个左右，数量比较合理，有利于学生学习巩固，不容易造成学生负担加重，也容易为教师接受。

2001 年教育部《义务教育语文课程标准（实验稿）》出台，这部课程标准对语文课程的性质重新进行了界定，强化了语文课程"人文性"特点，注重语文课程对学生的情感、态度、价值观培养方面的价值意义，这当然是不错的。然而这一时期的语文教材编写没有认真总结 20 世纪 80 年代以来语文教材探索的经验和教训，而是重起炉灶，匆匆回到以人文主题组元的教材编写思路，这是非常可惜的。

第三次：双线组合，按单元组织课程内容（2017—   ）

在语文教育改革的进程中，一个时期有一个时期的基本理念：20 世纪60 年代强调打好基础，提出"双基"；20 世纪 70 年代、80 年代强调能力，提出"培养能力，发展智力"；90 年代以后，素质教育的思想渐渐深入人心，强调语文教育要提高学生的语文综合素养。2001 年语文课程标准将全面提高学生的语文素养作为第一条基本理念而凸现出来，成为广大语文教育工作者的共识和不懈追求。

语文素养的内涵十分丰富。它以语文能力（识字、写字、阅读、习作、口语交际）为核心，是语文能力和语文知识、审美情趣、思想品德、行为态度、思维能力、学习方法、学习习惯的融合。语文素养不仅表现为有较强的阅读、习作、口语交际的能力，而且表现为有较强的综合运用能力——在生活中运用语文的能力以及不断更新知识的能力。近年来又提出了语文课程要关注核心素养的培养。《普通高中语文课程标准》（2017年版）提出的语文核心素养主要包括"语言建构与运用""思维发展与提升""审美鉴赏与创造""文化传承与理解"四个方面。同时还进一步指出："四者不是独立的存在，它们之间是相互联系的。语言建构与运用是语文学科核心素养的基础，在语文课程中，学生的思维发展与提升、审美鉴赏与创造、文化传承与理解，都是以语言的建构与运用为基础，并在学生个体言语经验发展过程中得以实现的。"这是目前对于语文核心素养最权威的解释。

最新组织编写的统编小学语文教材突出德育为魂、能力为重、基础为先、创新为上的编写理念，以全面提高学生语文素养为目标，创新教材编排体系，改变传统的完全以阅读为中心的教材编排体系，采用双线按单元组织课程内容，采取"人文主题"和"语文要素"两条线索相结合的方式编排教材内容。"人文主题"重在选文的思想性；"语文要素"重在听、说、读、写基本知识和能力。以宽泛的人文主题将单元课文组织在一起，将语文训练的基本要素作为主线、明线，分成若干个知识或能力训练点，由易及难地分布在各个单元。这样的编写思路是对语文教学内容科学化的又一次探索，既有继承，又有发展。双线组元，以语文知识和能力训练点为教学的基本要素编排教材体系，将语文知识教学和读写方法指导有机地结合起来，不是对以"人文组元"教材编写思路的简单否定，也不是对前两次语文教学内容探索的全面颠覆，而是"守正创新"，吸收既有各种版本的优点，这样的教材编写理念会更符合教材编写的规律，也更加容易为广大教材使用者接受。

统编小学语文教材是怎样以"双线组织单元结构"编排教材内容的？我们以四年级上册教材中编排的人文主题和语文要素为例做简单说明。

单元	人文主题	语文要素
一	自然之美	1. 边读边想象画面，感受自然之美。 2. 向同学们推荐一个好地方，写清楚推荐理由。
二	学贵有疑 （策略单元）	1. 阅读时尝试从不同角度去思考，提出自己的问题。 2. 写一个人，注意把印象最深的地方写出来。

续　表

单元	人文主题	语文要素
三	留心观察	1. 体会文章准确生动的表达，感受作者连续细致的观察。 2. 进行连续观察，学写观察日记。
四	神话故事	1. 了解故事的起因、经过、结果，学习把握文章的主要内容。 2. 感受神话中神奇的想象和鲜明的人物形象。 3. 展开想象，写一个故事。
五	习作单元：把一件事情写清楚	1. 了解作者是怎样把事情写清楚的。 2. 写一件事，把事情写清楚。
六	童年生活	1. 学习用批注的方法阅读。 2. 通过人物的动作、语言、神态体会人物的心情。 3. 记一次游戏，把游戏过程写清楚。
七	家国情怀	1. 关注主要人物和事件，学习把握文章的主要内容。 2. 学习写书信。
八	古代故事	1. 了解故事情节，简要复述课文。 2. 写一件事，能写出自己的感受。

　　全一册教材共八个单元，每个单元都有一个宽泛的人文主题和若干个语文要素。比如第六单元，在单元导语中点明人文主题和语文要素：人文主题是"多彩童年"；语文要素有两个，一是"学习用批注的方法阅读"，侧重于阅读方法学习，二是"记一次游戏，把游戏过程写清楚"，侧重于习作方法学习。这个单元的三篇课文《牛和鹅》《一只窝囊的大老虎》《陀螺》记叙的都是童年生活中有趣的故事。三篇课文的练习题目都是围绕单元语文要素"学习批注"设计的，第一篇课文要求"结合文中的批注，思考从哪些角度批注"，第二篇是"在不理解的地方批注"，第三篇则是"在体会比较深的地方批注"，围绕着语文要素学习批注，一步一步为达成这个单元的重点目标服务。这个单元语文园地中的"交流平台"栏目对"批注"进行梳理总结，进一步提炼方法。整个单元的课文与课文，课文与习作，课文与语文园地，都有密切内在关联，体现了教材编排的层次性。

　　统编教材以"双线组元"的创新思路编写语文教材，既克服了按语文知识为主线或以学习方法为主线编写语文教材的弊端，也不单纯强调按照人文主题组元编写教材，而是将全面提高学生语文素养作为教学目标，围绕人文主题选择课文内容，依据语文知识和能力训练点为教学的基本要素构建教材的教学内容体系。这样就非常自然地将情感态度价值观教育与语文知识教学和读写方法指导有机地结合起来，很好地体现了语文课程人文性和工具性相统一的特点，并且能够十分鲜明地凸显语文课程是学习母语课程的性质特点。

统编教材以语文要素的形式明确呈现出每个年级、每个单元的语文知识、语文能力和语文方法策略教学点，改变了以往语文教材只提供课文内容，而每篇课文或每个单元应该教哪些语文知识或语文方法策略，主要靠教师个人经验自行选择确定的不正常现象，在探索语文教学内容科学化道路上前进了一大步，这是值得肯定的。

需要研究的关键问题可能是语文要素如何提炼、各年级语文要素如何编排更加合理，更加科学。首先，教材呈现的语文要素应该是小学生必须并能够掌握的，并且对其终身语文学习起重要作用的语文知识或方法策略。相比原来人教版教材中的读写例话，统编教材的有些语文要素提炼得相当不错，比如第七册中的"边读边想象，感受自然之美""阅读时尝试从不同角度去思考，提出自己的问题""学习用批注的方法阅读"等，掌握了这些阅读策略，可以为学生语文素养提高奠定坚实的基础。但是也有些语文要素对学生语文素养提高似乎难以起到实质性的作用，比如"通过人物的动作、语言、神态体会人物的心情""感受神话中神奇的想象和鲜明的人物形象"等，既不是阅读策略，也谈不上什么语文知识，将其作为语文要素是否勉强？其次是语文要素的数量，需要有总量控制。20 世纪80 年代全套教材读写例话最少 32 个，最多 40 个，现行统编教材语文要素超过 120 个，增加 3 倍多；每册教材安排多少语文要素合适，20 世纪 80年代每册只有 4~6 个读写例话，统编教材每册有 16 个甚至 20 个，增加幅度也过大。从实践情况看，语文要素增加与教学效率提高不是一回事；而且造成教学中师生疲于奔命赶进度，打一枪换一个地方。有些语文要素是语文知识，比如认识童话的特点，学生通过一个单元几篇课文学习就能完成；但是有些语文要素是学习方法或阅读策略，不仅要认识，更要求学生学会并且运用，这就不是一个单元能够完成的。比如写批注，认识批注只需要一个单元，但要学会并成为自动化的阅读行为，可能需要几个单元甚至数个学期反复操练。因此一个学期究竟安排多少语文要素很值得研究。

20 世纪 50 年代编写五年制通用教材，每册安排 8 个读写例话；经过 5 年实践检验，到编写六年制教材时每册读写例话减少至 6 个，1992 年修订时每册仍然维持在 6 个。而且编写时还强调阅读例话与写作例话配合，这样每册新出现的读写知识点其实只有 3~4 个，这样对学生学习读写方法是否更加有利？

统编教材中年段语文要素解读

　　统编小学语文教材从三年级开始，采用了"双线组元"的教材编写方式。所谓"双线组元"，就是按照人文主题和语文要素这两条线索组织单元教材。每个单元都在引导页中提示了这个单元的人文主题和语文要素。"语文要素"这个概念一经提出，就引起了小学语文教育界的广泛关注。

　　什么是"语文要素"？最权威的说法来自温儒敏先生的解释：将"语文素养"的各种基本"因素"，包括基本的语文知识、必需的语文能力、适当的学习策略和学习习惯，以及写作、口语训练等，分成若干个知识或能力训练的"点"，由浅入深，由易及难，分布并体现在各个单元的课文导引或习题设计之中。① 温儒敏先生认为：这一个个"知识或能力训练的'点'"，就叫作"语文要素"。它是语文素养的各种基本"因素"。

　　统编教材中单元语文要素从三年级开始出现，一直延续到六年级。主要包含"阅读要素"和"习作要素"，其他诸如词法、句法、修辞、标点符号等语文基础知识以及口语交际方法策略等，则分散在教材的其他部分。四个年级8册教材，在单元导语中共出现阅读要素68个（其中6个单元提出两个阅读要素），习作要素63个（其中1个单元提出两个习作要素）。本文对照语文课程标准中年段阅读教学目标，对中年段36个阅读要素进行解说。

　　语文课程标准第二学段提出9条阅读教学目标：1. 用普通话正确、流利、有感情地朗读课文。2. 初步学会默读，做到不出声，不指读。学习略读，粗知文章大意。3. 能联系上下文，理解词句的意思，体会课文中关键

---

　　① 温儒敏. 部编义务教育语文教科书的七个创新点［J］.《小学语文》，2016（9）.

词句表达情意的作用。能借助字典、词典和生活积累，理解生词的意义。4. 能初步把握文章的主要内容，体会文章表达的思想感情。能对课文中不理解的地方提出疑问。5. 能复述叙事性作品的大意，初步感受作品中生动的形象和优美的语言，关心作品中人物的命运和喜怒哀乐，与他人交流自己的阅读感受。6. 诵读优秀诗文，注意在诵读过程中体验情感，展开想象，领悟诗文大意。7. 在理解语句的过程中，体会句号与逗号的不同用法，了解冒号、引号的一般用法。8. 积累课文中的优美词语、精彩句段，以及在课外阅读和生活中获得的语言材料。背诵优秀诗文 50 篇（段）。9. 养成读书看报的习惯，收藏图书资料，乐于与同学交流。课外阅读总量不少于 40 万字。

这 9 条教学目标大致可以概括为四个方面：一是学会朗读、默读课文，学习略读；二是读懂、理解文章，借助各种方法理解词句意思，初步把握文章主要内容，体会思想感情，有自己的阅读感受；三是掌握阅读策略；四是其他能力的培养。对照语文课程标准中第二学段阅读教学目标，我们将统编教材三、四年级教材中 36 个阅读要素进行分类解说。

一、学会阅读的方法

1. 正确流利朗读

统编教材中没有将朗读作为单独的语文要素提出，但几乎每篇课文习题中都有朗读课文的要求，充分说明朗读是每篇课文教学的基本要求，每篇课文都应该读懂、读熟。语文教师都知道朗读是最基本最重要的阅读方法，因此一般都很重视朗读，但并非都清楚地认识朗读的主要功能。不少教师仅仅把朗读视作是理解课文的手段，这就错啦！其实朗读最主要的功能是积累语言经验，形成语感。如果仅仅是理解课文内容，那么采用默读效果更好；如果是要学习课文语言，培养规范的语言习惯，那就非朗读不可，而且必须反复读、读得滚瓜烂熟，才能真正将课文语言转变成自己的语言，才能形成语感。其次，正确流利地朗读是默读的基础，是每个学生必须掌握的基本技能。课文读不流利，读得结结巴巴，疙疙瘩瘩，说明认读技能不熟练，看到文字符号不能即刻转变成意义理解，时间上总是滞后一两拍，这就会给阅读能力发展留下隐患。熟练的认读技能只有靠学生自身大量地认读实践（朗读）才能获得。因此掌握熟练的朗读技能，应该是对每个低学段学生的基本要求，必须是人人过关。然而语文教师都知道，即使到三年级，总是有部分学生（并非个别）不能做到正确流利地朗读，说明认读技能不熟练，这部分学生其实就输在了起跑线上。再次，很多语文教师都很重视感情朗读指导，特别是在公开课上，往往将它作为重点。其实课程标准提出"正确、流利、有感情"朗读应该分为两个层次："正确流利"是一个层次，小学生必须人人过关，这是保底要求；"有感情"是第二个层次，是上不封顶的要求，因为无论教师如何指导，只有少部分学生能够达到——即使到了成年能够有感情地朗读的人也不会太多。这一点语文教师必须想明白。

2. 默读

默读即"无声视读法，是汉文快读最根本、最重要的一种读书方法"[1]，也是最有价值的阅读方法之一。朗读是有声阅读——眼、脑、口、耳四种器官一同参与，有利于语言的输入，语言运用经验的积累。好处很多，但也有缺点："一是阅读速度相对较慢；二是不利于思考。默读省去了口耳参与，眼脑直接相通，省时快捷，一般认为默读速度相比朗读可提高约3倍"[2]，并且有利于思考。因此语文课程标准从二年级开始要求"初步学会默读，做到不出声，不指读"。统编教材三年级以后没有将默读作为语文要素单独提出，而是将默读和阅读策略学习和能力训练有机地结合在一起。比如三年级上册第4单元：一边读一边预测，顺着故事情节去猜想；三年级下册第10单元：试着一边读一边想象画面；四年级上册第5单元，边读边想象画面，感受自然之美；四年级上册第6单元，学习用批注的方法阅读；等等。这些语文要素中的"读"或"阅读"，都是要求学生通过默读的方法学习各种策略，提高语文能力，都可以视作默读能力的

---

① 曾祥芹. 阅读学新论 [M]. 北京：语文出版社，1999：360.
② 曾祥芹. 阅读学新论 [M]. 北京：语文出版社，1999：360.

训练。

3. 略读

指快速阅读文章以了解其内容大意的阅读方法。略读时读者可以有选择地进行阅读，跳过某些细节，以最快的速度抓住文章的大义。略读的用处很多：可用来预习课文，可用于课外阅读，帮助选择自己想看的书。所以略读是非常实用的快速阅读技能。略读也被称作"浏览"或"跳读"。"学习浏览"是语文课程标准第三学段的目标，因此统编语文教材第二学段没有将"略读"作为语文要素提出，而是放在了第三学段和"浏览"合二为一。

二、读懂、理解文章

低年段以识字为重点，认识了大约 2000 个汉字，学生就能自己阅读。中年段开始重点指导学生自学方法，培养独立阅读的能力。三年级开始教材中的单元语文要素对如何读懂、理解课文提出了明确的要求，一步步进行正规的阅读训练。我们将教材中与读懂、理解课文有关的语文要素，分为以下几个方面。

1. 借助各种方法理解词句意思

学生阅读文章，首先遇到的障碍就是文章中不理解的词语，难懂的句子。遇到这样的词语句子怎么办？三年级上册第 2 单元的语文要素提出"运用多种方法，理解难懂的词语"，就是帮助学生学会理解词语的方法。学生在一、二年级学过了"借助图画理解词语""联系上下文理解词语""联系生活经验理解词语"，还学过查字典理解词语。三年级开始要求学生运用掌握的多种方法理解词语，重在多种方法的灵活运用。这不是一个单元能够学会的，应该作为一种自学的常规动作，成为一种阅读的习惯。从三年级这个单元开始，每篇课文理解词语严格意义上都应该由学生自学完成，教师的任务是检查学生自学词语的结果，并且针对学生自学有困难的词语适当做些辅导。通过大量的阅读实践，使灵活运用各种方法理解词义成为学生自动化的阅读行为。

三年级下册第 6 单元语文要素是"运用多种方法，理解难懂的句子"。与理解词语的方法相比较，理解句子的方法似乎很难说得清楚。其实理解难懂的句子，更多是凭阅读经验，比如"我挥一挥衣袖，不带走一片云彩"，衣袖怎么能带走云彩？这违背常理！但是学生如果有诗歌阅读经验，知道这是诗歌语言，是诗意表达，就能理解了，这需要联系自己的阅读经验。句子理解还要靠知识背景，比如"四周围黑洞洞的，怎么会不碰壁"？如果对鲁迅所处时代不了解，没有背景知识的支持，即使掌握一些理解句子的方法，也理解不了这句话的意思。有教师总结理解句子的方法有联系上下文、结合生活经验、想象画面、观察插图等几种，当然有一定道理；但理解难懂句子的关键还是要多读，积累阅读经验，努力扩大学生的知识背景。

2. 借助关键语句理解一段话的意思

从理解词语句子到理解一段话的意思，这是语文教学通常的做法。从培养学生概括能力这方面看，这样的做法可以减缓坡度，降低学生概括的难度。统编教材中涉及理解段意的语文要素有两个，三年级上册第 6 单元要求理解自然段的意思，三年级下册第 2 单元要求概括段意。从理解到概括，要求逐步提高。湖北特级教师刘中林认为，"最近十几年来，段的训练被忽视，造成句与篇训练中间的断裂。恢复段的训练，有利于学生一步一个脚印，从部分到整体把握课文的内容"。统编教材重拾段的训练，应该引起我们的重视。

3. 把握文章的主要内容

读文章不仅要求学生读懂内容，还要能够把握文章主要写什么，这是检验或评价中年段学生阅读课文能力的一个重要指标。中年段教材有四个单元语文要素中出现"主要内容"这个概念，可见教材编写者对读懂、理解主要内容的重视。三年级上册第 8 单元"了解故事的主要内容，复述故事"，是教材中第一次出现"主要内容"这个概念，但只要求认识什么是主要内容。三年级下册"了解故事的起因、经过、结果，学习把握文章的主要内容"和四年级上册第 7 单元"关注主要人物和事件，学习把握文章的主要内容"，提示了把握主要内容的两种方法。四年级下册第 6 单元"学习把握长文章的主要内容"，在交流平台中提出"只要把每个部分主要意思连起来，就能把握课文的主要内容"，提示了把握主要内容的第三种方法。"把握"是抓住、领会，并不要求"概括"，这与课程标准提出的"能初步把握文章的主要内容"完全一致，这是需要注意的，教师无须刻意拔高。四年级下册第 1 单元的语文要素是"抓住关键词句，初步体会课文表达的思想感情"，这是统编教材中第一次出现"思想感情"这个概念。体会课文思想感情是检验高年段学生阅读能力的一个重要指标，四年级教材中只是初步接触，没有深入展开。

三、初步掌握几种最常用的阅读策略

统编教材特别重视语文学习方法策略的指导，中高年级各册教材除专门安排四个阅读策略单元，更多的阅读方法策略是渗透在其他单元的语文要素之中的。按照统编教材设计，中年段学生主要应该掌握以下几种常用的阅读策略。

1. 积累有新鲜感的词句

语文老师都很重视词语教学，教学每篇课文中出现的新词都要积累，这当然不错。但值得积累的词语除课文中规定的，其实还有很多，加上每个学生的词汇量有差异，所以对学生个体而言，一篇课文中值得积累的词语是不一样的。所以积累词语的最好办法不是老师规定，而是让孩子自己去发现，自己找出文章里值得积累的词语。其实更需要重视的是积累有新鲜感的句子，要引导学生发现课文中生动而富有表现力的句子，发现课文语言与自己语言的差异，感受课文语言表达的精彩。中年级教材单元语文要素中安排了不少于三次积累有新鲜感的词句的训练：三年级上册第 1 单元"阅读时，关注有新鲜感的词句"；第 7 单元"感受课文生动的语言，积累喜欢的语句"；三年级下册第 1 单元"体会优美生动的语句"。这三个单元教学重点就是指导学生阅读时主动关注、发现并积累课文中有新鲜感的词语和句子，它的价值不仅在积累几个词、几个句子，更重要的是养成一种积累有新鲜感的语料的习惯。通过这几个单元的学习，引导学生将其作为阅读的策略，延伸到所有语文课文的学习过程中。如果学生从小养成阅读时主动积累、储存文章里有价值的有新鲜感的词句习惯，那么一定会极大地促进语文素养的提高，并且能终身受益。

2. 预测

这是熟练阅读者阅读时经常使用的策略。统编教材将其作为三年级第一个策略单元的学习内容，"一边读一边预测，顺着故事情节去猜想"，可见对"预测"这种阅读策略情有独钟。

3. 边读边思考，提出问题

这是提高阅读质量的一种有效策略。教材中四年级上册第 2 单元"阅读时尝试从不同角度去思考，提出自己的问题"，四年级下册第 2 单元"阅读时能提出不懂的问题，并试着解决"。提问策略的学习，一是要增强提问意识，阅读时遇到不懂的词语，不懂的句子，不懂的标点，甚至不懂的画面，都可以提出来，这是质疑问难的起步阶段，难度不高。二是从不同的角度提问，课后提示中列出了"问题清单"，要求学生从局部提问，从全文提问，从表达角度提问，这里就包含着高阶思维的运用，有相当的难度。小学生阅读时习惯性地关注文章写什么内容，很少会主动关注到文章的遣词造句和写作方法。而从学习语文的角度看，如果能有意识地关注文章在表达方面的特点，那么就能从课文中汲取更丰富的语文营养。这是儿童阅读的软肋，正是语文教师应该着力指导的重点。

4. 阅读时写批注

四年级上册第 6 单元的语文要素是"学习用批注的方法阅读"。所谓批注是指读书时把自己的感想体会或发现的疑难问题，随手批写在书中的空白地方，帮助理解，深入思考。批注是一种常用的读书方法，批是写批语，有眉批、首批，还有旁批、侧批、尾批等。注是用圈、点或画线做标记。批和注往往配合使用，加注以后再写批语，说明注的原因。批注可以从内容、写法、结构、语言等多角度，写出自己阅读时深刻的体会，或产生的问题，或发现文章在写法上的精彩之处。语文教师特别要引导学生从写法上去思考，从遣词造句上去推敲，这样才能从文章中获得更多的语文营养。

其实批注与"提出问题""预测"都有一定的联系。批注也可以预测，也可以质疑提问。因此可以将"批注"视作"预测"和"提问"的综合运用，学习预测或提问等策略，最终还是以批注的方式体现出来。

有批注的阅读与没有批注的阅读，其阅读质量有着天壤之别，从小养成阅读时批注的习惯，意味着从小就学会高质量阅读的方法，这对学生语文素养的提高有着不可估量的推进作用。因此语文教师要将阅读时做批注作为一种良好的阅读习惯进行培养。这绝不是通过一个单元的指导就能获得，而必须经过相当长一段时间的反复操练，才能真正成为阅读时自动化的行为。因此，四年级上册第 6 单元只是学习批注的起点，接下来四年级下学期，包括五、六年级的课文阅读，都应该要求学生将批注作为预习时或阅读中的规定动作，树立"不动笔墨不读书"的意识，尽早养成阅读时批注的习惯。

四、其他能力的培养

除了阅读的方法、读懂文章的要求和阅读的策略，中年段语文要素中还包含了一些与提高语文素养关系密切的其他能力的培养。

1. 想象能力

想象力是一个人智力的重要组成部分，在人的判断认识方面起着不容忽视的重要作用。想象力和人的语文素养也有着密切的关系。阅读时运用图像化策略，将文字符号通过理解在头脑中转化为图像，可以提高阅读的质量，加深对文本思想情感的理解。想象力丰富的学生，作文时头脑中会产生丰富的想象和联想，写出的文章会更加生动具体。统编教材很重视想象能力培养，中年段与想象有关的语文要素有 5 处：三年级上册第 3 单元，感受童话丰富的想象；三年级下册第 1 单元，试着一边读一边想象画面；三年级下册第 5 单元，走进想象的世界，感受想象的神奇；四年级上册第 5 单元，走进想象的世界，感受想象的神奇；四年级下册第 8 单元，感受神话中神奇的想象和鲜明的人物形象。对培养想象力的重视可见一斑。"图像化"策略也是读懂古诗的最好方法，因此在学习古诗和现代诗的课后设计了大量的运用图像化阅读策略的习题。

2. 观察能力

观察力也是一个人智力的重要组成部分，敏锐的观察力可以使我们避免受表面现象的迷惑，而真正看到事物的本质和变化的趋势。观察力强可以使一个人变得更加睿智、谨严，发现许多人所不能发现的东西。中年段语文要素中与观察力有关的有两个单元：三年级上册第 5 单元，体会作者是怎样留心观察周围事物的；四年级上册第 3 单元，体会文章准确生动的表达，感受作者连续细致的观察。在习作要素中多次出现观察训练：三年级下册第 1 单元，把观察到的事物写清楚；第四单元观察事物的变化，把实验过程写清楚。

统编教材问世之前，我曾经对照课程标准，对中年段学生需要掌握的阅读方法梳理出以下几个方面：1. 初步学会默读，学习略读。2. 能初步把握课文主要内容，体会文章表达的思想感情。3. 能对课文中不理解的地方提出疑问，能与他人交流自己的阅读感受。4. 能联系上下文，能借助字典、词典和生活积累，理解词句的意思。5. 能在课内和课外阅读中主动积累优美词语、精彩句段。体会课文中关键词句在表情达意方面的作用。相比之下，统编教材语文要素中提出的目标更加具体，也更加详细，特别是在阅读方法策略和其他能力培养方面。

其实语文知识学习和方法策略掌握不能盲目追求数量，学过了但不会在实践中运用，这样的学习效率不会很高，因为学习方法策略，质量远比数量重要。以上列举的学习方法策略都不是通过一个单元学习几篇课文实践就能掌握。比如朗读、默读、提问、批注，必须细水长流，反复操练才能真正掌握。即使教师认为很简单的"主动积累优美词语、精彩句段"，真正成为学生自动化的阅读行为也很不容易。文学性课文可以积累摘录优美的语句，精彩的描写，说明文则应该更多积累趣闻常识，有用的数据资料等。即使文学性课文，写人的文章，记事的文章，写景的散文，积累的方法也不可能一样。教师应该在指导过程中让学生比较、体验各种课文不同的积累方法，通过反复实践才能使学生动态地把握方法，才能在阅读实践中灵活运用。每一种学习方法都有必要通过一段时间（半个学期甚至一个学期）的指导，直到学生真正掌握并且形成了习惯，再继续学习另一种方法。这才是有效的教学策略。掌握了这些方法策略，就能形成良好的学习习惯，这对其一生语文素养的提高将会起到举足轻重的作用。

统编教材高年段语文要素研究

　　语文课程标准是编写语文教材和实施语文教学的纲领性文件，有人称其为语文教师的"宪法"。语文统编教材责任编辑徐轶认为"语文要素是对课程标准学段目标的分解和细化，指向课程标准学段目标的达成"。① 因此研究高年段（五、六年级）语文教材中的语文要素，也必须以课程标准中第三学段的教学目标和内容为准绳。

　　语文课程标准中这一学段阅读目标有 8 条：1. 能用普通话正确、流利、有感情地朗读课文。2. 默读有一定的速度，默读一般读物每分钟不少于 300 字。学习浏览，扩大知识面，根据需要搜集信息。3. 能联系上下文和自己的积累，推想课文中有关词句的意思，辨别词语的感情色彩，体会其表达效果。4. 在阅读中了解文章的表达顺序，体会作者的思想感情，初步领悟文章的基本表达方法。在交流和讨论中，敢于提出看法，做出自己的判断。5. 阅读叙事性作品，了解事件梗概，能简单描述自己印象最深的场景、人物、细节，说出自己的喜爱、憎恶、崇敬、向往、同情等感受。阅读诗歌，大体把握诗意，想象诗歌描述的情境，体会作品的情感。受到优秀作品的感染和激励，向往和追求美好的理想。阅读说明性文章，能抓住要点，了解文章的基本说明方法。阅读简单的非连续性文本，能从图文等组合材料中找出有价值的信息。6. 在理解课文的过程中，体会顿号与逗号、分号与句号的不同用法。7. 诵读优秀诗文，注意通过语调、韵律、节奏等体味作品的内容和情感。背诵优秀诗文 60 篇（段）。8. 扩展阅读面。课外阅读总量不少于 100 万字。

---

　　① 　引自徐轶 2019 年 3 月统编教材培训三年级报告录音。

我们将这 8 条目标概括为四个方面：一是继续学会阅读的方法，主要是默读的速度，学习浏览；二是读懂、理解文章，能够体会作者的思想感情；三是初步领悟文章的基本表达方法以及文章的表达顺序，做出自己的判断；四是继续学习常用的阅读策略，如根据需要收集信息资料，以及各种文体的读法，包括叙事性作品、诗歌、说明性文章，简单的非连续性文本等。

下面我们对照课程标准中第三学段的阅读教学目标，对统编教材五、六年级四册教材中 32 个单元阅读要素进行分类解说。

一、加快阅读速度，熟练默读技能

熟练默读技能主要体现在学生默读的速度上，课程标准明确提出默读的量化指标，"一般读物每分钟不少于 300 字"。所谓一般读物，当然指适合少年儿童阅读的通俗读物，不是成人读物，更不是专业文章书籍。一分钟 300 字什么概念？如果是读课文，篇幅短的如《桂花雨》700 字左右，大约 2 分钟读完；长的如《开国大典》1800 字左右，大约 6 分钟读完。在统编教材中，五年级上册第 2 单元的语文要素"学习提高阅读速度的方法"，就是对应课程标准中这个目标编写的。这一单元主要介绍了快速阅读的一种方法，"阅读的时候集中注意力，遇到不懂的词语不要停下来，不要回读。"要真正掌握快速默读技能，仅了解这些概念性的方法当然不行，关键还是靠平时大量快速默读的实践，要引导学生在默读时有速度意识。

二、理解文章内容，体会思想感情

小学高年级学生阅读文章，不仅要读懂文章的主要内容，还要深入领会作者写文章的目的，也就是文章的思想感情。在语文教学中，文章的思想感情也称文章中心或中心思想。阅读文章，要在理解主要内容的基础上努力揣摩文章的思想感情，可以获得对课文思想内涵的深层理解，提高阅读质量，养成良好的阅读习惯；还可以培养学生的分析、概括能力，提升思维品质；学生在体会文章思想感情的同时还可以获得思想教育、道德启示或情感熏陶，提升人文素养。

语文课程标准第二学段阅读目标中对体会思想感情提出了明确的要求，即"能初步把握文章的主要内容，体会文章表达的思想感情"；第三学段的有关表述是"在阅读中了解文章的表达顺序，体会作者的思想感情，初步领悟文章的基本表达方法"。二、三两个学段都明确提出"体会思想感情"这一教学目标。由于小学生年龄小，阅历有限，对生活的认识比较肤浅，加之抽象思维能力尚未充分发展，认识事物有较大的局限性，因此，体会思想感情是阅读教学的一个难点，主要放在第二学段的四年级和高年段的五、六年级进行训练，重点应该是放在第三学段。

统编语文教材从四年级开始出现"体会作者思想感情"的语文要素。具体是四年级下册第 6 单元"抓住关键词句，初步体会课文表达的思想感情"；这是教材中第一次在语文要素中出现"思想感情"的概念，从理解主要内容到体会思想感情，这是对学生读懂、理解文章的进一步要求，应该让学生明白文章的"主要内容"和文章的"思想感情"是两个不同概念，后者指作者的写作目的，往往是隐含在字里行间，需要读者深入体会的。引导学生认识什么是文章的思想感情，了解主要内容与思想感情的区别并初步体会文章的思想感情，是这个单元教学目的所在。

从五年级开始，与体会文章思想感情有关的语文要素在教材中密集出现。五年级上册第 4 单元，"结合查找资料，体会课文表达的思想感情"；五年级上册第 6 单元，注意体会作者描写的场景、细节中蕴含的感情；五年级下册第 1 单元，体会课文表达的思想感情；六年级上册第 5 单元，体会文章是怎样围绕中心意思来写的。六年级上册第 6 单元，抓住关键句，把握文章主要观点；等等。

大致可以归并为抓住关键词句、场景和细节描写、结合资料和课文内容，体会课文表达的思想感情。

也可以归并为查阅并借助相关资料，借助语言文字，了解思维过程，展开联想，理解课文内容包含的意思和思想感情。

三、了解表达顺序，领悟表达方法

语文课程标准指出："在阅读中了解文章的表达顺序，体会作者的思想感情，初步领悟文章的基本表达方法。"把握文章的主要内容，领会作者的思想感情，阅读课文的任务只完成了一半，还需要回过头来再读课文，深入研究课文的中心是怎样表达的，探索文章的表达顺序，领悟表达方法。这应该是高年级阅读教学的重点，是最能体现语文阅读质量的关键一步，却也是难度最大的一步。

按照写作学的划分，文章的表达方法可以分为表达方式、表现手法、结构方法、修辞手法等，分类很是复杂，每一类还可以细分出各种具体方法。比如表达方式分为记叙、描写、说明、议论、抒情五种；表现手法可以细分为渲染、烘托、映衬、反衬、正侧面相结合、欲抑先扬、欲扬先抑、幽默、象征、联想、想象等；篇章结构方法常见的有层层深入、首尾呼应，有总有分，详略得当，巧妙过渡，伏笔照应、铺垫、以小见大等；还有常用的修辞手法，比喻、拟人、对偶、夸张、排比、反问、设问、反复等。这些写作方法的教学可以从小学一直延伸到大学。小学生应该体会的当然是最"基本"的表达方法。可是要在种类繁复的表达方法中厘清哪些是"基本"的表达方法，实属不易。我们梳理了统编教材四、五、六三个年级的语文要素，发现与文章表达方式有关的语文要素大致有 14 项。我们按照语文教师的教学习惯，把这 14 项语文要素划分为"人物描写方式""其他描写方式"和描写方法之外的"其他表达方法"，下面分三类列出教材语文要素中的表达方法。

第一类：人物描写方式

1. 通过人物的动作、语言、神态体会人物的心情。(四年级上册)

2. 从人物的语言、动作等描写中感受人物的品质。(四年级下册)

3. 通过动作、语言、神态的描写，体会人物的内心。(五年级下册)

4. 学习描写人物的基本方法。(五年级下册)

5. 关注主要情节、环境，感受人物形象。(六年级上册)

6. 关注神态、言行的描写，体会人物品质。(六年级下册)

第二类：其他描写方式

1. 细节描写

注意体会场景和细节描写中蕴含的感情。(五年级上册)

2. 静态描写和动态描写

初步体会课文中静态描写和动态描写。(五年级上册，五年级下册)

3. 点面结合

了解文章是怎样点面结合写场面的。(六年级上册)

4. 场面描写

了解文章是怎样点面结合写场面的。(六年级上册)

5. 环境描写

关注主要情节、环境，感受人物形象。(六年级上册)

第三类：其他表达方法

1. 借物抒情

初步了解课文借助具体事物抒发感情的方法。(五年级上册)

2. 风趣的语言

感受课文风趣的语言。(五年级下册)

3. 围绕中心

体会文章是怎样围绕中心意思来写的。(六年级上册)

4. 如何详写

分清内容的主次，体会作者是如何详写主要部分的。(六年级下册)

5. 真情实感

体会文章是怎样表达情感的。(六年级下册)

　　从写作学角度分析，"描写"只是五种表达方式之一。描写包括人物描写、景物描写、环境描写、场面描写、细节描写等，可是小学语文教材中对人物描写方式情有独钟，与人物描写有关的语文要素居然有 6 处（包括四年级 2 处）；而其他诸如环境描写、场面描写、有详有略等诸多常用的写作方法在整套教材中都只有一处。这可能与语文教材中大多是记事写人记叙文，教学这类课文教师习惯于通过分析人物描写理解人物形象品质有关。

认识这些写作方法，可以帮助学生深入理解课文思想内容，了解课文的写作特点。但学习这些写作知识的目的如果仅仅落实在提高学生阅读能力上，未免可惜，其实最终应该落实在这些写作方法的迁移运用上。比如阅读时"通过动作、语言、神态的描写，体会人物的内心"，学生体会到人物的内心，接受的只是思想情感方面的教育；如果进一步引导学生领会课文是怎样"通过动作、语言、神态的描写"，把人物的内心表现具体的，把学生的注意力引向课文表达方法的学习上，这样学生才能从课文中体会到作者写作时的匠心，才有可能在习作时主动迁移运用。

高年段（也包括中年段）语文课指导学生领会课文中基本的表达方法，其目的不仅仅是认识一些写作方面的概念术语，更在于学生认识以后在习作中主动地去运用这些方法。把体会课文基本写作方法的目标定位在迁移运用上，才能让学生真正领会学习这些写作方法的价值，从而更加积极主动地在阅读时去发现更多有用的写作方法，以阅读促写作，以写作促阅读，从而获得双赢。

四、增强文体意识，掌握各类文体阅读方法

从五年级开始，阅读开始向深处发展，提出了分类阅读，也就是说，阅读要有文体意识。《语文课程标准》在阅读目标中对各类文体阅读提出明确的要求：阅读叙事性作品，了解事件梗概，能简单描述自己印象最深的场景、人物、细节，说出自己的喜爱、憎恶、崇敬、向往、同情等感受。阅读诗歌，大体把握诗意，想象诗歌描述的情境，体会作品的情感。受到优秀作品的感染和激励，向往和追求美好的理想。阅读说明性文章，能抓住要点，了解文章的基本说明方法。阅读简单的非连续性文本，能从图文等组合材料中找出有价值的信息。

这个目标中没有将课文分成记叙文、说明文、议论文，也没有进一步将记叙文分成写人、记事、状物、写景四大类，而是笼统地将课文分成两类：一类叫"说明性文章"，一类叫"叙事性作品"。按照语文教师的习惯，我们可以把童话、寓言这些有情节或有人物的课文归入"叙事性作

品"；把课本中那些常识性课文（它们大多属于科学知识说明文），归入"说明性文章"。"诗歌"，作为一个特别的文体，予以单列。这样的划分与大学专业课里写作学的文体分类很不一致，从科学性角度看，似乎并不严密，但是简单明了，比较容易被老师和学生接受。所以说，这种划分也是一种创造。

按照课程标准的指示，教学说明性文章要达到两个目的：一是能抓住要点，掌握介绍的科学知识、生活常识；二是了解文章的基本说明方法，学习其表达方法。

教学阅读叙事性作品也要达到两个目的：一是基本读懂文章，了解事件梗概，简单描述自己印象最深的场景、人物、细节；二是得到情感体验，能够说出自己的喜欢、憎恶、崇敬、向往、同情等感受。

教学诗歌的目标有两个：一是大体把握诗意，想象诗歌描述的情境，领会诗歌的意境；二是体会诗人的情感，受到诗人情感的感染。

统编教材中与文体阅读有关的语文要素大致有以下五条，主要针对叙事文和说明文这两类文体阅读提出的。

五年级上册第 5 单元，阅读简单的说明性文章，了解基本的说明方法。

五年级下册第 2 单元，初步学习阅读古典名著的方法。

六年级上册第 4 单元，读小说，关注情节、环境，感受人物形象。

六年级下册第 2 单元，了解梗概，把握名著的主要内容。就印象深刻的人物和情节交流感受。

六年级下册第 5 单元，体会用具体事例说明观点的方法。

关于说明文的阅读，教材提出的语文要素侧重在说明方法的了解。其实小学生阅读说明文，第一步应该侧重于文章内容的理解，了解说明文介绍的是什么科学知识或生活常识，第二步才是认识说明方法。阅读时应该把重点放在认识说明文，了解说明文的内容以及与记叙文的主要区别。按照课程标准的年段目标，小学生习作主要是写记事作文和想象作文，写简单的说明文是第四学段提出的目标。因此对说明方法应该重在了解，而且应该限于常用的说明方法，无须求全，更不要拔高要求。

与叙事性文章阅读有关的语文要素中有两条，一是读小说"关注情节、环境，感受人物形象"；二是阅读名著，了解梗概，把握内容，交流感受。这两条完全是紧扣年段目标提出的。五年级下册语文要素中还提出了古典名著的阅读方法。教材中选择的《草船借箭》是根据《三国演义》改写的，属叙事性文章；另外三篇《景阳冈》《猴王出世》《红楼春趣》则直接节选自古典名著，学生阅读时在语言和内容的理解上会有一定的障碍。因此教材中对如何阅读古典名著要求不高，只提供了一些扫除阅读障碍的方法，比如"联系上下文猜测语句的意思""遇到难理解的语句不用反复琢磨"，还有借助资料理解等，只要求知道个大概。显然古典名著阅读与叙事性文章阅读在目标要求上是有区别的，这一点教师要正确把握，不应盲目拔高。

温儒敏先生曾对语文课堂教学中不分文体程式化教学的乱象给予严厉批评[①]："不管学什么文体，无论小说、散文、诗歌、童话、议论文、科技文，全都用差不多的程序和讲法，都要讲什么作者介绍、写作背景、段落大意、主题思想、生词修辞，等等。课型也是没有变化，没有节奏。老是那一套……"因此语文教师要增强文体意识，要针对课文不同的文体，采用不同的方法，以达到不同的目的。

五、其他能力培养

统编教材高年段安排的语文学习方法策略主要有三项，"学习提高阅读速度的方法"（五年级上册），"根据不同的阅读目的，选择恰当的阅读方法"（六年级上册），"收集整理资料"。前两项出现在阅读策略单元中，后一项是渗透在五、六年级部分单元的语文要素之中。提高阅读速度在本文第一部分已经阐述，这里主要分析后两项学习方法策略。

1. 收集整理资料

语文课程标准在第二学段"综合性学习"目标中提出"有目的地收集

---

① 温儒敏．"部编本"语文教材的编写理念、特色与使用建议［J］.《课程教材教法》，2016（11）.

资料"，在第三学段综合性学习目标中提出"为解决与学习和生活相关的问题，利用图书馆、网络等信息渠道获取资料""初步了解查找资料、运用资料的基本方法"。研读中高年段语文教材，发现与收集查找资料有关的方法，第一次出现在三年级下册，"要求收集与节日有关的资料"，第二次出现在四年级下册第3单元，要求结合《轻叩诗歌大门》这个综合性学习内容，"根据需要收集资料，初步学习整理资料的方法"。中年段的两次收集资料，都是初步学习，并且指向明确。高年段教材中有关查找、搜集和运用信息的单元语文要素共有五个。可见收集整理资料的重点应该落实在高年段。高年段教材中具体安排如下。

五年级上册第4单元，结合资料，体会课文表达的思想感情。
五年级下册第3单元，学习搜集资料的基本方法。
六年级上册，借助相关资料，理解课文主要内容。
六年级下册，查阅相关资料，加深对课文的理解。
六年级下册第6单元，学习整理资料的方法。

五年级上册第4单元，收集资料重在背景资料的收集。这单元中的三首古诗，两位南宋诗人陆游和林升写的《示儿》《题临安邸》，清代龚自珍写的《己亥杂诗》，都必须联系时代背景，才能真正读懂诗歌表达的思想感情。两篇课文《少年中国说》《圆明园的毁灭》，也需要结合时代背景，才能对文章的思想感情有正确的理解。五年级下册第3单元结合综合性学习《遨游汉字王国》，总结了收集资料的三种方法："查找图书""网络搜索""请教别人"。六年级下册第6单元结合综合性学习《难忘的小学生活》，提出了"学习整理资料的方法"，收集到的资料先要筛选，接着要根据需要进行分类，最后还要根据主题进行修改。五次收集整理资料的练习，从怎样收集资料，到怎样整理资料，都明确提示了具体的方法。

中高年段学生学习的阅读方法策略，比如"预测""质疑提问""写批注""加快阅读速度"等，在语文要素中大多出现一次，而"收集整理资料"这个语文要素却前后出现7次，是统编教材中出现频率最高的一种学习方法，好像没有之一。可见统编教材对学生信息素养培育的重视。从小养成收集资料的习惯，能够为学生终生语文核心素养提升奠定坚实的基础。所以语文教师要深刻领会，认真落实。

2. 学习浏览

课程标准第三学段阅读目标提出"学习浏览"。这是一种非常实用的快速阅读技能。拿起一本书，看看有无阅读的兴趣或价值，可以先快速地浏览一下再做判断；要收集有关信息，粗粗浏览文献资料中是否有自己所需要的信息；在考试时，有些文章并不需要全文仔细阅读，就可以先浏览一下，找到关键部分再细细阅读。浏览需要根据目的选择性地阅读，可跳过某些细节，从而加快阅读速度。六年级上册第 3 单元的语文要素是"根据不同的阅读目的，选择恰当的阅读方法"，就暗含着"学习浏览"这个目标的训练。

一般而言阅读目的可以分为三类：为休闲娱乐而进行的阅读，平时人们阅读小说、诗歌、散文等文学作品大多属于这一类；为了解信息，收集资料进行的阅读，这类阅读往往采用扫读、略读、跳读、浏览等方法；以学习语文为目的而进行的阅读，这类阅读不仅要理解文章内容，更需要体会、吸收作者的遣词造句，谋篇布局等表达方式，因此需要采用最有效的细读、研读等方法。不同的阅读目的，往往需要选择不同的阅读方法，这样才能提高阅读效率，达到阅读的目的。这一单元根据"不同目的，不同读法"这个要素在《竹节人》这篇课文中设置了三个不同的任务：任务一是写玩具制作指南，教别人制作这个玩具。阅读时可以用浏览的方法筛选出与玩具制作有关的关键信息，然后再细细阅读。任务二是体会传统玩具给人们带来的乐趣，这需要欣赏性阅读，抓住文章的细节，从字里行间体会作者的思想情感。任务三是讲一个老师的故事，主要是模仿课文的写作方法，就可以跳过课文的前面部分，抓住后半部分，细细分析课文是怎样写清楚这个有趣故事的，抓住了哪些场景，写出了哪些细节。由此可见，不同目的应该采用不同的读法，这是不错的；但在平时的阅读中，各种读法往往需要交替使用，并不绝对。

高年段教材中的阅读要素总计 32 个，以上分类整理的语文要素没有覆盖全部。因为从提升学生的语文核心素养的角度看，教材中的这些语文要素所能发挥的作用并不相等，不能平均使用力量。语文要素的指导不应该盲目追求数量，特别是一些对学生良好阅读习惯形成关系密切的方法策略，学习的目的应该落在学生阅读实践中的操作运用，这样的学习才能真正达到"教是为了不教"的境界。要达到这样的目标，绝不是通过一个单元学习或者几篇课文实践就能达成，比如积累有新鲜感的词句、质疑提问、批注、有目的阅读、收集整理资料等，必须经过学生阅读中的反复实践才能真正掌握，最终形成好的阅读习惯。

总之，无论是中年段还是高年段，语文要素指导要突出重点，反复实践，指向学生良好阅读习惯的养成。

第六章

案例评析

阅 读 导 语

　　本章收入了近年来我在刊物上发表的9位名师经典课例的点评。有20世纪七八十年代活跃在小学语文教坛一批最有影响的霍懋征、袁瑢、李吉林、于永正、靳家彦等名师的五个经典课例。这些课例代表这几位名师的教学风格和语文教学主张。随着岁月的逝去，当下的青年语文教师可能已经不那么熟悉这些名字了，但是这批名师凝聚多年心血和智慧打造的这些经典课例，是不应该被我们遗忘的！因为他们代表了那一时期小学语文教学研究的最高成就，具有鲜明的时代特征，不仅是不可多得的，而且难以复制。我联系当下语文教学改革的背景，结合现代语文课程与教学先进理念对这些课例加以点评。研读这些课例及点评，可以让广大语文教师真实地感受了解那个年代小学语文课程与教学改革的状况，不仅可以促进教师的专业成长，而且对推进当下语文课程与教学改革极具借鉴作用。21世纪以来小学语文教坛群星璀璨，涌现出一大批有教学主张和教学特点的中青年名师。限于篇幅，本章只精选了活跃在当下语文教坛有代表性的四位中青年名师的课例。薛法根执教的《火烧云》，着力引导学生关注课文如何运用词语，如何组织句子，将教学内容聚焦于提高学生语言表达的质量上。钱娟上的《姥姥的剪纸》，以课文为例，设计并指导学生学习语言表达运用，重点训练学生的口头表达和书面表达能力。我以为这样的语文课正确把握了母语课程的性质和任务，符合儿童学习语文的基本规律，对推进我国语文课程与教学改革具有积极的导向和引领作用。王林波的口语交际课非常巧妙地创设贴近学生生活的情境，设计很有层次，引导学生通过大量的口语交际实践学会劝说。张淑英的《鲁滨逊漂流记》读书指导课也很有研究价值，借助这个课例，我对如何上好名著读书交流课发表了自己的意见和建议。这批中青年名师在小学语文教学改革中发挥着引领和推进作用。我在点评时对课例中的亮点充分肯定，但对存在的问题也直言不讳地加以指出，提出了许多修改建议。我以为这样评课对广大语文教师包括这批中青年名师专业发展更有帮助，也更能体现语文教学研究工作者的治学态度和专业精神。我想表达的是人无完人，课无完课，即使是名师的课也并非十全十美，依然有很多问题可以研究，或多或少存在提升的空间。我们在研读名师经典课例时，既要吸收精华，也要发现其中的不足，这样研读名师课例才会获得更多的收益。

《颗粒归公》教学案例评析①

📎 **教学案例**

第一课时

　　师：我这里有一个少数民族打鼓的塑像。这个塑像是用泥捏的。上面还涂上颜色，很好看。

　　（出示：捏 niē）。用手指头把软的东西弄成一定的形状叫"捏"，你们捏过什么吗？

　　生：我捏过橡皮泥。

　　生：在科技课上，我们用橡皮泥捏过压缩机。

　　师：在天津有一家捏泥人的艺术家，姓张。（板书出示：张）他们的作品很受人们的欢迎，大家亲切地叫他们"泥人张"。（在"张"字前加上"泥人"两字）泥人张会用泥捏成各式各样的人像、动物，涂上鲜艳的色彩，远远看去就像真的一样。

　　（出示挂图）看！这张图上画的就是"泥人张"捏的一个塑像。你们看，这是什么人的塑像？

　　生：这是一个小弟弟跟鹅打架的塑像。

　　生：是小弟弟跟鹅打架，小弟弟把一篮子稻穗举得高高的。

　　师：第二十九课《颗粒归公》，（板书：颗粒归公）这篇课文就是介

---

　　① 课例引自查如棠等. 袁瑢语文教学三十年［M］. 上海：上海教育出版社，1983：326-343.

绍这个塑像的。

【评】通过少数民族打鼓的塑像并结合学生的生活，解释了"捏""塑像"；又用挂图结合板书解释了"泥人张"，并由此引出"颗粒归公"课题，犹如一套组合拳让学生非常清晰地了解了这一组词语的意思。特别是课题板书的顺序，教师边说边写，"在天津有一家捏泥人的艺术家姓张"，板书"张"，"他们的作品很受人们的欢迎，大家亲切地叫他们'泥人张'"，将课题补充完整，设计精心而又巧妙。

师：课文是怎样介绍这个塑像的呢？今天我们就来学习这篇课文。请同学们认真地读一遍课文，自学生字，看看有什么不懂的。

师：有什么问题吗？

生：什么叫"颗粒归公"？老师说过名称要用前引号和后引号，这篇文章里的"颗粒归公"也是个名称，这句号为什么放在后引号的里面？

师：你是讲"颗粒归公"后面这个句号怎么放在引号里边，是吗？这个问题提得好。

生：我也有个问题，"还上了彩色呢。"为什么不说"还涂上了彩色呢。"

师：噢，这个地方为什么只用"上"。

生：我看了《拼音识字》，上面说"泥人张"是人们给他们一家的名称，那么这个"泥人张"到底指谁？

生：跟这小弟弟捏像的不一定是张家的人，会捏人的都可以叫他"泥人张"。

师：不，这里是指张家的人，他们从第一代爷爷到儿子、孙子，再到孙子的儿子，已经是第四代了，都是张家的人，反正是张家的一代人捏的。

生：还有一个问题，什么叫"高额头"？

师：噢，什么叫"高额头"？刚才同学提的问题，说明你们自学得很认真。这些问题我们在学习过程中一个一个地解决。

【评】学生先后提出五个问题，提得是相当有水平的问题。这与袁老师阅读课重视培养学生质疑提问能力有密切的联系。值得称道的是对学生提出的这五个问题，除了"这个'泥人张'指谁"教师当场作出解释，余下的四个问题教师在后面讲读课文时都一一作出回应，表现出袁老师严谨细腻的教学风格，更说明袁老师对学生的充分尊重。正是由于教师对学生的重视，所以她所教班级的学生思维特别活跃，提出的问题也特别有质量。

师：现在来看看，这些字你们都认识了没有。（出示生字小黑板，指名学生认读）这是什么字？

生："额"，高额头的"额"。

师：人脸部的哪一部分是额头？谁能指出来？

生：（指喉头）这儿是高额头。

师：这地方是额头吗？

生：（指额头）这儿是额头。

师：对了，（指着额头）人的额头是在这儿，在眉毛上边，发根下边，这一部分叫额头。鹅的额头在哪里？谁来指指看？（一学生上来指出图上的鹅的额头）对了，鹅的额头跟鸡鸭的额头比，高得多，这是鹅的一个特点。谁来讲讲鹅有怎样的额头？

生：鹅有高高的额头。

师：对了，鹅有高额头。（出示：穗）

生：稻穗的"穗"，麦穗的"穗"。

师：对的。篮子里有稻穗。（指图）什么颜色的稻穗？

生：金黄色的稻穗。

师：还可以怎么说？

生：还可以说黄澄澄的稻穗。

师：（出示：像）什么字？

生："像"，遗像的"像"。

师：你说"遗像"什么意思？

生：周总理去世了，他的像就叫"遗像"。

师：遗像是人去世后留下的像。我们教室里挂着毛主席像。你们还看到什么像？

生：还有塑像。

师：对啊，（指少数民族打鼓塑像）这就是一个泥塑的像。

生：我在一个电影里面看到的，有一个石像，石头雕出来的像，有三米高。

师：那是雕像，雕刻出来的。（指挂图）你们看这是一个怎么样的像？

生：这是一个可爱的像。

生：这是一个美丽的像。

师：对，都可以。（出示：嘎）

生：嘎（gā）。

师："嘎"是什么意思？

生："嘎嘎嘎"是鹅或鸭叫的声音。

师：有的门开或者关的时候发出"嘎吱"的声音，也是这个"嘎"。

（出示：呵）

生："呵"，笑呵呵的"呵"。

师：对的。

生：还有这个"嘎"是象声词。

师：对的。

生：这个"呵"，不但是笑呵呵的"呵"，还是语气词的"呵"。

师：对的。现在看这上面的字，谁会读？

（指名学生读全部生字。）

师：对的，谁再读一遍？

（生读生字。）

师：一起读。

（生齐读生字。）

【评】生字词义教学非常扎实，先引导学生理解字义，再让学生个别读，全班读，通过反复认读加深记忆。再仔细读读"额""穗""像""嘎"这几个生字教学，根据字的不同特点采用不同的方法，教学真是到位。

师：现在要准备读课文了，要读得正确。这篇课文一共有五段，谁来读？

（指名五个学生分读五节课文。）

（生读第一段，句号、逗号没有停顿。）

师：要注意标点符号的停顿。注意"可是鹅一点也不听话，它们拍着翅膀，盯着篮子，嘎嘎嘎地叫着往上扑。"认真读这句话，要读正确。大家一起读。

（生齐读课文。）

师：对，读得很认真，都会读了。现在看书上，（读第一节课文）"泥人张真会捏泥人"，这句话里的"真"是什么意思？

生：这句话里的"真"，是"很"的意思。

生：这个"真"表示"挺"，还表示"非常"。

生：这个"真"还表示"可"的意思。

师：大家理解正确。泥人张真会捏泥人。从哪件事看出"泥人张"真会捏泥人呢？

生：连我弟弟跟鹅打架，也给捏了出来，还上了彩色呢。

师：对，这件事说明了"泥人张"真会捏泥人。"上了彩色"，刚才有同学问，为什么不用"涂上"而只用一个"上"呢？

生：假如用"涂上"就重复了。

师：用"涂上"也是通的。不过我觉得这篇文章，写作方面有个特点，它用词造句非常简洁。没有多余的字。这个"上"就是"涂上"的意思，所以他单单用个"上"。再比方说，"我弟弟跟鹅打架"，"我"后面可加上什么字？

生：可加个"的"。

师：对了，可加个"的"，"我的弟弟"，但作者就说"我弟弟"，讲得很简洁。

生：我还有个问题，"还上了彩色呢。"这儿为什么不用感叹号，而用句号？

师：你觉得这地方用感叹号也可以，是吗？

生：我有个问题，"还上了彩色呢。"为什么不用"还上了颜色呢?"

师："颜色"范围比较大，可以是上一种颜色，也可以是上几种颜色；"彩色"呢，说明不单是只上一种颜色，而是有红的、白的、绿的，等等。（指挂图）这个塑像上了红色、白色、黄色等，所以说"上了彩色呢"。还有个同学说为什么不用感叹号呢，我想是这样的，因为这句话的语气是介绍给大家听，叙述的成分比较多，感叹的成分比较少，所以用句号。一起读这一节。

（生齐读第一节。）

师：这一节就一句话，介绍这个塑像是"泥人张"用泥捏出来的弟弟和鹅打架的像。

【评】教师结合第一节课文讲读，适时回应了学生开始提出的"为什么不用'涂上'而只用一个'上'"的问题，并且通过"我弟弟"和"我的弟弟"比较，认识了课文用词简洁的特点。在讨论过程中，学生又提出了新的问题，反映出学生强烈的问题意识。面对学生的问题，教师没有回避，而是及时给予适当的回应。这一连串课堂生成的问题及教师的及时应对，反映出袁老师深厚的语文功力和教学机智，同时也充分说明教师事先深入进行文本解读的重要性。

师：那么，"泥人张"怎么会捏这个像的呢？还有一段有趣的故事呢。接着，作者就写了三节，书上的第二、三、四节介绍了这个有趣的故事。谁来读这三节课文？（指名学生读课文。）

师：现在我们一起来学习这三节。这是书上第二节里的几句话。（出示有练习题的黑板。）读一遍这段话，在括号里填上适当的词。

我奶奶养了五只鹅。（　　）红嘴巴，高额头，浑身雪白。我弟弟特别喜欢（　　），常常给（　　）喂食。（　　）一看见他，就伸长了脖子围着他转。

生：第一个括号里填"这些鹅"。第二个括号里填"它们"。第三个括号填"它们"。最后一个括号填"鹅"。（学生说，教师逐一填上。）

师：填得对。（指第一个括号）"这些鹅"是指哪些鹅？

生："这些鹅"指的是奶奶养的五只鹅。

师：对了，是指奶奶养的五只鹅。"我弟弟特别喜欢它们"，这个"它们"是指谁？

生：这个"它们"是指那五只鹅。

师：是指这五只鹅。"常常给它们喂食"，也是指这五只鹅。这地方不填"它们"可填什么？

生：我弟弟特别喜欢"这五只鹅"。

师：可以的。

生：我弟弟特别喜欢"这些鹅"。

师：可以的。这句话如果改填"这些鹅"，我们一起读读看。

生：（齐读）"我弟弟特别喜欢这些鹅，常常给这些鹅喂食。"

师：从"这些鹅红嘴巴"开始，读到"给这些鹅喂食"，一起读。

生：（齐读）"这些鹅红嘴巴，高额头，浑身雪白。我弟弟特别喜欢这些鹅，常常给这些鹅喂食。"

师：想想看，你们觉得用"它们"好，还是用"这些鹅"好，为什么呢？

生：我说用"它们"好，因为用"它们"是很简洁的。

师：噢，简洁了。

生：因为用"这些鹅"，"这些鹅"太多了。

师：对呀，你看"这些鹅""这些鹅"，用得太多了，听起来就显得啰嗦了。用"它们"很明确，就是指的这些鹅，用"它们"来代替"这些鹅"，就不啰嗦了，所以这句话要用"它们"。讲话要有变化。看下面一句，"鹅一看见他，就伸长了脖子围着他转"，如果这儿不用"鹅"，用"它们"来代替，好不好？

生：这里用"它们"，小弟弟也用"他"，别人搞不清楚了，"他"是指谁？

生："它们"又用得太多了。

师：对呀，要是这地方再用"它们"，"它们"又用得太多了。我认为还有一个原因，上面一句主要是讲谁的事情？

生：是讲弟弟喜欢鹅的事情。

师：对，这一句是讲谁的事情？

生：这句话是讲鹅的事情。

师：对，是讲鹅对弟弟的态度，主要是讲鹅的事情，所以一开始说清楚"鹅"怎么样；刚才同学们说的也是对的。所以这地方用"鹅"好。

生：这里用"它们"不会混起来的，"它们"的"它"是动物的"它"，后面的"他"是指人的"他"，不会混起来的。

师：你讲的也有道理，要是看着字，"它"是指动物，后面的"他"是指人，但我们读的时候，就没办法分辨了。

【评】看似平淡无奇的一段文章，袁老师抓住如何用好代词"它们"这一知识点，教出了浓浓的语文味。特别是第四个括号的进一步讨论：如果这里再用"它们"，那样的话"它们"又用得太多了，而且指代会不明确。这样的教学充满了辩证法，充分体现了袁瑢老师钻研教材的深入细腻，反映出她"深、细、活、实"的教学风格。

师：（出示小黑板，念上面的句子）"这些鹅红嘴巴，高额头，浑身雪白"。要是我说，"这些鹅红嘴巴，浑身雪白，高额头"，这样好不好？

生：这样讲不好，讲乱了。

生：这样讲颠三倒四。先讲头，再讲身体，再讲头，就颠三倒四了。

师：我这样讲是乱了。（指黑板上的句子）这样写很好，先讲头部的特点，红嘴巴，高额头，然后讲到全身，"浑身雪白"，很有次序。所以我们小朋友讲话，也要学着这样有次序。当然这是一种讲法，也可以先讲全身，再到部分。但这个地方先讲头部，再讲全身，讲得很好。

师：黑板一共四句话（出示第二节后四句），第一句说"我奶奶养了五只鹅"，接下去一句说了什么？

生：接下去说了鹅的外形。

师：对啊，这句是讲了五只鹅的可爱的样子，再接下去一句讲的什么？

生：再接下去说我弟弟特别喜欢它们。

师：对，说的是弟弟对鹅的态度。再接下去一句讲的什么？

生：讲的是鹅对弟弟的态度。

师：是讲鹅对弟弟的态度。这四句就是按这样的顺序写的。读一遍。（学生读）在这四句话的前边，还有一句话："说起来真有意思"。请小朋友读第一节，再读这句话，再连下去读，想想这句话在这里起了什么作用？用上这句话有什么好处？

生：这句话在这里的作用，就是说下面的故事是很有意思的。

生：这句话摆在这儿，就是说这件事是很有趣的。

师：第一节有句话，"连我弟弟跟鹅打架，也给捏了出来。"这究竟是怎么一回事呢？"说起来真有意思"，下面就要讲这件事了。这句话就把第一节跟下边的文章很自然地连接起来了，这句就起了这么个作用。

（下课。）

【评】第二节课文讲读，除了"它们"如何使用，袁老师着重进行句子教学。抓住"这些鹅红嘴巴，高额头，浑身雪白"，以变换句子比较的方法，让学生明白"讲话要有次序"；通过朗读梳理第二节后四句话的顺序，让学生明白写句子要"一句接一句地写下来"，这样才能写清楚；最后还讨论了第二节第一句话的作用。袁老师没有讲太多的概念术语，就是用课文中浅显易懂的实例，指导学生明白句子应该一句一句有次序地写，才能把事物写清楚。

第二课时

师：刚才我们学习到第二节，这一节一共是五句话，第一句话使前边文章和后边文章连接起来，先讲奶奶养了五只鹅，再讲这些鹅可爱的样子，接下去讲弟弟对鹅的态度，最后讲鹅对弟弟的态度。通过这几句话，就把弟弟和鹅的亲密关系都讲清楚了。现在同学们想想这五句话的顺序，一边想，一边认真地把课文轻声读三遍。

（生各自轻声读课文。）

师：谁已经能背出了？（许多学生举手，指名两学生背。）背得真好。一起来背一遍。

（生齐背课文。）

【评】理清句子顺序，自己轻声读三遍，在读懂读熟的基础上再背诵本节课文。

师：弟弟这么喜欢这五只鹅，怎么会跟它们打架呢？看课文第三节，谁把第三节读一遍？（指名学生读课文。）

生：应该是"嘎（gā）"，他读了"嘎（gá）"。

师：××再读一遍。（学生读课文）"那天，我弟弟拾了一篮子稻穗，正要送到队里去，那五只淘气的鹅以为又给它们喂食来了，嘎嘎嘎地追了上来。"这个句子里讲了几层意思？

生：这一段里，(师：这句话里) 讲了两层意思。

师：哪两层意思？

生："那天，我弟弟拾了一篮子稻穗，正要送到队里去"，这是第一层意思。第二层是"那五只淘气的鹅以为又给它们喂食来了，嘎嘎嘎地追了上去。"

师：对，坐下。

生：我说这一句话里讲了三层意思，第一层意思讲了时间"那天"。

师："那天"讲时间，除了"那天"以外，主要讲了两层意思。第一层是讲弟弟 (板书：弟弟) 正要把稻穗送到队里去。第二层讲鹅 (板书：鹅) 追上来了。再看书上，"淘气的鹅"，"淘气"是什么意思？

生："淘气"就是说它很可爱又很调皮。

师：对，很顽皮，又很可爱的。这句话讲了那五只鹅追了上来，追了上来以后，弟弟怎么样了？鹅又怎么样了？后来弟弟又怎么样了？谁把下面的句子读出来？(指名学生读课文。)

师：现在把书合拢，我们来做个练习。书上说那五只鹅追了上来，要小朋友接下去写三句话。怎么写呢？仔细看这幅图，看着弟弟的样子和神态，鹅的样子，想想书上讲的内容，然后写三句话，先写弟弟怎么样，再写鹅怎么样，再写弟弟又怎么样。

(生写句子。)

师：好，很多同学已经写好了。现在请一个同学读，大家认真听。

生：(念自己写的句子)"我弟弟把篮子举得高高的，大声说：'这是队里的，不给你们吃！'鹅一点也不听话，叫着往上扑，弟弟左躲右闪，急得满头是汗。"

师：先说他是不是讲了三句话，弟弟怎样？鹅怎样？弟弟又怎样？

生：是的。

师：我们再来一句一句研究。第一句，他说"弟弟大声说"，书上是怎样写的？

生：书上用的是"喊"。

师：你们觉得这地方应该用"说"，还是用"喊"？

生：应该用"喊"，表示弟弟很着急的样子。

师：是在大声喊，应该用"喊"，我们这样讲话是"说"。这一句还有其他写法吗？

生：（念自己写的句子）"弟弟把篮子举得高高的，瞪着大眼睛大声喊：'这是队里的，不给你们吃！'"

师："瞪着大眼睛"，写得真好。

生：（念自己写的句子）"弟弟把篮子举得高高的，眼睛瞪得大大的，盯着这些鹅，皱着眉头大声喊：'这是队里的，不给你们吃！'"

师："皱着眉""眼睛瞪得大大的，盯着这些鹅"，看图看得很仔细。（巡视）第二句××是这样写的："鹅一点也不听话，叫着往上扑。"

生：我是这样写的："可是鹅一点也不听话，嘎嘎嘎地叫着往上扑。"

师：××用上"可是"，用得好。看看书上，"嘎嘎嘎地叫着往上扑"前面，还写着什么？

生：前面还有"它们拍着翅膀，盯着篮子"。

师：为什么不说"张"着翅膀，说"拍"着翅膀呢？

生：不是张着翅膀，是拍着翅膀的。（做动作。）

师："盯着篮子"，"盯"着什么意思？

生：眼睛死死地看着这篮子。

生：这篮子动到哪里，它眼睛就看到哪里。

生："盯"就是它眼睛看着，一点也不眨，就叫盯着。

师："它们拍着翅膀，盯着篮子，嘎嘎嘎地叫着往上扑。"书上这样写好不好？好在哪里？

生：鹅看见弟弟手里的篮子，把鹅抢着要吃稻穗的神态写出来了。

师：把鹅抢着要吃稻穗的神态形象地写出来了。还有比××写得丰富的吗？

生：前面几句我不一样。（念自己写的句子）"弟弟把眼睛瞪得大大的，把篮子举得高高的，大声喊：'这些稻子不给你们吃！是队里的。'可是这五只鹅还是要吃稻穗。"

师："可是这五只鹅还是要吃稻穗"，那么我们跟书上写的比较一下看，哪一个写得好？

生：书上的好。

师：虽然××讲的也是鹅想吃稻穗，书上写的也是鹅想吃稻穗，但书上把鹅想吃稻穗的样子写出来了。最后一句又写弟弟了，弟弟又怎么样了？

生：(念自己写的句子)"弟弟左躲右闪，急得满头是汗。"

生：我不是这样写的，我是写："弟弟左躲右闪，不知道怎么办才好了。"

师：好，也可以的。

生：我是这样写的："弟弟左躲躲右闪闪，瞪大了眼睛，急得满头是汗。"

师："瞪大了眼睛"，你前边第一句里用过吗？

生：没有。

师：你在这地方用，那也可以的。

师：怎样叫"左躲右闪"？

生：就是很快很快地躲起来，一闪一闪，好像太阳那样一闪一闪。

师：一闪一闪说明动作很快。

生："左躲右闪"表示一边躲一边闪，而且是很快，动作是很敏捷的。

师：动作很快，一会儿左，一会儿右。你们有左躲右闪的情况吗？在什么时候？

生：捉迷藏的时候。

师：捉迷藏的时候左躲右闪，不被人家捉到。

生：用球打目标时。

师：做"打目标"游戏的时候，你们就要左躲右闪。好，同学们都写得很认真。现在要同学们看看这张图，读读第三节课文，准备一下，接着要同学看着这幅图，讲这一节的内容。

(生各自准备。)

师：谁来试试看。(指名一个学生讲第三节内容，这学生讲的跟课文基本相同。)

师：他把主要的内容都讲了，我觉得他讲到鹅的时候应该把"它们拍着翅膀，盯着篮子"这些话讲进去，那就更好了。这一节写了弟弟和鹅打架的情形，写得非常生动。

【评】第三节课文意思学生一读就懂，袁老师的高明之处是利用课文中的图画，设计了一个写话练习：每个学生合上书动笔写三句话。学生必须根据图画和课文意思，自己重新建构话语才能写出通顺连贯的句子。这样的写话练习难度不高，但是可以有效丰富学生语言建构经验，熟练书面表达的技能。值得注意的是袁老师接下来设计的交流活动，引导学生将自己写的句子和课文对照，寻找学生语言与课文语言的差异，既帮助学生体会课文用词的正确和句子组织的具体生动，又锻炼了学生建构语言的能力。

师：(念课文)"正在这时候，'泥人张'来了。他笑呵呵地说：'小弟弟，你是好样的，我来给你捏个像。'"他说"小弟弟，你是好样的"，"好样的"什么意思？

生：就是好榜样。

生：就是先进。

生：就是说，你这件事做得对了，就是好样的。

师：一般是别人有好思想做了好事，就称赞他是"好样的"。那么"泥人张"为什么说小弟弟是"好样的"呢？

生：因为他把篮子举得高高的，不给鹅吃稻穗；假如给鹅吃了，要损失队里的财产。

师：对呀，假如稻穗给鹅吃了，队里的粮食要受到损失了。

生：因为鹅要吃弟弟手里拿的一篮子稻穗，弟弟不给它吃，所以"泥人张"说弟弟是"好样的"。

生：因为弟弟拾来一篮子稻穗是送队里去的，不是喂鹅的，要是把一篮子稻穗给鹅吃了，就损失了一篮子的稻穗。

师：这一篮子稻穗是谁的？

生：是公家的。

师：对呀，是公家的。

生：我有点补充。为什么"泥人张"说弟弟是"好样的"，因为这一篮子稻穗是送到队里去，小弟弟爱护公共财产，所以不给鹅吃，给鹅吃了，队里的粮食就不能丰收。

师：对，你讲的意思是对的，因为这个篮子里的稻穗是生产队的。小弟弟爱护公共财产，这稻子一颗一粒都不能给鹅吃，所以"泥人张"说他是"好样的"，还要给他捏个像。那么为什么还要给他捏个像呢？

生：因为"泥人张"心里想，弟弟做了一件好事，我要把这个形象捏出来。

师：为什么要把这个形象捏出来？

生："泥人张"觉得弟弟做好事是"好样的"，叫大家向小弟弟学习，爱护公共财产。

师："泥人张"看到这个弟弟是"好样的"，他要宣传这种好思想。好行为，让大家来学习弟弟爱护公共财产的好思想、好行为，所以给他捏个像。

生：我有一个问题，"泥人张"这是人家给他们合家起的名字，课本上怎么说"泥人张"来了呢？

师："泥人张"家里的人都叫"泥人张"，所以说"泥人张"来了。课文第二、三、四这三节介绍了"泥人张"怎么会塑这样一个像的。

【评】以上教课文第四节。教师先解释"好样的"的词义，然后引导学生理解"为什么说小弟弟是'好样的'"，说明了"颗粒归公"这个泥塑的来历，并且趁机再次回应了学生开始提出的"泥人张"究竟指谁这个问题。

师：接着作者又指着这个塑像说了："你看，就是这么个跟鹅打架的像，还给起了个名字，叫'颗粒归公'。"这个"你"是指谁？

生：这个"你"是指我们。

师：就是指看塑像的人，向我们介绍这个塑像叫"颗粒归公"。（板书：颗粒归公）谁讲讲，什么叫"颗"？什么叫"粒"？

生："颗""粒"就是一颗粮食、一粒米都不能给鹅吃掉，要交公。

师：你讲的是整个"颗粒归公"的意思。小的圆粒，或小的块状，叫"颗"，也可以叫"粒"，比如一颗米，一粒米，我们衣服上的一粒纽扣，一颗纽扣。"公"是指什么？

生：这个"公"就是指公家。

师：那么"颗粒归公"什么意思？

生：就是一颗一粒不能损失，要按照公家的规则。

师：噢，这个"归"，不是规则，是"归还"，就是一颗一粒的粮食都要归还给公家。那么"颗粒归公"的外边为什么要加上引号呢？

生：因为它是名称。

师：对，是这个塑像的名字，特殊名称，所以加上引号。刚才第一节课上同学提出书上"颗粒归公"后面怎么有句号。这个同学学得认真，这是书上印错的；这个句号，应该在引号的外边，给它改正。(学生改正)

【评】第五节重点讨论了"颗粒归公"的意思，同时回应了第一节课上学生提出的两个问题。词语教学清晰、扎实，对课题中运用的标点符号的讨论简要而又明确，干脆利落，要言不烦。

师：现在要同学开动脑筋，"泥人张"给起的名字叫"颗粒归公"，谁能给这塑像另起个名字？

生：我起个名字叫"好样的小弟弟"。

师：很好。

生：我起个名字叫"跟鹅打架的人"。

生："爱护稻穗的小弟弟"。

生："想到大家的小弟弟"。

师："想到大家"不是最确切。

生："弟弟和鹅"。

生："一颗一粒也要归还给公家"。

生："爱护公物的小弟弟"。

师：你们讲的这些名字也都可以的，从不同的角度来题名。不过注意，题目的字数不要太多。刚才同学提出的那么多题目，你们跟"颗粒归公"比比看，哪一个好？

生：我说"颗粒归公"好。

师：为什么？

生：因为"颗粒归公"这名字又简练又好。

生："颗粒归公"简洁，意思也表达得清楚。

师：对，"颗粒归公"又简洁，又把弟弟的好思想表达出来了。小朋友，这篇文章一开头介绍这个塑像，"泥人张"用泥捏成的弟弟跟鹅打架的像；接着作者就讲"泥人张"怎么会捏这样一个塑像的，讲了一个有趣的故事；最后又回到这个塑像上来，"你看，就是这么个跟鹅打架的像，还给起了个名字，叫'颗粒归公'。"

师：现在我请一个同学读第一节和最后一节，大家一起读中间三节。（指名学生读第一、五节。）

（生读课文。）

师：小朋友，今天回家做两件事。一件事就是写生字，每个字写四遍；再一件事是把这篇课文读熟，背诵全文。

【评】在学生理解了"颗粒归公"的词义后，要求学生给"颗粒归公"这个塑像另起名字，然后教师用比较的方法，引导学生领会"颗粒归公"这个名字的优点。最后这堂课在师生朗读课文中结束。

案例评析

有学者将袁瑢老师的教学风格概括为"深入、细腻、严谨，扎实"八个字。在袁老师教学风格的影响下，学生的语文基础知识扎实，智力能力迅速发展，学习习惯和思想品德得到有效的培养。《颗粒归公》一课教学鲜明地体现了袁瑢老师的这些教学风格。

1. 字词教学的细腻扎实

袁老师教学字词的时机和教学方法都经过细心推敲，精心设计。在引入课题时教师提出"塑像""捏""泥人张"，在检查学生自学情况时提出"额""穗""像""嘎""呵"，这些都是生字新词教学。教师采用了出示实物挂图、联系学生的生活实际、举例等多种方法，简明扼要，恰到好处。比如，"像"一词字典的注解是"比照人物做成的图形"，袁老师没有采用这个注释，而是要求学生通过组词明白"像"可以组成"塑像""照像""雕像"等；解释"捏"这个词，教师先是用注释"用手指把软的东西弄成一定的形状"，然后再让学生联系生活实际，回忆自己"捏过什么东西吗？"这样教学词语，不仅能帮助学生理解词义，更重要的是有利于学生在新的语境中正确运用这些字词。除了开始的字词教学，袁老师在第三节课文讲读教学了"淘气""盯""左躲右闪"，结合第五段课文教学了"颗""粒""颗粒归公"等词语。特别是"颗粒归公"这个词语的理解没有安排在出示课题时，而是在学生读完全篇课文再帮助学生深入理解，学生说出了"'颗''粒'就是一颗粮食、一粒米都不能给鹅吃掉，要交公"，既加深了对"颗粒归公"词义的理解，又揭示出了全文中心思想，学生在理解语言的同时很自然地接受了"爱护公共财物"的教育，将语言文字教学与思想品德教育有机地结合在一起，非常正确地把握住了语文课思想教育的特点。可见袁老师对每一个生字词语什么时机出示，这些字词怎样教，都是经过深思熟虑的。

2. 句子教学是二年级阅读教学的另一个重点

二年级学生学习语文，最困难的是把话写通顺写连贯。如何指导学生写好句子，许多语文教师在这方面缺少办法。认真阅读袁瑢老师的这个课例，可以在句子方面学到很多方法。教学第二节课文，袁老师抓住"这些鹅红嘴巴，高额头，浑身雪白"，用变换句子的方法，通过比较让学生明白写一句话先说什么，再说什么"要有次序"；又梳理了第二节后四句话的顺序，让学生明白句和句之间要"一句接一句地写下来"，这样才能写清楚；最后还讨论了第二节第一句话的作用。袁老师没有讲太多的概念术语，而是用课文中浅显易懂的实例，指导学生明白句子应该一句一句有次序地写，才能把事物写清楚。

学生明白了句子要一句一句有顺序地写，并不意味着学会写句子。帮助学生写好几句话，最有效的办法不是听教师讲，而是增加学生写话的实践。第三节课文写了五只鹅想吃弟弟篮子里的稻穗，句子意思学生一读就懂，袁老师的高明之处是利用课文中的图画，设计了一个写话练习：要求学生合上书自己动笔写三句话。读懂、理解课文中的三句话对学生来说没有难度，但是要写出这三句话，学生就需要根据图画和课文意思，搜寻并提取课文词句，根据自己的理解和语言习惯重新加工组合，然后写出通顺连贯的句子。整个思考书写过程，学生头脑中经历的是有效的语言建构活动。这样根据课文意思写话的练习对学生来说难度不高，但是可以丰富学生语言建构的经验，熟练书面表达的技能。

袁老师舍得花时间让学生当堂写话，更舍得花时间引导学生发现自己表达与书上语言表达的差异。如果仅仅引导学生体会课文遣词造句的妙处，学生获得的体会往往是表面的、浅层的，知其然不知其所以然。学生通过自己的写话实践，再去比较体会课文遣词造句的妙处，就能实实在在地认识课文这个词用得好，为何用得好；这个句子写得妙，为何写得妙。许多教师也舍得花时间让学生当堂写话，但很少有教师舍得花这么多时间去指导点评。其实学生写话实践以后的交流点评，其获得的体会和形的认识可能会超过写话本身。学生写出的几句话，反映的只是他原有的写话水平；只有当他将自己写的话与书上语言表达进行比较，才能真真切切地感受到自己语言表达上的不足。这样具体实感的切身体会，能有效地改善并提高学生语言建构的质量，优化学生书面语言表达能力。袁老师不厌其烦地引导学生一句句比较点评，指导得那么具体、那么细腻，点评得那么准确、那么到位，充分反映出她高超的教学艺术和教学智慧。按照语文教学大纲的规定，二年级学生要求写几句话到一段话，袁老师设计的这个看图写几句话的练习，完全符合二年级学生的写话目标。

3. 培养学生提出问题的阅读习惯

听过袁老师上课的人，都会发现袁老师所教的学生特别会提问题，而且提出的问题大多很有思考性。大家读读上课伊始学生提出的几个问题：

生1：什么叫"颗粒归公"？书里的"颗粒归公"也是个名称，这句号为什么放在后引号的里面？

生2：我也有个问题，"还上了彩色呢。"为什么不说"还涂上了彩色呢。"

生3：我看了《拼音识字》，上面说"泥人张"是人们给他们一家的名称，那么这个"泥人张"到底指谁？

生4：还有一个问题，什么叫"高额头"？

二年级小学生提问大多是哪些词不理解，哪个句子读不明白，就如生

1 和生 4 提出的什么叫"颗粒归公",什么叫"高额头"这类问题,这是很正常的。可是袁老师教的学生还提出了"这句号为什么放在后引号的里面?""还上了彩色呢。"为什么不说"还涂上了彩色呢。"这类问题直击课文的语言表达,远远超越了二年级学生的质疑提问能力。

有人将学生提出问题的能力分为五级水平。第一级:敢于提出问题水平。这是提问的初级阶段,从不敢提问到敢于提问,对于激发学生的学习兴趣,提高学生的自信心有很大帮助。第二级:简单模仿水平。初步学会按老师提出问题的方法来提出问题,这一级水平的学生提出的问题往往比较简单,模仿性很强。第三级:开始有意识地思考问题,试图提出一些有新意的问题,这级水平的学生所提出的问题有一定的成熟感。第四级:带着问题学,钻研后提问,提出的问题有一定的深度和难度,有时往往会"将"教师的"军"。第五级:深思熟虑后提问,这级水平的学生提出的问题往往击中关键,具有"独创""发现"之特征,只有很少部分学生才能达到这一阶段的水平。这部分学生已初步具有了向高深领域冲击的基础,质疑已成为他们的本能,这些学生毫无疑问地已具备了终身学习的基础和能力。一般来说,经过老师的鼓励、帮助与教育,绝大多数学生能达到第一、第二级提问水平。但一位优秀语文教师不会满足于学生提出这两级水平的问题,而是在此基础上引导学生进一步提出有新意、有一定深度和难度的第三、第四级问题;甚至是有创意、教师也没有"发现"的第五级水平的问题,这样培养出来的学生才能"青出于蓝而胜于蓝",这是每一个语文教师都应该追求的目标。

袁老师教的这个二年级班级,入学仅一年多的小学生就能提出这样一些高质量的问题,与教师平时的培养是分不开的。这堂课开始,袁老师就请学生认真读课文,发现有什么不懂的问题?难能可贵的是她将学生提出的这些问题一一记在心里,并且在以后讲读课文的时候一一做出回应,无一遗漏。在五个学生分别读了五节课文以后,学生又提出了"'还上了彩色呢。'这儿为什么不用感叹号,而用句号?""'还上了彩色呢。'为什么不用"还上了颜色呢?"袁老师又非常耐心地加以回应。特别是在第五节课文教学时,袁老师针对第一节课同学提出"书上'颗粒归公'后面怎么有句号"这个问题,表扬"这个同学学得认真,这是书上印错的;这个句号，应该在引号的外边，给它改正"，这样的表扬对提问的学生是极大的鼓励。由于袁老师重视并鼓励学生提出的问题，把学生提问真正作为一种阅读习惯加以培养，因此有效地激发学生提问的积极性，学生提问的质量当然越来越高。在袁老师的鼓励和倡导下，二年级学生已经开始独立思考，敢于提出问题，不迷信他人，也不迷信老师，有不同意见就勇于提出来跟别人商讨，有效地培养了学生崇尚理性的良好品德。

4. 抓住语文课程本体教学任务，发展思维落实情感教育

语文是一门综合性课程，不仅承担培养学生运用语言文字能力的任务，还承担着思维发展、文化传承、审美创造等诸多任务。但是语文作为一门以学习母语为本质任务的课程，理所当然地应该以语言的建构与运用为目标展开教学，而思维发展、文化传承、审美创造等教学内容应该是渗透在学习语言文字运用的过程之中的。20 世纪 80 年代正值我国改革开放初期，国外先进的教学思想的引进，使广大语文教师深刻认识到语文教学仅仅停留在"加强基础知识"教学是不行的，还必须"发展智力，培养能力"。值得指出的是袁老师在教学中是在语言训练的同时发展学生的智力，而不是离开语文学科的本体，单纯地去进行思维训练。

我们检索一下这个课例各段落的教学：第一节课文袁老师抓住了"泥人张真会捏泥人"这句话里的"真"，还引导学生讨论"为什么不用'涂上'而只用一个'上'"的问题，让学生体会课文用词的准确和简练；第二节课文抓住如何用好代词"它们"，并且梳理这一段句子与句子之间的关系，让学生明白"用词要有变化""讲话要有次序"；第三节课文袁老师设计了看图写三句话，让学生通过写话实践深切体会如何一句句把话写清楚；最后两节课文抓住了弟弟是"好样的"，理解"颗粒归公"的意思，并且讨论"颗粒归公"这个题目，通过学生提出的七个题目的优劣比较，让学生体会到弟弟爱护公共财产的好思想、好行为。每一节教学所抓的关键词句和问题讨论，都紧紧扣住课文语言文字，引导学生在学习语言文字运用过程中理解课文思想内容，培养良好的思维习惯，并且接受思想情感教育。

我特别欣赏第二节课文袁老师设计的填空练习。这个练习涉及的语文

知识有四个方面：（1）如何正确地使用代词；（2）使用代词要避免重复；（3）描写一个事物要有顺序，要注意句子的前后连贯；（4）总起句的作用。这些知识点都没有超出二年级词句教学范围。袁老师通过实例的细心比较，具体感知，使学生对怎样正确使用代词，怎样有顺序地描写事物等一些比较抽象的语文知识，有了具体真切的体会，而且使学生知其然，又知其所以然。这个练习如果只是一般地要求学生填写"这些鹅、它们、它们、鹅"这些词就完了，那么这个练习的价值就很小。袁老师的高明之处就在于配合这个填充练习设计了一连串问题，特别是第四个括号的进一步讨论：如果这里再用"它们"，那样的话"它们"又用得太多了，而且指代会不明确。这样的教学充满了辩证法，充分体现了袁瑢老师钻研教材的深入细腻，反映出她"深、细、严、实"的教学风格。学生在接受知识的同时，他们的思维处于积极活动状态，没有出现教师讲授，学生被动接受的状态。看似平淡无奇的一段文章，袁老师抓住了文章中的语言要素，教出了浓浓的语文味。

袁老师讲读课文善于抓住课文的字词句，通过对词语句子的比较分析，让学生认识和体会遣词造句的方法规律，并且加深对课文思想内容的理解。所设计的问题讨论，找不到单纯的分析课文内容情节式的问题。深入体会袁老师讲读课文时设计问题的方法经验，对改变目前讲读课教学仍然存在的单纯内容情节分析讨论的不良现象，有着强烈的现实意义。

📖 **课文链接**

颗粒归公

（人教版十年制小学语文课本第三册）

"泥人张"真会捏泥人，连我弟弟跟鹅打架，也给捏了出来，还上了彩色呢。

说起来真有意思。我奶奶养了五只鹅。这些鹅红嘴巴，高额头，浑身雪白。我弟弟特别喜欢它们，常常给它们喂食。鹅一看见他，就伸长了脖子围着他转。

那天，我弟弟拾了一篮子稻穗，正要送到队里去，那五只淘气的鹅以为又给它们喂食来了，嘎嘎嘎地扑了上来。弟弟把篮子举得高高的，大声喊："这是队里的，不给你们吃！"可是鹅一点也不听话，它们拍着翅膀，盯着篮子，嘎嘎嘎地叫着往上扑。弟弟左躲右闪，急得满头是汗。

正在这时候，"泥人张"来了。他笑呵呵地说："小弟弟，你是好样的，我来给你捏个像。"

你看，就是这么个跟鹅打架的像，还给起了个名字，叫"颗粒归公"。

《骆驼》《找骆驼》《蜜蜂引路》教学案例评析①

📎 教学案例

一、教材简析及安排

把这三篇课文作为一组教材进行教学。其中《找骆驼》是重点讲读的课文;《蜜蜂引路》是阅读课文,用以巩固在《找骆驼》文中所获得的知识。由于本班学生多数没见过骆驼,甚至认为驼峰是用来存水放草的东西,所以又选了《骆驼》一文,作为辅助教材,使学生初步认识骆驼,了解它的生理特点,并知道它是沙漠里重要的交通工具。

《找骆驼》一课主要介绍:一个商人丢失了一只骆驼很着急,在一位老人的指点下,他最终找到了走失的骆驼。老人为什么能够指点,而且指点得非常正确,这是课文的重点部分。因为老人善于观察,看到路上有骆驼的脚印,右边深,左边浅,就判断出骆驼的左脚有点跛;看到路上有蜜有米,就判断出骆驼左边驮着蜜,右边驮着米;看到骆驼啃过的树叶上留下了牙齿印,就判断出它缺了一个牙齿。正是因为这个老人既善于仔细观察,又善于动脑筋分析,所以能准确地指出这只骆驼的特征。按照老人的指点,商人果然找到了走失的骆驼,证明老人的判断是正确的。

《蜜蜂引路》一课主要写了列宁在没有向导的情况下,能独自找到养蜂人。这也是由于列宁同志善于仔细观察,又善于动脑筋分析判断的结果。这样的课文,正好让学生通过阅读,巩固在《找骆驼》一课中所获得的知识。

---

① 课例引自霍懋征. 小学语文教学经验谈 [M]. 上海:上海教育出版社, 1985.

把这三课编成一组进行教学，先学《骆驼》，再学《找骆驼》，最后学《蜜蜂引路》。

【评】教材简析部分清晰揭示了课文组合的意图。《找骆驼》是本单元重点教学课文。《骆驼》是一篇辅助教材，旨在帮助学生了解骆驼的生理特点，主要为学生学习课文《找骆驼》提供知识准备。《蜜蜂引路》写列宁在没有向导的情况下独自找到养蜂人，与《找骆驼》这篇课文里的老人在思想方法上完全一致。将这两篇组合起来学习，可以引导学生懂得要仔细观察、认真思考，才能做出正确的判断，有利于培养学生的观察事物能力和分析、判断、推理能力。

二、教学目的和要求

1. 通过《找骆驼》和《蜜蜂引路》两课的教学，使学生懂得只有仔细观察、认真思考，才能做出正确的判断，逐步培养学生的能力和逻辑思维能力。

2. 通过学习讨论《骆驼》一课，使学生了解骆驼的生理特点和特殊本领，知道它适于做沙漠里的交通工具。

3. 学会课文中的生字新词，运用"肯定十否定＝疑问"的句式造句。

4. 正确流利地朗读课文，并能复述《骆驼》一文。

三、教学的重点和难点

老人能准确地指出丢失的骆驼的特点，列宁能独立准确地找到养蜂人。培养学生善于观察、认真思考的能力，是教学的重点和难点。

四、课前准备

1.《骆驼》一课的朗读录音。

2. 骆驼的模型。

3. 幻灯片若干张。

五、教学时间

《骆驼》25分钟，《找骆驼》40分钟，《蜜蜂引路》20分钟，布置作业 5 分钟，共计两课时。

【评】本组课文教学重点和难点是"培养学生善于观察、认真思考的能力"；但教师也没有忽视课文生字新词和句子教学以及语文基本技能的训练，教学目的中特意提出能正确流利地朗读课文，复述课文《骆驼》，运用"肯定十否定＝疑问"的句式造句等，这些都是教学课文的最基本要求。从时间安排看，《找骆驼》教学 40 分钟，其他两篇课文教学时间分别为 25 分钟和 20 分钟，三篇课文没有平均使用力量，重点非常明确。

教学案例

第一课时

一、教学内容和要求

1. 分析课题《找骆驼》，听《骆驼》一文的朗读录音，使学生了解骆驼的生理特点和特殊本领，知道它适于做沙漠里的工具。

2. 分析阅读《找骆驼》从开头到"要不你怎么会知道得这样详细"这部分课文，使学生知道：商人丢了骆驼，找了好多地方都没找到，很着急，而老人的几句话，使他有了找到骆驼的希望。这是因为老人讲的几句话，准确地说出了商人丢失的那只骆驼的特点，好像老人看到了那只骆驼一样。

3. 处理两篇课文中的生字新词。分角色朗读课文。

二、教学过程

1. 分析课题。(板书：找骆驼)

指导读"骆驼"一词，"驼"读"tuo"，是轻声；在"驼峰"这个词中，读"tuó"，是第二声。

通过分析课题，使学生知道这篇文章是按"丢骆驼──→找骆驼──→结果怎样"的顺序来写的，重点部分是"找骆驼"。

提问：

谁看到过骆驼？谁能说说它是什么样的，有什么特征？

结合学生的回答，让学生听《骆驼》的朗读录音，认识骆驼。

2. 放《骆驼》的朗读录音，展示骆驼的模型，放映幻灯片。

（1）放第一遍录音，听后让学生初步讲出：骆驼生活在沙漠里，由于它生理上的一些特点，有特殊的本领，能适应沙漠里的生活，所以一般让它做沙漠里的交通工具。

（2）放第二遍录音，听后提问，让学生了解课文的主要内容。

提问：

①沙漠有什么特点？

（放映幻灯片一。）

　　生活在沙漠里

　　沙漠：宽广无边　风大　水少　沙厚　天气热

②骆驼的生理特点有哪些？这些特点在沙漠里有什么作用？

（放映幻灯片二，并板书右半部的词语。）

　　骆驼的生理特征：

　　身高脖子长　　　　看得远

　　鼻子特殊　　　　　闻　闭

　　腿上有胼胝　　　　不怕烫

　　脚掌脚趾　　　　　厚　能分开

　　驼峰　　　　　　　脂肪

（3）骆驼有什么适应沙漠生活的特殊本领？

（放映幻灯片三。）

　　特殊本领

　　带路　报警　驮东西

（4）观察骆驼模型，按幻灯片上的字幕复述课文，随后总结《骆驼》一文，引入《找骆驼》一课的讲读。

【评】在20分钟时间里听两遍课文录音，着重训练学生倾听能力。第一遍听懂课文的内容，第二遍要求听清课文中有关沙漠的特点、骆驼的生理特点以及特殊本领等细节。然后利用幻灯片梳理文章细节内容，帮助学生记忆课文，降低学生复述的难度。

3. 教师范读《找骆驼》全文。

要求学生注意听，把不懂的地方记下来，并能说出这篇课文主讲了一件什么事。

4. 学生质疑。

让学生提出自己不懂的问题，以便了解学生对课文掌握的程度。有的放矢地进行教学。

学生可能提出的问题：

(1) 为什么根据骆驼的脚印右边深，左边浅，就知道骆驼的左脚有点跛呢？

(2) 为什么看到骆驼啃过的树叶，就知道它缺一颗牙齿呢？

(3) 为什么老人能说出商人丢的那只骆驼的特点呢？

(4) 商人为什么自己找不到骆驼呢？他不会也按老人看到的情形去找吗？

5. 指导阅读第一小节。

提问：骆驼丢了，应该怎么办？想想下面该写什么了。

突出"找了好多地方都没找到""很着急"（板书：丢）

突出"找"字（板书：找）

6. 指名读课文中有关找骆驼的一部分。

提问：

(1) 老人提出了几个问题？都是些什么问题？

(2) 通过商人的回答，使你知道了什么？

(3) 商人为什么又生气了呢？

小结：

通过商人的三次回答："是的""不错""对极了"，可以知道老人说的骆驼特点是非常正确的。商人在十分着急的情况下，听了这些回答充满了希望，但是，一听老人说"那可不知道"，马上就生气了，觉得一定是老人把骆驼藏起来了。商人为什么会这样想呢？

因为老人说得太正确了。为什么老人能说得这样正确呢？下节课再接着学。

【评】这个教学环节一定程度上体现了 20 世纪五六十年代讲读教学的特点，讲讲读读，以讲为主，以读为辅，强调课堂内教师的指导作用。与当下语文课强调以"学生为本""以读为本"的教学观念形成明显的差异。可以圈点的是霍老师在教学《找骆驼》这篇课文时一开始就引导学生提出自己不懂的问题，并且具体预设了学生可能提出的问题，着力培养学生质疑提问的能力。

第二课时

一、教学内容和要求

1. 继续分析《找骆驼》的后半部分，使学生知道老人之所以能说得正确，正是由于他善于仔细观察和认真分析的缘故。

2. 学习《蜜蜂引路》一课，使学生知道正是由于列宁善于仔细观察和认真分析，才能独自找到养蜂人。

3. 有感情地朗读课文。

二、教学过程

1. 分角色朗读《找骆驼》。

2. 学生自学《找骆驼》的后半部分。

思考题：老人为什么能正确说出商人丢失的骆驼的特点呢？

着重让学生理解，由于老人仔细观察、认真分析，所以才能做正确的判断。

3. 指导学生从书上找出有关老人"仔细观察""认真分析""正确判断"的词句。

例如：

仔细观察：看见　　骆驼的脚印　　右深左浅

又看见　　路的左边有蜜　　右边有米

还看见　　啃过的树叶　　留下牙印

认真分析：想

正确判断：左脚跛　左边驮蜜　右边驮米　缺一颗牙齿

4. 朗读最后一句话。

提问：商人为什么能找到了骆驼？

（板书：找到）

小结：

商人按照老人的指点，终于找到了骆驼。这是老人仔细观察、认真分析的结果。

【评】特别值得关注的是霍老师在这一环节设计的教学方法，课文重点部分主要通过学生自学完成。教师提出了关键问题"老人为什么能正确说出商人丢失的骆驼的特点呢？"先是引导学生自学，然后再通过讨论，总结出"由于老人仔细观察、认真分析，所以才能做正确的判断"这个道理。这样的教学设计，有利于培养学生的独立阅读能力，也为学生自学略读课文《蜜蜂引路》做好准备。

5. 指名朗读《蜜蜂引路》。

提问：蜜蜂给谁引路？它是怎样引路的？

组织学生讨论。

通过讨论，使学生知道由于列宁善于仔细观察、认真分析，判断出蜜蜂采蜜后一定会飞回蜂房，所以他能独自找到养蜂人。

6. 总结课文。

今天学习的《找骆驼》和《蜜蜂引路》两篇课文，使我们懂得无论做什么事情，都要像老人和列宁一样，一定要仔细观察和认真分析，才能得出正确的判断。

【评】20分钟时间完成这篇略读课文的教学。教师采用的主要是朗读、提问思考和讨论，最后的总结紧扣了这组课文教学的重点目标。以讲读课文带出这篇略读课文，增加了学生的阅读量，又能够使学生对课文阐明的道理有更加深切的认识。值得关注的是，教学这篇课文时教师在语文知识和写作方法方面没有提出新授内容，很好地体现出略读课文教学特点。

7. 课堂练习：用"肯定＋否定＝疑问"的句式造句。

你是少先队员。

"是"表示肯定的意思。(板书:是)

你不是少先队员。

"不是"表示否定的意思。(板书:不是)

你是不是少先队员?

"是不是"表示疑问的意思。(板书:肯定+否定=疑问)

口头造句:说出日常生活中"肯定+否定=疑问"的句子。

例如:

"你要不要?""你走不走?"……

8.布置作业。

(1)朗读《找骆驼》《蜜蜂引路》。

(2)简要复述《骆驼》,并写在作业本上。

(3)用"肯定+否定=疑问"的句式造两个句子。

【评】霍老师教学这组课文的重点在明理,但并没有忽视语文基础知识和基本技能教学。最后抓住课文中老人说话时反复出现的"是不是"的句式进行了口头造句,布置的三项作业紧紧围绕教学目的中提出的要求,朗读、复述、造句,课外作业与课堂教学前后呼应,融为一体,有利于将本课的教学目的落到实处。

案例评析

霍懋征老师1956年被评为全国首批特级教师,是20世纪中叶我国小学语文教师中的旗帜性人物。霍懋征老师一直站在小学语文教学改革的最前沿。她注意学习他人的经验,取长补短,不断改进教学方法,逐步形成了自己的一套"讲读"的教学方法,即在钻研教材的基础上,抓住规律,讲讲读读,以讲为主,以读为辅。这套教学方法在当时的语文讲坛有着广泛的影响,受到了学生和广大教师的欢迎。57岁的霍懋征后来又回到了离开多年的北京第二实验小学,重新挑起了语文教学改革的重担。她认为对过去自认为行之有效的方法也要一分为二,既要敢于肯定应该肯定的东西,也要敢于否定脱离实际的东西,哪怕是自己最习惯的教法。当时霍懋征老师新接了一个三年级班的语文教学,她解放思想,勇于探索,勇于实践，本着数量要多，速度要快，质量要高，负担要轻的目标，努力按照课文教学中学生的认识规律改进教法，把着眼点放在学生能力的培养上，又开始进行大胆的试验。她的基本做法是合理组织课文，根据大纲、教学目的和需要，把联系紧密或者有相同之处的教材组织在一起，成为一个教学单元，有的精讲，有的略讲，有的留给学生自己阅读。教一篇，带几篇，增加学生阅读的数量，改变了语文教学长期存在的少慢差费现象，闯出一条多快好省的路子。

她在三年级教学中，把《一头学问渊博的猪》《蚕和蜘蛛》《农夫的遗产》《旅人与熊》《鲁王养鸟》《砂锅捣蒜》六则古今中外的寓言组成一个单元。先用一个多课时重点教学《一头学问渊博的猪》，接着用 25 分钟教了《蚕和蜘蛛》，然后用一个课时让学生自己练习阅读其他四则寓言，读后说出寓意。这样有讲有练，六篇寓言故事三个课时就学完了，学生视野开阔，不仅较好地掌握了寓言作品的特点，而且提高了阅读寓言故事的能力，效果很好。

在教学《望庐山瀑布》这一课时，霍老师让学生读读背背，仅用十分钟时间教学完李白的这首诗，然后附带复习了李白其他五首诗歌。她利用小学生记忆力旺盛的特点，在最小的单位时间里达到了教学效果最大化，展现出高超的教学艺术。古诗教学如何达到高效，霍懋征老师的教学方法堪称小学古诗教学的典范。

这个课例呈现的也是霍老师一篇带几篇改革实验的典型课例，她把《骆驼》《找骆驼》《蜜蜂引路》编成一个单元，用两节课时间教了三篇课文。先教《沙漠之舟》，让学生看骆驼的模型，听读《骆驼》的录音，并要求学生注意骆驼的模样，学着录音复述。课后作业是练习写介绍骆驼的小文章。接着，重点教《找骆驼》，课文第一层写丢失骆驼，第二层写寻找骆驼，第三层写找到了骆驼。审题后，在黑板上板书"丢""找""结果"几个字，让学生在阅读中抓住作者的思路，注意老人的观察和分析的方法。课文中有 3 处用了"是不是"的句式，结合进行了句式训练。最后用了 20 分钟时间让学生自己阅读《蜜蜂引路》，提问列宁为什么能找到养蜂的人？进一步促使学生学习善于观察、善于分析的方法。

霍懋征采用单元编组，一课带几篇的方法，在一学期中教了 95 篇课文，其中包括课本上的 26 篇，补充了 26 篇，还学了古诗、新诗 43 首。在教学实践中霍懋征深深感到，让学生大量阅读，有了数量才有质量。单元编组为加大阅读量提供了有利条件，不仅在课堂上多教了课文，而且学生也有时间阅读课外读物了；学生读书多，能丰富知识，开阔视野，提高学习语文的兴趣。

尽管这是一个 20 世纪 70 年代打造的教学设计，离现在将近半个世纪了，但是其中透露的许多语文教学理念至今仍熠熠闪光，值得当下小学语文教师借鉴。

1. 用"一篇带几篇"的方式增加学生的阅读量，提高学生学习语文的兴趣

霍老师进行的这项实验完全符合小学生语文学习的规律，至今仍有强大的生命力。当下在语文教坛非常火爆的"群文阅读"，不少学者教师误认为其发源地在台湾地区，这个案例以事实表明"群文阅读"的创始人是霍懋征，尽管没有明确地以"群文阅读"冠名，但两者并无实质性的差异。台湾地区"群文阅读"的倡导者是否受到霍懋征老师这项实验的影响一时难以考证，但是霍老师"一篇带几篇"的试验在时间上至少领先将近 20 年，这是不争的事实。一篇带多篇课文的组合，不是一种简单的"凑合"，也不同于中华人民共和国成立以来语文教材大多采用的人文主题组合单元的方法。霍老师组合课文的方法是灵活的、多元的。比如《找骆驼》这组课文，霍老师组合的方式就不是单一的，前一篇主要用于扩大学生知识面，后一篇主要是以加深学生思想认识作为组元的依据。她把《一头学问渊博的猪》和其他六则古今中外的寓言作为一个单元组合，是将文章体式作为组元的依据，意在指导学生认识怎样读懂寓意，指导的是一类文体阅读的方法。她将《望庐山瀑布》与李白的其他几首诗歌组成一个单元，引导学生对李白这位古代诗仙有更加宽泛的认识，既是一种文体的组合，又是意在开阔学生视野，加深对中华优秀传统文化的认识。霍老师组合单元的依据主要不是课文思想或内容的主题，而是充分关注学生认识能力的发展，阅读能力的提升，生活经验的丰富，以及对中华传统文化的深入体认等。这样灵活多元的组元方式，源于霍老师自身丰厚的语文学养、

对学生语文学习规律的深刻认识，以及对课文内在学理的深刻认识和准确把握。

2. 关注学生语文能力的全面发展

20 世纪五六十年代语文课关注字、词、句、篇、等语法、修辞、逻辑、文学语文知识教学。改革开放以后，随着国外先进教学思想的引入，语文课开始重视发展智力，培养能力，重视学习方法的指导。霍懋征是这一时期语文教学改革的引跑者，引导着语文教学改革的方向。当时的语文课堂内还是盛行着以教师指导为中心，以教师的分析讲解为主的教学方式。霍老师在课堂内着力培养学生的自学能力，几个主要环节都采用的是学生自学的方法，很大程度上改变了教师繁琐讲解分析的教学方法。教学《找骆驼》的重点部分，霍老师抓住"老人为什么能正确说出商人丢失的骆驼的特点呢？"然后引导学生自学课文，寻找答案，通过讨论总结出"由于老人仔细观察、认真分析，所以才能做正确的判断"这个道理。然后教师又不失时机地让学生去自学《蜜蜂引路》，帮助学生举一反三地体悟到了《蜜蜂引路》的重点所在，寻找老人和列宁身上的共同特点。学生通过这样的学习过程，收获的不仅仅是课文中阐明的道理，更多的是自学课文的能力，并且对如何有联系地观察生活，如何对生活现象进行分析、推理、判断，会有深切的体验，能有效地提高学生的思维能力。结合自学课文，霍老师还有意识地培养学生质疑提问的能力。第一课时霍老师在范读前，要求学生注意听，把不懂的地方记下来，然后专门设计一个单独的环节，让学生提出不懂的问题，以便了解学生对课文掌握的程度。霍老师还精心预设了学生可能提出的问题，充分说明她对培养学生质疑提问的重视。这样的教学设计在当下语文课堂内不足为奇，但在 20 世纪中叶却是难能可贵的。霍老师还注意培养学生的倾听能力，这堂课伊始，设计了听两遍课文录音，两次倾听要求逐步提高，第一遍要求学生了解沙漠，了解骆驼，第二遍要求学生说出骆驼的生理特征和特殊本领，记住文章的细节，层次非常清楚。这是融倾听力、注意力、记忆力、思维力和表达能力为一体的综合训练。

3. 霍懋征老师在重视学生能力培养的同时，也非常重视语文知识教学和语文基本技能的培养

从教学要求可以看出，霍老师将教学重点确定为"培养学生善于观察、认真思考的能力"，但教学目的 3 中特意提出"学会课文中的生字新词，运用'肯定十否定＝疑问'的句式造句"；教学目的 4 提出，"正确流利地朗读课文，复述课文《骆驼》一文"。字、词、句学习，朗读、复述能力培养，这些都是教学每篇课文的最基本要求，需要在教学过程中扎扎实实地落到实处。

霍老师在审题时指导了骆驼的"驼"读轻声，并且举出"驼峰"这个词，通过比较让学生掌握了"驼"的两种读音，指导非常细腻。在指导《骆驼》复述时，先让学生听两遍录音；然后结合学生讨论，用三张幻灯片清楚显示出骆驼的生理特征和特殊本领；最后再观察骆驼模型，按幻灯片上的字幕复述课文。这样的指导过程不仅训练并检查了学生的倾听能力，也为最后的复述课文做好了准备。霍老师指导疑问句句式"是不是"造句也很颇具匠心。先用例句认识什么是肯定，什么是否定，然后板书"肯定+否定＝疑问"，最后引导学生举一反三说出"你要不要？""你走不走？"……这样学生就顺利地完成了口头造句。在布置课外作业时，霍老师还特意要求学生用这样的句式造两个句子。以上列举的这些事例，看似平淡无奇，其实隐含着霍懋征老师对语文课程性质任务深刻的认识，对学生学习规律的正确把握，也反映出她丰富的语文教学经验。

周一贯老师曾经对这个课例做出如下评价：本设计无疑是我国小学语文教学发展史上的一项标志性设计，因为它不仅是由霍懋征老师所倡导的"一次多篇法"阅读教学模式之范型，而且穿越了近 30 年的时光隧道，体现出历经岁月的风雨而历久弥新，秉承时代的洗礼而光彩倍增的品格。

📖 课文链接

找骆驼

从前有个商人，走失了一头骆驼。他找了好多地方都没找到，心里很

着急。这时候，他看见一位老人在前面走，就赶上去问："老人家，您看见一头骆驼吗?"

老人说："你问的那头骆驼是不是左边的一只脚有点跛?"

"是的。"

"是不是左边驮着蜜，右边驮着米?"

"不错!"

"是不是缺了一颗牙齿?"

"对极了，您看见它往哪儿去了?"

老人说："那可不知道。"

商人忿忿地说："别哄我了，一定是你把我的骆驼藏起来了。要不，你怎么会知道得这样详细?"

老人不紧不慢地说："干吗生气呢，听我说吧。刚才我看见路上有骆驼的脚印，右边深，左边一个深一个浅，就知道骆驼左边的一只脚有点跛。我又看见路的左边有一些蜜，右边有一些米。我想骆驼驮的一定是这两样东西。我还看见骆驼啃过的树叶，上面留下了牙齿印，所以知道骆驼缺了一颗牙齿。至于骆驼往哪儿去了，你应该顺着骆驼的脚印去找。"

商人听了，照老人的指点一路找去，果然找到了那只骆驼。

《月光曲》教学案例评析①

第一课时

（上课铃声落，师生问好之后，片刻，教室里响起贝多芬的著名钢琴曲——《月光曲》。声音由弱到强，由强而弱。）

师：（深沉地）一百多年前，德国有个伟大的音乐家叫贝多芬。他说过："我的音乐只应当为穷苦人造福。如果我做到了这一点，该是多么幸福。"他一生谱写了许多著名的曲子。我们现在听到的优美动听的曲子便是其中的一首，叫《月光曲》。

（板书：月光曲）（琴声渐止。）

【评】在听《月光曲》中介绍作者，立刻使学生入情入境。

师：《月光曲》是怎样谱成的呢！还有一个美丽动人的传说呢！——请打开书，读读课文。读过之后，看谁能把这个传说说给大家听听。读的时候，要字字入目，把内容记住。能"过目不忘"才好呢！（板书：字字入目，过目不忘）

（学生自由读全文，个个神情专注。）

【评】很多老师朗读时强调读正确，大声读，要字字响亮。于老师朗读要求是"要字字入目，把内容记住。能'过目不忘'才好呢！"强调的

---

① 课例引自于永正. 于永正语文教学精品录 [M]. 江苏：中国矿业大学出版社，1999：167-177.

是阅读记忆。正确朗读是基本要求，能记住朗读的材料则是进一步的要求，是非常重要的阅读习惯。"读过之后要把这个传说讲给大家听"，能有效地促进学生的记忆。

师：看懂了吗？记住了吗？

生：（齐）懂了，记住了。

师：好。我要求大家先概括地讲，就是说，只把这个传说的大意讲出来。概括地讲比具体地讲恐怕还难。请你们再读书，思考一下该怎么讲；想过了，自己小声练习练习。

（学生默读，思考，各自练习。）

师：哪位同学先说？（一个男生站起来）其他同学要仔细听，要会听，能听出优点和问题。

生：一百多年前，德国有个音乐家叫贝多芬。一年秋天他来到莱茵河一个小镇上演出。一天晚上，他在一条小路上散步，听到断断续续地从一所茅屋里传来钢琴声。弹的正是他的曲子。他走到门口，听到屋里有两个人谈话。一个姑娘说："这首曲子多难弹啊！要是能听听贝多芬自己是怎样弹的该多好啊！"一个男的说："是啊，可惜入场券太贵！咱们买不起。"贝多芬听了很激动，走进屋，为兄妹俩弹了姑娘刚才弹的那首曲子。姑娘一听弹得这么好听，问："您就是贝多芬先生吧？"贝多芬没回答，又为他们弹了一首曲子，嗯，这首曲子就是《月光曲》。

师：他讲得怎么样？

生：老师要求讲传说，开头那句话可以不要。就从"一年秋天"开始讲。

师：你很会听。（对全班同学）同学们，大家都要像他这样，要专心地听别人讲话。（对发言的同学）你请坐。

生：我还没有说完呢！（笑声）

师：对不起，请接着说。

生：兄妹俩的对话，我觉得不能你一句我一句地说。

师：你的意思是——

生：我觉得这样说就不符合您的要求；应该这样说："贝多芬走到门口，听见里面有两个人谈话。从兄妹二人的谈话中，他知道，他们很喜爱音乐，可是家里穷，买不起票。"

师：（非常高兴地）你真是好样的！把对话改为叙述，多简洁！——你说完了吗？

生：说完了。（笑声）

师：请坐。（笑声）谁还有意见？

生：后半部分说得比较好。不过，姑娘说的那句话，那句"您就是贝多芬先生吧"，也不应该要，可以去掉。

师：说得有道理。

生：我觉得贝多芬回客店记曲子还得要，不然的话……

师：你提了一个非常重要的问题！说下去。别紧张，想一想，我知道你心里很明白。

（不少学生举手要求替该生说）

师：很多同学想帮助你，但是，这次机会我还是想留给你。

生：（该生终于想好了）不然的话，这首曲子人家会觉得早就创作好了。

师：（高兴地）你听出了一个非常重要的问题，就是《月光曲》是贝多芬即兴弹奏的，是他为穷兄妹二人的精神所感动，面对清幽的月光，激情来了而弹出来的，不是事先有的，是他回到客店才把弹的曲子整理出来的。因此，"贝多芬回客店整理"这一点必须交代清楚。总而言之，刚才这位同学说得还是比较简洁的。——谁再说一遍？

（学生纷纷举手，这次基本克服了第一位学生的缺点，做到了简明扼要。略。）

【评】怎样概括大意？教师指导一般是先提要求或讲方法，诸如读懂课文，抓住要点，用简要语言概括等。于老师先让每个学生自己再次朗读，然后自己想一想，尝试练习；在学生实践的基础上再交流，在交流中体会哪些地方该简要，哪些是要点，不能遗漏；交流以后，再请一个学生根据交流的体会说大意。学生自己有过说大意的实践经验，再听别人说大意时就会发现差异，比较出哪些地方说得好，哪些地方说得不好，这样就比较容易认识大意应该怎么说。通过学生的实践让学生领会概括大意的方法。先实践，后领悟方法，相比先方法，再实践更有效。如果教师只是教方法，学生没有自己去实践，这样的教学就成了空中楼阁，有效性很低。

师：这个传说感人肺腑，谁能具体地、生动地讲一下？为了讲得具体而生动，大家再把课文读一遍，把生动的情节、细节记住。看过的东西要努力记住，记住了才能变成自己的东西，才能有用。

（学生细心读课文。有的读读说说。）

师：谁来详细地把这个传说说一说？

（指名说，略。）

【评】为了讲得具体生动，再要求学生第三次读课文，再次强调把生动的情节、细节记住，看过的东西要努力记住。由于教师再三强调，课堂上学生读书时更加用心了，从接下来指名学生讲的传说看，课文内容在学生头脑中留下的印象更加具体深刻了。于老师培养学生读书习惯的高明之处是不仅提出要求，还有具体的检测手段跟进，这样长期训练，坚持不懈，就把良好的读书习惯培养落到了实处。

师：传说动人，这位同学说得也动情。故事会讲了，课文是不是会读了？能不能读出感情来？下边请一位同学读读试试。其余同学一边听一边看书，注意体会关键词语的意思和文章的思想感情。

（指名读。）

师：（学生读到"一天夜晚，他在幽静的小路上散步，听到断断续续的钢琴声从一所茅屋里传出来"时）请停一下，从"断断续续"这个词中你们看出了什么？（板书：断断续续）

生：因为离得远，有时听得见，有时听不见。

师：是这样吗？再读读，再想想。

生：从这个词中，我们可以看出琴弹得不熟练。因为下面说了，姑娘说"总是记不住怎样弹"。

师：这位同学的读书方法值得学习。他不是孤立地理解词语，而是从全篇考虑，联系上下文理解。

（学生继续往下读。）

师：（学生读完兄妹二人的对话后）请注意，你从"我不过随便说说罢了"（板书：随便说说）这句话看出了什么？——"哥哥，你别难过，我不过随便说说罢了。"

生：从这句话我看出这位姑娘很懂事。

师：是的，她很懂事。"懂"什么"事"？她是随便说说吗？

生：不是的，她很想去听音乐会。

师：应该说，她很想去参加音乐会。很想去，但是又说是"随便说说"，什么意思？

生：她怕哥哥难过，安慰她哥哥。

师：体会得多好！读书就应该这样读，通过字词句去体会人物思想感情，体会作者的思想感情。

（学生继续读下文。）

师：（当学生读到"姑娘连忙站起来让座。贝多芬坐在钢琴前面……"时）请停一下。同学们，读书要仔细，字字入目。请注意这两句话中的"座""坐"二字。前面的是座位的座，是表示名称的词；后面的是坐下的坐，是表示动作的，记住它们的区别，用的时候别混淆了。

（学生接着往下读。）

师：（学生读到"格外清幽"时）幽是个生字。大家注意"幽"字的写法，先中间，后两旁（边说边在黑板上示范）当中一竖写长一点，下边的"三框儿"，要写得上宽下窄，否则难看。请大家练一练。

（学生练完，继续指名读下文，直至读完。）

师：从"苏醒"这个词你能看出"陶醉"是什么意思吗？

生：听入迷了，什么都忘了，连贝多芬走了都不知道。

师：不错，陶醉在本课中就是这个意思，一看下文就明白了。同学们，8、9两节写得最美，最动人。贝多芬的美妙琴声仿佛把兄妹二人带到了月光下的大海。下面请听一听贝多芬的《月光曲》，我想大家一定也会有和兄妹俩同样的美妙的感受。听过之后，一定会把课文读得更有感情。

（老师播放《月光曲》片段。学生静静地听着。）

师：多么优美的曲子！大家听过之后，一定会把8、9两节读得声情并茂。

（学生练读，指名读，读得很有感情。）

师：这位同学读得真好，感情很投入。大家都被她的有声有色的朗读陶醉了，忘记了下课。(笑声)这节课拖了近5分钟，现在休息10分钟。

【评】于老师的语文课，第一课时往往是花大把时间引导学生反复朗读课文，通过各种方式的朗读让学生读懂课文，读熟课文。这堂课于老师要求学生读了四遍课文，第一遍是要求学生字字入目，记住内容；第二遍是再读课文，概括这个传说的大意；第三遍是为了让学生把这个传说说得生动具体；第四遍才是直接检查学生课文是不是会读了，能不能读出感情。无论是低年级语文课，还是中、高年级语文课，于老师都把朗读作为不可或缺的教学方法，想方设法引导学生反复朗读，严格要求，一丝不苟。

第二课时

师：听了《月光曲》，有了感受，又进行了练习，同学们确实读得很感人。不知咱们班哪位同学胆子比较小，不太敢举手，平时很少在班里站起来读课文？

(全班同学推举出一名个子较矮的女同学。)

师：(走到她跟前，抚摸着她的肩)我小时候，上课不敢举手，不敢读课文；后来老师鼓励我，慢慢地敢发言了。今天，我给你一次机会，读读8、9两节。你不要紧张，以实际行动告诉同学和老师：我不怕，我会读！来，试一下！

(该生读得基本流利，只是声音有点小。)

师：今天，你当着100多名老师和50多名同学的面，能读得这么正确、流利，很不简单！好好练习，今后一定会读得更好！为了帮助大家读好这两节，请听一听播音员的朗读。大家听了，一定会受到启发。

(放配有《月光曲》的朗读磁带。示范后，全班学生练读，再指名读，读得更为出色。)

师：这两节我们读了这么多遍，我想一定有人熟读成诵，也就是说，能背下来了吧？

(无人举手。)

师：是不是不相信自己？自己背背试试；这么美的文章，该背下来。

（学生积极地背、读，不到 7 分钟，多数学生举手，表示会背；老师指名背，居然背得不错。）

【评】通过第一课时反复朗读，学生基本能够读正确，读流利了。那么一些平时不大举手、胆小的学生是否也能朗读了？于老师在第二课时一开始还是继续检查朗读，为了提高朗读水平，还以播音员的朗读录音为示范，继续引导学生练习朗读。并且在反复朗读的基础上，要求当场尝试背诵。值得注意的是他在课堂上居然花了 7 分钟时间让学生自己练习背诵，这在公开课上是极为罕见的，真是难能可贵！多背是中国传统语文教学宝贵的经验，是积累语言、发展语言、培养语感的重要手段。现代语文教学要求学生背的篇目尚嫌不足，因此教师适当增加背诵量完全可行，很值得肯定。

师：同学们，请看小黑板上的一句话。（出示小黑板）

　　月光照进窗子，茅屋里的一切好像披上了银纱，显得格外清幽。

师：屋子里真的披上了银纱吗？

生：不是，这是比喻，把月光比成银纱。

师：这是由月光引起的联想。写实实在在的事物再加上适当的联想，文章的内容会更充实，更深刻，更感动人。（板书：联想）联想部分一般都是用"他想""好像""仿佛"一类的词引出来，这是个很重要的标志，当然也有没有的。请读读第 9 节，看看哪些地方写的是实实在在的事物，哪些句子是联想。

（学生默读第 9 节，边读边画。然后指名读画出联想部分的句子。）

师：找得很对。同学们，"慢慢升起的月亮""月光下波涛起伏的大海""大海波涛发出的阵阵涛声"，这些联想是由什么引起的？

生：是由贝多芬弹的《月光曲》引起的。

师：对。如果去掉了这些联想的句子，只要实实在在的事物，那，这段文字就失去了 99%的美。不信请看（出示小黑板）

> 皮鞋匠静静地听着。他看看妹妹，月光正照在她那恬静的脸上，照着她那睁得大大的眼睛。

师：大家读了觉得怎么样？还美吗？

生：不美了。

师：通过对比，我们进一步明白了，写文章的时候能把自己看到的、听到的写得很具体，又能恰当地加上自己的联想，文章的内容就会更充实，表达的感情就会更深刻。我们读文章的时候，分辨哪些是实实在在的事物，哪些是由实实在在的事物引起的联想，可以帮助我们搞清文章的内容，了解作者要表达的思想感情。

【评】这是学习"事物和联想"的第一步，理解什么是事物描写，什么是作者的联想。于老师通过两段话的比较，让学生具体而又感性地了解联想在文章中的实际作用，并且知道读懂文章应该仔细分辨课文中哪些是实实在在的事物描写，哪些是作者的联想，这样能够深入了解作者要表达的思想感情。这对高年级学生提高阅读质量非常有用。

师：我这里有一篇短文，现在发给你们，请认真阅读，画出联想的句子，再想一想，如果去掉了这些句子会怎么样？加上去有什么好处？

(发印好的短文。短文如下。)

> 大公鸡的头通红通红的，就像醉汉的脸，高高耸立的红鸡冠就像用红宝石制作的皇冠。脸下面两片鲜红的肉，红得透亮，亮得喜人。眼睛圆圆的，炯炯有神。
>
> 身上的羽毛有金黄色的，有红色的，有墨绿色的，闪闪发亮。两只金黄色的粗壮的腿，托住它那肥大的身躯，走起路来像个威武的将军。尾巴弯弯的，高高翘起。
>
> 它每天按时打鸣，唱起那令人振奋的《早起歌》："天明了，快起床！"一遍又一遍。每当听到它的歌声，我就不由得想起二年级学过的《美丽的公鸡》那篇课文。是呀！它不光外表美，还能帮助人们做事，多可爱呀！

（学生认真阅读全文，画出联想的句子。）

师：谁来把画出的联想的句子读一下？

（学生读，互相补充，略。）

师：如果去掉了这些联想的句子，怎么样？

生：如果去掉"就像醉汉的脸""走起路来像个威武的将军"这些联想的句子，公鸡给人的印象就不深了。

生：如果去掉"唱起《早起歌》"和"想起二年级学过的《美丽的公鸡》"这些话，公鸡也就不会那么可爱了。

【评】这是学习事物和联想的第二步，指导学生阅读时画出文章中作者的联想部分，思考联想在文章中的作用。此处插入一篇短文阅读，并非'节外生枝'。表面看短文内容与课文无关，但与学生学习的"事物和联想"这个知识点有着紧密的逻辑联系。学生认识了联想，了解了联想在文章中的作用，获得的仅仅是一种概念性的知识；这里再跟进一篇短文的阅读，引导学生迁移运用所学的知识，通过实际的阅读操练，才有可能将理解的知识转化成能够运用的阅读方法，这样学生获得的是一种新的阅读方法。许多语文教师往往追求知识的"理解"，以为学生理解了，明白了，教学任务就完成了。于老师追求的是学生"会用"，只有会运用才是真正学会了，这是语文教师应该追求的最终目标。

师：体会得非常好！阅读的时候，分辨出事物和联想，对文章的理解就更深刻了。同学们，我这里还有一篇短文，写得不错，我想如果能适当加点联想，文章就会更美。请你们看，能不能加以补充。

（发短文，内容如下。）

荷花

多美的荷花啊！碧绿的荷叶把池塘挤得满满的。白荷花、红荷花竞相开放，全开的，半开的，姿态各异，争奇斗艳。一朵刚刚绽开的花骨朵，躲在一片荷叶后面，一只蜻蜓在上边飞来飞去。

（学生认真读，认真修改，老师巡视。）

师：大多数同学修改好了，有的修改得相当出色。谁来读一读？

（请了三个同学读修改过的短文，一篇比一篇精彩。下面是第三篇，内容如下。）

荷花

夏天的一个中午，我来到荷花池塘边观赏荷花。

碧绿碧绿的荷叶像一把把撑开的伞，把池塘挤得满满的。花儿从荷叶的缝隙中伸出来，白的，红的，全开的，半开的，婀娜多姿，竞相开放。一阵风吹来，花儿摇动起来，我觉得荷花变成了小姑娘，荷叶变成了她的绿裙子，为我翩翩起舞。

一朵刚刚绽开笑脸的花骨朵，像一个怕羞的小妹妹，躲在荷叶的背后，一只蜻蜓在它上边飞来飞去，一会落在了上面，我不由得想起四年级学过的《小池》里的诗句："小荷才露尖尖角，早有蜻蜓立上头。"

（该生读完这篇短文时，教室里响起了一片掌声。）

【评】 这是学习"事物和联想"的第三步，也是整堂课设计得最精彩、最有创意的一步。学习"事物和联想"最大价值是迁移运用到学生的写作实践中。小学生作文写不具体，一个重要原因是不会自觉展开联想，写荷花往往就是写荷花的样子、颜色、形状，如果能适当展开并加上自己的联想，就能把文章写得具体，思想感情表达得更充分。于老师通过修改短文，让学生在写作实践中深切认识到事物和联想如何运用到自己的写作实践中，获得了这个知识点教学价值的最大化。

师：把"落在了上面"改为"落在刚刚长出来的还没有舒展开的尖尖的叶子上"，就更适合诗句的原意了。

（下课前，于老师又将印好的一篇短文发给了学生们，要求他们在作文课上，将它认真修改一下，补充上联想的语句。短文如下。）

又是一个"优秀"

作文本发下来了。我打开一看，又是一个"优秀"。"优秀"二字后面还加了一个大大的叹号！

张老师批改作文可细了，连一个用错的标点都不放过。我在写人物对话时，由于粗心，少点了一个引号，张老师在旁边用红笔写道："后边的引号怎么没有了？是谁偷走了？"看了这句话，我顿时觉得脸发烧。

张老师从来不吝啬红墨水，总是在好词好句上画上波浪线和圆圈。看着那红色的波浪线，我心里无比激动和兴奋。

案例评析

于永正老师是当代我国小学语文名师群体中最杰出的代表。于永正老师对语文教学的贡献不仅仅是创立了"儿童语文"教学流派，最主要的是他通过长期的语文教学实践，逐步揭示了儿童语文学习的内在规律，选择了最适合儿童语文学习的内容，采用最适合儿童学习语文的方法帮助学生学习语文。于永正老师的语文教学观代表了我国小学语文教学改革的正确方向。

于老师曾经在一篇文章中大声疾呼："各位老师记住，要让孩子朗读！读出声音来，这不但容易记住，而且能锻炼语言表达能力，培养语感。可惜，我们好多老师都没这样做。"他认为把课文读正确、读流利是学习语文的基础，是"保底工程"。他说："书面语言是怎么学来的？是读。语感是怎么培养的？还是读。在这方面花时间是值得的。"于老师是这样说的，也是这样做的。他上的语文课，第一课时除了让学生学会生字词语，就是花大把时间引导学生反复朗读课文，通过各种方式的朗读让学生读懂课文，读熟课文。无论是低年级语文课，还是中、高年级语文课，都把学生朗读作为不可或缺的重要内容，严格要求，一丝不苟。

这堂课的第一课时，于老师采用的主要教学方法就是朗读。他想方设法引导学生读书，一连安排了四次朗读：第一遍是初读课文，要求学生字字入目，记住内容；第二遍是在概括说出这个传说的大意之前，要求学生再读课文；第三遍是为了把这个传说说具体、说生动；第四遍是指名朗读，检查学生能不能把课文读出感情。前三遍朗读安排的都是个人自读，让每个学生都有练习朗读的机会，第四遍检查朗读效果才安排指名个人朗读。值得注意的是，第二课时还是以朗读练习开始，首先推荐一位平时不大举手比较胆小的学生朗读，然后播放录音，引导学生以播音员的朗读为榜样练习朗读，提高自己的朗读水平。由于学生有反复朗读的机会，才有了熟读成诵的可能，经过 7 分钟的尝试背诵，大部分学生能够当场背诵。于老师说"儿童的语文"，就是朗读的语文，熟读成诵的语文。朗读既是教学目标，也是教学方法和学习语文的方法。朗读好了，一切都在其中；反之，课文没有读好，什么都是空的，语言留不下，语感留不下，情感留不下，理解也留不下。朗读好了，才能让学生感受到语言的魅力，感受到学语文的乐趣，体会出课文中的味道。

  教学《月光曲》这篇课文，一般教师都会抓住"事物和联想"这个教学内容。教师最通常的教法是让学生画出课文中描写事物和描写作者联想的句子，然后检查谁画对了、谁画错了，画错的同学订正。这样教学"事物和联想"，学生只是认识了这两个概念，除了对付考试，其实并没有太大价值。于老师教学"事物和联想"，追求的不是概念的理解，而是把重点落实在阅读和写作的实践中。他先通过课文实例让学生认识什么是"事物和联想"，联想在文章中有何作用；然后通过一篇短文的阅读，让学生在实践中明白阅读时注意分辨事物和联想，思考联想在文章中的作用，这样能获得更多的体会；最精彩的是最后设计了《荷花》这篇短文修改的环节，让学生将"事物和联想"迁移运用到习作修改过程中。大家都知道小学生写作文一大问题是就事论事地写事物本身，写荷花就是写荷花的样子、颜色、形状，不会自觉展开联想，因而文章写不具体。写作时能适当展开并加上自己的联想，就能把文章写得具体，思想感情表达得更充分。写状物文是这样，写记事写人的文章也是这样。于老师把这堂课的主要时间花在学生读和写的实践上，让学生通过实实在在的读写实践，真正认识"事物和联想"这个知识如何在阅读和写作中运用，这样学到的知识方法才有价值，对学生语文能力的提高才能发挥实实在在的作用。

现行统编语文课本采用双线组元的编写方式，其最大亮点就是明确每个单元每篇课文的语文要素，即每篇课文在语文知识或学习方法方面的教学内容。这样的基础编排方式很大程度上消解了语文教师在教学内容选择上的困惑。然而要实现教学效率的最大化，关键还在教师对语文要素的深入解读和正确把握。比如对"事物和联想"这个知识点的认识，如果教师只是停留在概念性知识这样的层面上，那么无论怎样进行教学设计，其教学效果都极其有限。只有像于老师那样，深入研究"事物和联想"这个知识点对提高小学生阅读和写作能力方面的意义和价值，才有可能实现教学效果的最大化。

于老师说："我们的学生没有多少对语文有兴趣的，他们的兴趣全被老师喋喋不休的讲解和无穷无尽的练习题消磨殆尽了。如果我们的老师都能按课程标准说的'少做题，多读书，好读书，读好书，读整本的书'去做，注意语言的积累，我们的语文教育就有希望了，我们的学生就有希望了。"于老师有一句名言"教语文其实很简单"，他认为"学生的语文能力不是讲出来的，学习兴趣不是讲出来的，情感态度更不是讲出来的。讲，真的作用有限。"这是于永正老师总结了近半个世纪语文教学实践的经验之谈。然而现代中小学语文课程的基本教学形态就是教师带着学生一篇一篇讲读课文。严格意义上说是听教师分析讲读课文。这样的讲读课文教学效率一直受到批评指责，因此我们一直在研究如何提高讲读课文的有效性，从20世纪中叶开始到现在研究了差不多六十多年，至今也没有找到高效的讲读课文的方式。语文课应该怎样教学，我们可以从于老师的这堂课里获得很多启示：

1. 教师必须转变观念，从理论上认识清楚语文课程的性质。语文不是教课文内容的课程，而是用课文教学生学习语文的课程。长期以来语文教学效率之所以很低，就是因为我们误将课文内容当成语文课的主要教学内容。于老师的这堂课将课文当作学生学习语文的例子，用课文教学生学语文，把语文课真正上成语文课。

2. 语文是一门实践性课程，学生的语文能力是在实践中获得的。因此语文课必须改变以教师讲授为主的教学方式，最大程度地将时间让给学生进行学习语文的实践。引导学生在语文实践活动中提高读写能力。

3. 教师必须精心选择每篇课文的主要教学内容，教学内容必须集中，抓重点，切忌碎片化。于老师这堂课的教学重点非常清楚，第一课时就是练习朗读，第二课时学习"事物和联想"，指导学生用学会的方法去阅读、去写作。由于教学内容集中明确，因此就能留出时间安排学生实践。

张庆老师曾经这样评价于老师的这堂课："这两节课改变了那种'内容分析多，语言训练少'的弊端。如果说，这两节课为阅读教学开辟了一个崭新的天地，我以为这并不过誉。"

《桂林山水》教学案例评析①

教学案例

一、教学要求

1. 通过桂林山水独特的美，引导学生感受祖国河山的美，对学生进行爱国主义教育。

2. 通过看图学文，进一步训练学生的观察能力，并在观察中展开合理的想象。

3. 掌握本课主要词语：无瑕、峰峦雄伟、奇峰罗列、形态万千、危峰兀立、连绵不断等；认识排比句。

4. 能正确、流利、有感情地朗读课文，并能背诵。

二、课前准备

1. 让学生看有关桂林山水的风景照片。

2. 放大课文插图。

三、课时安排

两课时。

第一课时：导入，描述、带入情境。范读课文。自学、理清层次。

讲读课文第二节。自学课文第三节。

---

① 课例引自陈国雄、崔峦主编. 全国小学语文特级教师课堂教学艺术集萃［M］. 济南：山东教育出版社，1992：295-210. 引用时稍做改动。

第二课时：释疑。学生讲述。精读欣赏第四节。

第一课时

师：小朋友，广西桂林的山水最美。(板书课题)

师：桂林山水这么美，你们想去游览一番吗？那现在就让我们做一次假想旅行。我们坐上飞机，很快就到了桂林，呈现在我们眼前的山光水色，就像一幅美丽的图画，你们看——

(出示课文放大插图。) 现在老师给你们做导游，来介绍桂林山水。请小朋友翻开书，听老师读读课文，看看桂林山水怎样美。

(范读课文。)

【评】课堂伊始，创设一个假想旅行的情境，教师用语言、图画结合课文范读，把学生带到桂林，欣赏美丽桂林的山水。同样是揭示题目，同样是听教师范读课文，李老师用创设情境的方法，让学生有身临其境的感受，更能激发起学生学习的兴趣，这就是情境教学的魅力。

师：现在请你们认真地读一读：1. 要弄清每一小节课文写的是什么；2. 用一句话概括每个小节课文的内容。

(生自学课文。)

师：谁能说说各小节的内容？

生：第一小节课文写桂林的水。

师：是写桂林的水吗？

生：是写乘着船观赏桂林的山水。

师：(板书：山和水) 第二节呢？

生：写桂林的水。

师：(板书：水) 第三节呢？

生：写桂林的山。

师：(板书：山) 第四节呢？

生：写桂林的山和水。

师：(板书：山和水) 我们先来弄清课文写的顺序，课文先总的写桂林的山和水，然后分别写桂林的水怎样，山怎样，最后又总的写桂林的山水怎样。全文顺序是先总后分再总。谁能用一句话把课文内容概括出来？

生：桂林山水甲天下。

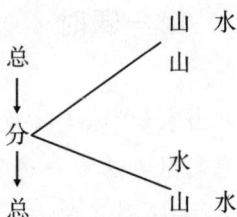

【评】学生根据要求自学课文，在学生自学理解课文内容的基础上，引导学生概括每一小节的内容。教师借助板书梳理出课文的写作顺序，没有太多的讲解，没有花费太多的时间，使学生对课文内容和脉络一目了然，真正做到了省时高效。

师：（板书：甲天下）桂林的山水甲天下的"甲"是什么意思？

生：最好的。

生：是第一的。

师：桂林山水甲天下，就是说桂林的山水是最好的、最美的，是第一的。它像美丽的图画。你们看（出示放大图），桂林的山水多美！谁说说？

生：桂林山清水秀。

生：桂林的山有各式各样的，有的像老人，有的像骆驼，有的像大象。桂林的水很清，可以看见河底。

师：你们观察得很仔细。你们想想，刚才大家这样认真地看，可以用个什么词来说？

生：欣赏桂林山水。

师：对的。还可以用什么词？

生：观看。

师：观看桂林山水可以，但是玩赏的意思没说进去。

生：观赏。

师：对。大家跟我说——欣赏桂林山水，观赏桂林山水。

（生跟说。）

师：用"欣赏"的句子，一般都可以换上"观赏"。比如可以说欣赏水平如镜的西湖，也可以说观赏水平如镜的西湖。但是有时候，可以用"欣赏"的句子却不能用"观赏"代替。比如说我欣赏音乐，不能说我观赏音乐。为什么？

生：因为观赏是看，欣赏可以是看，也可以是听。

师：对。因为音乐是听的，观赏的"观"包含了看的意思。

【评】教师出示美丽的桂林山水图，让学生仔细观察；然后从情境中引出新词"观赏"；再通过与近义词"欣赏"的比较辨析，让学生通过具体的情境理解"观赏"也是欣赏，但还包含了看的意思。结合情境理解词语，不仅可以加深学生对词义的理解，更有利于学生了解这个词语可以在怎样的情境中运用。

师：现在我们来观赏一下漓江的水。先看图，再读读书。看看漓江水怎样美，主要的特点是什么？大家读书的时候，要学会把主要的意思抓住。这一节课文有哪些词语把桂林的水的特点写了出来？找出这些词，画上这样的符号"。。。。"。

（生自学。教师巡视。）

【评】第二次自学，学习课文第二节，找出桂林水的特点，并且用符号画出写桂林水特点的词语，并边读边用符号做批注。这是一种自学方法指导，有利于培养学生的自学能力。

师：看好了吗？找好的请举手。请你说。

（根据学生交流板书"静、清、绿"）

师：请小朋友加上一些词，把这三个字连起来说一个句子，说出漓江水的特点。

生：漓江的水又静又清又绿。

师：对不对，还可以怎么说？

生：漓江的水既静又清还很绿。

生：漓江的水不但静，而且又清又绿。

师：刚才同学们用一些词，把几个词连起来成为一句话，这句话就是这小节的内容。

【评】"加上一些词，把这三个字连起来说一个句子，说出漓江水的特点"，表面看是概括段意的训练，其实更是一次连词成句的语言训练。第一个学生回答"漓江的水又静又清又绿",概括得不错,但李老师没有满足,而是追问这句话"还可以怎么说",引导学生用不同的句子来表达,可见教师意在训练学生建构话语的能力。引导学生用不同的句子说出漓江水的特点,能够有效地丰富学生语言表达的经验。利用课堂生成的资源引导学生建构话语,是语文教师一种难能可贵的意识,这种意识是建立在对学生语言学习规律的深刻认识之上的。很值得语文教师学习。

师:如果我们告诉人家:漓江的水又静又清又绿,能让人感到漓江水很美吗?假如我们把静、清、绿三个字重叠起来,怎么说?漓江的水——

生:漓江的水静静的。

生:漓江的水清清的。

生:漓江的水绿绿的。

师:把静、清、绿几个字重叠起来,语气加重,就使人觉得漓江的水很静、很清、很绿。我们看到漓江的水这么美,感叹起来,该怎么说?

生:漓江的水真静啊!

生:漓江的水真清啊!

生:漓江的水真绿啊!

师:这三句,大家说得很有感情。现在请你们念课文中的这句话。

(生念第二小节第二句话。)

师:漓江的水真静啊,"静"念轻声,拖长声音,然后把声音压平。(示范)

(生再念。)

师:好多了。第二句漓江的水真清,看得见底,要念出清得见底的意思来。"清"字先向上扬一点,再轻轻拖一下。(师示范念)

(生齐念第二句。)

师:绿,是很美,念时要念出美的意思来。

(生齐念第三句。)

师:很好。用感叹句,把我们对漓江的爱表达出来了。

【评】这一环节分三个层次指导:先是将形容词重叠,体会词语重叠可以加重语气;接着变陈述句为感叹句,体会用感叹句更能表达感情;然后再配合感情朗读指导,进一步体会课文的语言美。用单个形容词和形容词重叠的对比，用陈述句和感叹句的比较，可以让学生更加实感地体会课文用词造句中透露的感情色彩。李老师在指导学生理解漓江水的特点时惜时如金，但是在体会课文语言表达上却是舍得花大把时间，因为这样才能帮助学生发现课文语言与自己语言的差异，这真正是在指导学生学习语言文字的运用。这是语文课最应该也最值得花时间之处。

师：书上就用感叹句来写的。光感叹能把漓江水怎么静、怎么清、怎么绿告诉人吗？

生：不能。

师：漓江水静到什么程度，清到什么程度，绿到什么程度，要补充说明。你们看书，我念上半句，你们念下半句。

（师）漓江的水真静啊，（生）静得让你感觉不到它在流动；

（师）漓江的水真清啊，（生）清得可以看见江底的沙石；

（师）漓江的水真绿啊，（生）绿得仿佛那是一块无瑕的翡翠。船桨激起的微波扩散出一道道水纹，才让你感觉到船在前进，岸在后移。

【评】通过师生引读，学生就能发现课文是怎样把漓江水静、清、绿的特点写具体的，并且可以体会课文表达语言的优美。学生语言大多是简单的大白话，和课文语言的差异在哪里？可能就是在学生只会说前半句，缺少补充说明的后半部分。通过师生的引读，可以让学生非常直观地发现课文语言表达为何优美，其奥秘究竟在哪里。发现这些差异，才有可能自觉地去缩小这些差异，才能提高学生语言表达的质量。如果教师在这里再进行一次句子比较，将学生读的前半句组织成一段话，与课文中的这段话进行比较，可能会让更多的学生更加清晰地体会到课文语言表达的奥秘所在。

师：这样写就很具体了，而且给我们美的感觉。书上说漓江的水静得让你不知它在流动，漓江的水清得连沙石都看得见，这是一个怎样的情景呢？现在我们就来一次遐想旅行，我们坐上火车到桂林了。江边有只小船在等我们。我们坐上这只小船荡舟漓江，观赏着漓江的水。现在你们眯着眼，看着漓江的水，想想它怎么静，怎么绿。

（师哼《让我们荡起双桨》的曲子）你们感觉到怎样？

生：我好像听到漓江的水哗哗响。

生：我觉得漓江的水很清。

生：我觉得只听到划桨的声音。

生：漓江的水真清，一座座山的倒影都映在水中。

师：漓江的水不光静，不光清，还很绿。你们看这句"绿得像无瑕的翡翠"，"翡"字上面是什么字，下面是什么字？

生：上面是"非"字，下面是"羽"字。

师：翡翠是什么？

生：是玉石。

师：预习得好。是玉石。这种玉石是很绿的。玉石上面如果有一个斑，那叫什么？

生：瑕。

师：漓江的水像一块玉石，无斑斑点点的叫什么？

生：无瑕的翡翠。

师：像无瑕的翡翠，漓江的水就这么美。现在请女同学念，大家体会这种感情。

(生念课文。)

【评】 这是这节课创设的第二次情境。在教师的语言描述引导下，学生听着音乐，观察图画，加上想象，似乎真的荡舟漓江，不仅让学生身临其境地体验到漓江的静、清、绿，还能具体体会到课文语言表达之美。教师在指导朗读过程中不失时机地教学了"翡翠""无瑕"的词义和字形写法，体现了对字词教学的重视。

师：如果还是这些内容，老师把它改写一下，意思和书上的一样，只是说法不同。你们比比看有什么不同，哪种说法好。(板书出示)

漓江的水真静啊，静得你感觉不到它在流动。

漓江的水也很清，连江底的沙石也可以看见。

这里的江水又绿，绿得像无瑕的翡翠。

生：书上用了排比句的写法，还用了感叹句。

师：书上用了排比句，什么是排比句？书上把写漓江水美的意思的内容，排成一串句子，这些句子的结构是差不多的。这样可以加强语势，给我们很深的印象，这就是排比句。运用排比句的写法，就把这种又静又清的气势写出来了。谁能把这种气势念出来？

（生齐念。）

【评】同样是认识排比句，同样是体会排比句的特点，李老师的高明之处是通过改变课文句子表达方式，让学生通过两组不同句子的对比来认识排比句，体会排比句的表达特点。这样的方法更加具体实感，更加符合小学生的认识规律。

师：这节写漓江的水，写到这儿，李老师有个问题，这段是写漓江水的，那么第二节开始就写"我们荡着小船……"可以吗？为什么要写"看过波澜壮阔的大海""水平如镜的西湖"？

生：写大海和西湖，可以衬托出漓江水又静又清又绿。

师：是这样。这样才使我们知道桂林的水甲天下。现在请大家念这句话。

（生念。）

师："波澜壮阔"就是大海里的波涛很大，一个接一个，气势很大，"水平如镜"的"如"是什么意思？

生：像的意思。

师：你学得很好。水静静的，很平，就像一面镜子。这些句子是衬托的，怎么念？

（生念第二小节。）

师：这节写什么？

生：写桂林的水静、清、绿。

师：这节写桂林的水的特点。

师：现在请一个同学读第一、二两小节课文。

（生念课文。）

【评】指导学生明白课文开头写大海和西湖，是为了衬托漓江水的静、清、绿。李老师没有过多地阐释"衬托"这种写作方法，而是把重点放在引导学生朗读课文上，放在波澜壮阔、水平如镜这两个词语意思的理解上。因为"衬托"对中年段学生太深奥了，这样一笔带过的处理符合中年段的教学目标。

师：今天我们学了排比句，请你们做个小作业，把黑板上的句子说成排比句。可以先说个简单的，比如"我爱大海"……

（出示小黑板：我爱大海、西湖和漓江的水）

生：我爱波澜壮阔的大海，我也爱西湖和漓江。

师：你只说了两句。排比句要说三句。

生：我爱波澜壮阔的大海，我爱水平如镜的西湖，我爱又静又清又绿的漓江水。

师：小朋友学得很好。这节就学到这里。下课。

【评】语文教师教学排比句大多都是教到认识为止，读一读，体会一下排比句在表达上的气势。李老师不仅让学生认识排比句，而且要求学生模仿写出排比句。从理解认识到模仿运用，这是学生学习排比句的一次质的飞越。认识了解排比句的特点，学生获得的仅仅是一个概念，掌握的只是一个术语，并不能提高学生语言表达的质量；只有会写排比句，才能真正提高学生语言表达的质量。只可惜因为时间关系，这个非常有价值的说排比句练习，没有充分展开。如果教师能多提供几个语境，让每个学生都能动笔写一写，然后再组织交流并且修改，或许对学生掌握排比句会更加有效。

第二课时

师：上一节课，我们观赏了桂林的水，这一节课，我们再游桂林的山。桂林的山怎样美呢？让我们读课文第三小节。请大家读两遍。第一遍读懂，有不懂的做上"——？"记号。第二遍要抓住重点。把表示桂林山的特点的词语画下来，记上这样的符号"。。。"，大家在下面学，请一个同学到上面来画。

（出示抄好第三小节课文的小黑板，一个学生上讲台边读边画出不懂的词语。）

【评】这是第三次自学课文，自学方法与第一课时完全一致：在不懂的地方做上记号，画出写桂林山的特点的词语，连做记号的符号也完全相同。不同的是要求提高了，第一课时是分两次自学，每次完成一项任务；这里安排的是一次完成两项任务。可见李老师设计自学环节时要求逐步提高，考虑很周到，这对提高学生自学能力能够切实起到作用。

师：她有这些不懂的问题，你们有什么不懂的问题？可以提出来。

生：危峰兀立是什么意思？

生：拔地而起、香山这两个词我不懂。

师：香山是一座山的名字，在北京。香山上的红叶很多，很有名。红叶就是枫树叶。

师：（把学生画出的词念一遍）这些问题我们一起来解决。我来南宁的时候，看到南宁的山是连绵起伏的（画连绵不断的山），桂林的山好像是从地里拔出来高高挺立着（画一座挺立的山），这样的山可以用个什么词来说？

生：（齐）拔地而起。

师：（出示词卡）桂林的山是一座一座分开，不连在一块的（边说边画老人山、骆驼山、象鼻山），这叫什么？

生：各不相连。

师（指图）你们看，这些山的形状像什么？

生：像老人，像骆驼，像大象。

师：（指老人山）你看这老人像在干什么？

生：老人望着远方。

生：老人在思考。

生：老人在沉思。

师：我们再看骆驼像在那干什么？

生：像伏在地上。

生：好像在沙漠里蹲着。

师：我看到这骆驼，就会产生一个联想，想到它跪着等人，等我们干什么？

生：等我们骑上去。

师：对。你们再看这只象在干什么？

生：在饮水。

【评】教师用绘画再现桂林山的特点，加上生动的语言描述，让学生从具体形象的情境中形成鲜明形象的表象，这样就把抽象的词语表达的意思形象化了。

师：对。桂林的山的形状有的像老人，有的像骆驼，有的像大象，变化很多，句子中用哪个词来形容？

生：形态万千。

师：(出示词卡)"万千"是什么意思？

生：就是说样子很多。

师：就是说变化多。桂林的山拔地而起，形态万千，书上用一个什么词来概括桂林的山？

生：奇。

师：(板书：奇) 怎么奇呀？就是刚才说的那些。桂林的山奇是一个特点。这里的"奇"字当什么讲？是不是奇怪？

生：不是奇怪。是说样子很多。

生：很少见的。

师：对了。桂林的山的样子，在别的地方很少见到。这里的山就是奇特。这奇特的山峰叫什么峰？

生：叫奇峰。

师：这样的奇峰一座座的排列着叫什么？

生：叫奇峰罗列。

师："罗"是什么意思？

生：散开的。

师：对。"罗"是散开，"列"是排列。这些山峰散开地排列着，就叫奇峰罗列。大家把这句念一下。

(生齐念。)

师：桂林的山这么奇特，我们要告诉没去过的人，怎么说呢？(用两种不同的语气念让学生比较哪种好后，用手势指导学生朗读。)

师：在桂林，还有很高很陡的山 (画又高又陡的山)，这山又高又陡，很险，叫什么山？

生：危山。

师：这个"危"在这里怎么说？

生：危险。

师：你们昨天查了字典。字典上有三个注释（出示小黑板：①不安全；②损害；③高的陡的。）危峰兀立中的"危"用哪个注释？

生：用第三个。

师：对。又高又陡的山峰就是危峰。又高又陡的山耸立着叫什么？

生：危峰兀立。

师：在桂林，我们不仅可以看到一座座各不相连的山，还可以看到重重叠叠的怪石山（画怪石重叠的山），书上用一个什么词来说山石重重叠叠？

生：怪石嶙峋。

师：（出示词卡）嶙峋本来的意思是山石重重叠叠。石头、山石重重叠叠就叫怪石嶙峋。从危峰兀立、怪石嶙峋这两个词中，可以看出桂林的山还有什么特点？

生：桂林的山真险啊！

师：怎样念才体现出桂林山势险？

（生念课文。）

师：这句写桂林的山险。这个"险"是危险吗？

生：是说山陡。

师：山陡，不易通过。

【评】这一环节中李老师集中教学了连绵起伏、拔地而起、各不相连、形态万千、奇峰罗列、危峰兀立、怪石嶙峋7个词语，不少词语意思比较抽象，学生缺少生活经验，难以理解。教师针对学生的难点，运用了语言描述、简笔画图解、借助图画和语言创设情境，丰富了学生的感性认识，也唤醒了学生的生活经验，在陌生的词语和客观事物之间架起一座座桥梁，既帮助学生理解词语，又丰富了学生的感性认识。危峰兀立的"危"，学生望文生义很容易理解为危险，教师出示了词典中危的三种解释，引导学生选择恰当的解释义项，这是一种使用工具书的方法指导。词语教学是小学语文课最基本最重要的教学内容，李老师的这段词语教学非常精彩，值得语文教师学习。

师：刚才我们把不懂的词语学会了，同时也了解到桂林山的奇和险。桂林的山除了奇和险之外，还很秀。秀是什么意思？

生：是美的意思。

师："秀"可以组成哪些词表示美？

生：秀丽、秀美。

师：秀就是指美。你们看（指放大图中的山），这山像绿色的屏障，"屏障"就是屏风。一折一折的（做手势助说）打开可遮住后面的东西。这山像屏风一样挡住后面的景物。现在请一个同学指着图说说桂林的山怎样秀，哪些像屏风，哪些像竹笋，色彩怎样明丽，怎样倒映水中。

生：（上讲台指图中的山）这山像绿色的屏障，这山像新生的竹笋。

师：色彩明丽就是颜色鲜明，好看。这座山哪块地方色彩明丽？

（生指一座山的中部。）

师：色彩明丽就是很美。色彩明丽这个词中，哪个字说美？

生：明丽。

师：丽才是美。"明"呢？

生：鲜艳。

生：明快。

师：对了。明快，色彩明快、美丽。我们念念这个句子。

（师生同念课文。）

师：学习第二节课文时，我们知道了在写漓江水之前的几句话是衬托的话，写桂林的山之前的这几句也是衬托的话。这里有个"峰峦雄伟"怎么讲？

生：峰峦就是山峰一个接一个连绵不断。

师：对。"峰峦"在这里是指大的山峰一个接一个，气势很雄伟。

师：这一节我们学完了，让我们读一遍。

（生读。）

【评】这一段着重理解桂林山"秀"的特点。这个环节教学教师也没有就特点讲特点，而是结合"秀、屏障、色彩明丽、峰峦雄伟"这些词义来理解桂林山的秀，将词语的理解与课文内容理解有机地结合在一起，一箭双雕，体现了讲读教学的高效。至于这段课文中"衬托"的写作方法，教师与前面的处理方法一样，也是用一句话带过。

师：这节课文，写桂林的山奇、险、秀，写出了山的特点。说明桂林的山——（生：甲天下）。现在我们看课文最后一小节还写了什么景物。谁来念一下课文？

（生念课文。）

师：最后一节课文，还写了哪些景物？

生：写了绿树红花，竹筏小舟。

师：还有——

生：还有迷蒙的云雾。

师：（念课文）就这么简单几笔从空中云雾迷蒙，写到山间绿树红花，再写到江畔竹筏小舟。这样几笔简单的描写，就把桂林点缀得更加美了。就像一幅美丽的画卷。是不是这么（用手势画个方块）一张画？

生：不是。

师：画卷是长长的卷起来的画。可以展开，展开（用手势演示展开状），再展开，叫什么？

生：连绵不断。

师：对。下面还有一句"舟行碧波上，人在画中游"，这句话是什么意思？

生：舟在碧蓝的江中行走。

师：什么叫舟？

生：小船叫舟。

师：这是第一句。第二句是什么意思？

生：有只小船在清清的河中走着。船上的人在美丽的江中游览，好像在美丽的画中游览一样。

师：我们坐上小船就像在美丽的画中游览一样。这是一种怎样的情景呢？让我们做一次遐想旅游，做一篇想象性作文。现在不做，到作文课时再做。

【评】结合课文最后一段的优美句子，再次创设情境做一次遐想旅游，激发学生的写作欲望，为学生下次写想象作文做好材料和情感准备。

师：这课学完了。这课开始就写了——（生接）桂林山水甲天下。再写桂林的水——甲天下；桂林的山——甲天下，最后写桂林的山水像连绵的画卷。现在请四个同学读课文，每人读一小节。

师：假如我们现在到了桂林，登上拔地而起的奇峰，看到这儿山清水秀，我们想说一句什么话？

（生读课文。）

【评】从头到尾研读这堂课的朗读设计，一定会发现李老师对朗读的重视。第一课时开始教师范读；接着学生两次自学课文，读了两遍课文；然后是分段讲读，每段课文讲读都是从读开始，学完后李老师都会说"课文学完了，再读一遍"；整篇课文学完再让学生完整地读一篇课文。其实这堂课的教学内容容量很大，但是李老师还是千方百计地安排学生多读，体现对朗读的重视，真正做到了语文以读为本，朗读贯穿始终。

生：这儿的山水真美啊！

生：人说桂林山水甲天下，果真是这样。

生：桂林山水甲天下。

师：这时你们只想到桂林的山水吗？我们的祖国很大，像桂林这样的山水各地都有。我们看到桂林山水，就会想到祖国的山山水水。"山水"又可以怎么说？

生：山河。

生：河山。

生：江山。

师：这些词可以和哪些形容词搭配来表示祖国山河的美？

生：山河秀丽。

生：大好河山。

生：江山多娇、锦绣河山。

师：谁能从中选一个词组，说一句话表示祖国山河的美？

生：祖国的河山多壮美！

师：改成感叹句会吗？

生：祖国的河山多壮丽啊！

师：再加重语气，改成反问句，会吗？

生：祖国的河山这么美，我能不爱吗？

【评】课文结尾的思想教育引导学生从对桂林的山水的爱，延伸到对祖国山水的爱，使学生的情感得到升华。值得关注的是李老师的情感教育方式，先给"山水"一词找近义词，再组成各种形式的词组，紧接着让学生用陈述句、感叹句、反问句说话，培养学生遣词造句的能力，丰富学生语言建构的经验。这样的思想情感教育渗透着满满的语文味，这才是真正体现语文课程特点的思想情感教育。

师：下面请大家做两个作业：

1. 找出课文中写山写水的词，归好类抄写。

2. 检查你们自学生字的情况，请你们填这几个词。(出示小黑板)

(抽一生上讲台填写，填写完讲评。)

师：下课。

案例评析

提起李吉林老师，大家会很自然地想起她的情景教学。这是 20 世纪 80 年代李吉林老师执教的《桂林山水》课例，堪称情境教学的经典之作。

这堂课的开始李老师就创设了这样一个情景——我们一起坐上飞机，到桂林做一次假想的旅行，老师做导游，和学生一起观赏桂林的山水。李老师用的优美的教学语言，配合如诗如画的桂林山水画图，加上富有情感的课文范读，把学生的思绪一下子带到了如诗如画的桂林，进入课文描写的情景之中。李老师引导学生通过课文的语言文字，深入体会漓江水静、清、绿的意境，桂林山奇、秀、险的特点。用语言描述情境，用图画描绘情境，用优美乐曲烘托情境，通过学生想象、联想丰富情境，让学生置身教师创设的情境之中，并联系已有生活经验，仿佛听到、看到、感受到了漓江水的静、清、绿和桂林山的奇、秀、险。有了情境的支撑，没有去过桂林的学生对漓江水、桂林山的特点认识，也不再局限于抽象字面的理解，而是有了感性真切的感受，对课文内容的理解更深了一层。课文最后写作者荡舟漓江的感受"舟行碧波上，人在画中游"，李老师结合这段课文再次创设情境，和学生一起荡舟漓江，欣赏两岸美丽的景色。整堂课上，学生既是在学习课文，又沉浸在"游山玩水"的氛围中，激发起学生学习的兴趣和主动性，学生潜移默化地受到美的熏陶，激发了他们热爱祖国锦绣河山的思想感情，充分展现了情境教学的魅力，也体现了语文课程语言教学和审美教育的统一。

　　研读这个课例，大家对李吉林老师词语教学的艺术一定会留下深刻的印象。第二课时一开始李老师就请学生提出不懂的问题，几个学生提出的都是"危峰兀立是什么意思""拔地而起这个词我不懂"之类的问题。学生绝大多数不曾见过桂林一带的山，因此对描写桂林山的词语会感到陌生。李老师运用情境教学的手段帮助学生理解词语。她用娴熟的简笔画描绘出一座座挺立的山峰，学生一看就知道这是"拔地而起"；她勾画出老人山、骆驼山、象鼻山等千姿百态的山峰，让学生用课文中一个词语来概括，学生马上说出了"形态万千"这个词语。李老师在黑板上画出又高又陡、怪石重叠的山，帮助学生理解什么叫"危峰兀立"，什么叫"怪石嶙峋"。她利用挂图中秀美的山，用手势动作直观地演示出一折一折的屏风，帮助学生理解了"屏障"的意思。借助图画和语言创设情境，丰富了学生的感性认识，也唤醒了学生的生活经验，在陌生的词语和客观事物之间架起一座座桥梁，既帮助学生理解词语，又丰富了学生的感性认识，体现了学习语文和认识事物的有机结合。通过概念解释理解词语与结合具体情境理解词语相比，后者更有助于学生在其他语境中迁移运用。词语教学是小学语文课最基本最重要的教学内容，李老师在这个课例中运用了语言描述、简笔画图解、词素分析、词典查检等多种方式方法，指导学生正确理解词语之义，教得非常精彩，值得反复研读。

　　什么是小学生最重要的基础训练，李老师认为就是遣词造句，没有遣词造句的基本功，就谈不上语文基础。这个课例中李老师设计的几个语言训练的片段给我们留下了非常深刻的印象。课文中写桂林的水和桂林的山都运用了排比的方法。语文教师教学这篇课文，也会教学这两段中的排比句。但是大多是引导学生认识排比句，然后读一读，体会一下排比句在表达上的气势，仅此而已。李老师的高明之处是不仅让学生认识排比句，而且要求学生模仿写出排比句。从理解认识到模仿运用，这是学生学习排比句的质的飞跃。认识排比句，了解排比句的特点，学生获得的仅仅是一个概念，掌握的只是一个术语，并不能提高学生语言表达的质量；而会写排比句，才能使学生真正获得语言建构的经验，提高学生语言表达的质量。课文学完了，学生游览了美丽的桂林山水，李老师要求学生说一句话，表达对桂林山水的爱，从而激发学生热爱祖国河山的思想感情。很明显这是一个偏重思想情感教育的环节。但是李老师没有让学生贴标签，空喊口号，而是让学生用陈述句、感叹句、反问句说话，培养学生遣词造句的能力，丰富学生语言建构的经验。这样充满着语文味而又生动活泼的思想情感教育，才真正体现了具有语文课程特点的思想情感教育。

李老师的这两节课教学内容容量非常大，但她在词语教学、课文朗读、自学能力培养上，都很舍得花时间，因为这些都是每篇课文教学的基本要求，必须落到实处。难能可贵的是李老师还关注到学生的表达练习，千方百计在多个环节中设计安排运用表达练习。特别是运用排比方式说话，有利于学生将知识转化为技能，反映出她对培养学生语言表达能力的重视。只可惜因时间关系，这个非常有价值的运用排比句表达练习没有充分展开。如果这堂课删去"衬托"这个教学内容，挤出时间放在排比句练习上，教师多提供几个语境，让每个学生都能动笔写一写，然后再组织交流并且修改，这样设计是否对学生会更有效？

《跳水》教学案例评析①

🖉 教学案例

教学目标：

1. 理清事情的起因、发展、高潮和结果，明晰句与句、段与段之间的关系，懂得事物之间的联系与变化。

2. 进行形象思维与抽象思维的训练，学习边读书边思考的读书方法。

3. 学习船长急中生智、沉着果断的品质，懂得依靠大家的力量才能取得成功的道理。

第一课时

(一) 导入课题

师：同学们好！请坐。我们刚刚见面就要上课，彼此都不熟悉，我先做一下自我介绍。我姓靳。哪个"靳"呢？一个革命的"革"字，一个一斤二斤的"斤"，这个字念什么呢？念靳 (jìn)。你们怎么称呼我呢？

生：靳老师。

师：我们今天讲"跳水"。看老师写课题 (板书课题)。好！我们一起读课题——

生：跳水。

---

① 课例引自李卫东. 靳家彦经典语文课研究 [M]. 天津：天津科技翻译出版公司，2006：85-111.

师：我们知道，读一篇文章，从接触题目开始，就要一边读一边想。那么，看到"跳水"这个题目应该抓住哪个字来想？

生：跳。

师：说完整的话。

生：我们看到"跳水"这个课题，应该抓住"跳"这个字来想。（师在"跳"字下加点。）

师：应该怎样想呢？第一个问题应该想什么？学会思考。

生：谁跳水？

师：接下来想什么？

生："跳水"这一课是写人的还是写事的？

师：想得不错！还应该想什么呢？

生：怎么跳？

师：还不忙，在想怎么跳水以前还应该想一个非常重要的问题。什么问题？你说。

生：他为什么跳水？

师：想得好。谁跳水，他为什么跳水，怎样跳水。往下想，还应该想什么了？

生：跳水的结果怎样呢？

师：跳下去是淹死了还是得救了，结果是什么？还应该想什么？

生：还应该想在什么样的情况下跳水？

师：还应该想什么？最后一位男同学。

生：跳水是写人的还是写事的？

师：同学提过的问题就不要重复了。我来告诉大家，作者写这篇文章是为了告诉我们一个什么道理？——把刚才同学们提过的问题汇集一下，就是谁跳水？为什么跳水？他在什么情况下跳的水？经过怎么样？跳水的结果又如何？作者写这篇文章要告诉我们一个什么道理呢？进一步想一下，这篇文章是写人的还是写事的文章，在写作上学习什么呢？这就是这篇文章作者的大体思路，也是同学们学这篇文章的大体思路，也是老师教这篇文章的思路。把三者结合起来，糅在一起，我们大家一定能学得很好。你们相信吗？

【评】靳老师最后汇集学生的提问，概括出三个问题：这篇课文主要写什么？告诉我们一个什么道理？课文是写人还是写事，在写作上可以学习什么？这是作者写文章的大体思路，也是学生学这篇文章的大体思路，还是老师教这篇文章的思路。学生事先经过认真的预习，因此对谁跳水？为什么跳水？跳水的结果怎样等浅层次问题的理解不在话下。但是六年级学生读课文，不仅要理解课文内容，还要进一步思考课文要表达的中心，要考虑这是属于哪一类文体，特别是去发现文章有哪些值得学习的表达方法等。读文章要把三者结合起来，从这样几个方面去阅读课文，才是高质量的阅读，才能获得更大的收获。靳老师的小结很重要，旨在指导一种高质量的阅读方法。

（二）质疑问难

师：把书打开。我们大家做了很好的预习，老师想了解一下你们在预习中遇到什么问题不好解决。请举手告诉我，什么问题想不通，理解不了？

生：猴子为什么要取笑孩子？

生：船长为什么命令孩子跳水？为什么不用梯子接下来？

师：这个问题也提得非常好，为什么跳水，不用梯子或别的办法？还有问题吗？

生：猴子为什么戏弄船长的儿子？

师：这个问题提得好！还有吗？

生：船长为什么要用枪逼着孩子跳水？

师：我再追问一下，你们说，如果孩子不跳水，船长会不会开枪？

生：（抢答）会。不会。

师：也有可能会，也有可能不会，究竟根据什么说会，或不会，一会儿读课文时再重点研究。还有问题吗？

生：猴子为什么放肆起来？

生：孩子为什么非要抢回帽子来呢？

师：是不是帽子特别珍贵、值钱，孩子一定要抢回来？还有问题吗？

生：为什么孩子上第一根横木时不救他呢？

师：还有同学在举手，非常好！这些问题，我们随着读课文都要加以解决，弄清楚。一定要在读课文时扎扎实实地弄懂。清楚吗？

生：清楚。

师：这些问题你们希望谁给解决啊？

生：老师。

师：现在我明确答复你们，这些问题我一个也不给解决。那么谁来解决呢？

生：自己。

师：自己提的问题自己解决，解决不了怎么办？靠同学、老师帮助解决，这样做好不好？

生：好。

师：只有这样才能真正读懂课文。

【评】学生这里提出的才是阅读时遇到的真问题。靳老师创导的导读法，其核心是以学生为本，学生自己阅读，自己提出问题、自己解决问题。学生预习后自己提出想要解决的问题，教师的"导"应基于学生的"问题"，教学中充分引导学生自己解决问题，这是导读法的精髓。在这个环节中，靳老师通过肯定、鼓励、追问等多种方式对学生的提问进行指导。请仔细读一读靳老师是如何对学生提问进行评价、进行追问的，这样可以对靳老师指导学生质疑问难的策略有更深的体会。

(三) 导读第 1 自然段，理解词义

师：请一位同学读第 1 自然段。在他读的时候大家思考两个问题：一个是这一自然段是写谁和什么之间的事情；另一个是哪句话可以概括这一段的意思。

生：(读) 有一艘轮船环游了世界，正往回航行。这一天风平浪静，水手们都站在甲板上。有一只大猴子在人群里钻来钻去，做出鬼脸，模仿人的样子，惹得大家直笑。它显然知道大家拿它取乐，因而更加放肆起来。

师：读得不错。有几个字，平舌音和翘舌音区分不清，老师将在后边加以指导。现在请同学们回答这一段写了谁和什么之间的事情？

生：水手和猴子之间的事情。(板书：水手——猴子)

师：写了什么事情？

生：水手拿猴子取乐。(板书：取乐)

师：请你思考一下什么是取乐？

生：玩。

师：咱们到操场去取乐？显然不行，再思考。

生：拿某种事物来捉弄、玩耍对方，寻开心。

师：哪个字相当于"寻"？

生：取。

师：哪个字相当于开心？

生：乐。

师：合起来就是——

生：取乐。

师：这就是"取乐"。

师：你们平常生活中有没有拿同学取乐的事情？

生：没有。

师：就是在后边逗逗人家，捅捅人家，不让人家知道，这就是拿同学取乐，有没有？

生：有。

师：具体怎么取乐我就不问了。你们生活中一定有取乐的事情，但是玩笑要有限度，超过限度就要吵嘴了。水手取乐猴子，猴子表现非常不好，书上有一个词写了出来，它是什么？

生：放肆。(让一学生在黑板上写"放肆"。)

师：你先站在这里。她写得好不好？比较好。我问一问，她写得笔顺对不对？

生：放肆的"肆"第二笔不对，笔顺颠倒了。

师：你听到了吗？

生：听到了。

师：同学帮助了你，你应该怎么表示？

生：谢谢你。

生：不用谢。

师：这就叫礼貌，同学之间就应该互相帮助，互相学习。看老师写"肆"这个字，怎么念？

生：肆（sì）。

师：读词。

生：放肆。

师：如果今天不留作业，明天默写"放肆"这个词，会不会？会的举手。

（生齐举手。）

师：课堂上学会了，何必回家抄写十几遍呢？但是必须有一个前提条件，一定要学会了。

师："放肆"这个词怎么讲？

生：不顾一切，想干什么就干什么，不受约束。

生：任性，没有控制自己而拘束。

师：你先起立。"没有控制自己而约束"，矛盾了。应该怎样改才通顺？

生：任性，不受约束。

师：这个词同学是查字典得来的，但没有理解。查字典是个好办法，但还要回到课文里才能真正理解。看课文哪句话写了它放肆？

生：第四句……最后一句。

师：给他时间，谁帮他一下？你说。

生：第三句。

师：大家读。

生：（齐读）有一只大猴子在人群里钻来钻去。做出鬼脸，模仿人的样子，惹得大家直笑。

师：这就是猴子的放肆。你读一读。

（生读第三句。）

师：同学帮助了你，你应该怎么表示？

生：非常感谢。

生：不客气。

师：你说得更好。查了字典，又回到课文里，对这个词就理解得更清楚了。大家清楚了吗？

生：清楚了。

【评】什么是取乐？第一个学生说"玩"，第二个学生说"拿某种事物来提弄、玩耍对方，寻开心"，显然第二个学生回答正确。一般教师的教学会到此为止，但靳老师没有满足于这样的概念性理解，而是追问"你们平常生活中有没有拿同学取乐的事情？"果然，学生回答没有，说明学生并没有真正理解这个词。他不失时机地列举生活中学生熟悉的情境，这样学生不仅对词义有更加具体的认识，而且为学生如何正确运用这个词创造了条件。再看他如何教学"放肆"，"肆"字比较难写，所以先让学生在黑板上写这个词，字写对了但笔顺错了，然后老师再范写这个字，两次书写使学生对字形和笔顺有深刻的印象。再解释词义，学生引用词典上的解释"任性，不受约束"，这样的解释其实不比"放肆"这个词好理解，所以靳老师让学生"看课文哪句话写了它放肆"，提醒学生理解词义可以查字典，但是还要回到课文里，这样对这个词就理解得更清楚了。这样学生不仅理解了词义，更是学会了一种理解词义的方法。这段词义教学非常精彩，境界很高，堪称经典，很值得玩味。

师：哪一句话能概括这一段话的意思？

生：第四句。

师：（出示小黑板：它显然知道大家取乐，因而更加放肆起来。）"因而"这个词把前后联系起来了，但意思不好讲，谁能换另外一个词，还不改变原意。你说。

生：所以。

师：好！请坐。你说。

生：因此。

师：好！你说。

生：然而。

师：行吗？你读一读。不行，再思考。我提示大家一下，先写一横再写一横，再竖钩。你说！

生：于是。

师：能换成一个字吗？

生：就。

师：你读一下！

（生读句子。）

师：还能换吗？

生：便。

师：你读一下！

（生读句子。）

师：真好，我们换了五个词，所以、因此、于是、就、便。我们通过换词，就知道这个句子，它是由于前边的这个情况，才有后边的结果，"显然"说的是上一句，"更加"说的是下一段。同学们一定要注意，我们读一个句子，不但要注意句子内部的联系，这要注意句子前后的联系。所以，读书时不要只读一个句子，而要注意句与句的联系。请同学们说。

生：联系。

师：学到这儿我们归纳一下，理解词有很多种方法。理解"取乐"是结合你们的生活，理解"放肆"是查字典结合上下文，理解"因而"是通过换词，理解"显然""更加"是通过句与句之间的联系。所以这就告诉我们理解词的方法是多种多样的，不要死记硬背。我们还知道概括段意要用中心句。这一段的中心句是什么呢？

生：它显然知道大家拿它取乐，因而更加放肆起来。

师：另外，我们还知道了读书时要注意句与句之间的联系。这一段中我们学了一个生字是——

生：肆。

师：学了一个生词是——

生：放肆。

师：学会了吗？

生：学会了。

【评】"因而"是个连词，没有实在的词汇意义，只有语法意义，靳老师用换词的方法帮助学生理解。"显然"是形容词，但是意思比较抽象，靳老师联系前后句子指导学生自己去理解。研读这一节词义教学可以发现，靳老师没有仅仅停留于学生对词义的理解，而是将重点聚焦在理解词语的方法指导上。从他最后清晰总结出的几种理解词语的方法，可以看出他的良苦用心。

（四）导读第2~3自然段，概括段意

师：现在你们以最快的速度读第2~3自然段，能读多快读多快，越快越好，我给你们计时。开始！

（生默读课文第2~3自然段。）

师：好极了。大家用了20秒左右。老师为什么要你们用最快的速度读课文呢？因为我们现在的报纸杂志数量很大，不但要像第一段那样逐词分析，还要很快地读，抓住它的大意。我们要求同学们读书时，不但要有质量，还要有速度。大家是不是读懂了？

生：读懂了。

【评】这个环节一开始要求学生用最快的速度读第2~3自然段，教师当场计时，结果用了20秒。阅读教学既要指导学生学会细读文章的方法，也需要指导学生学会速读，这是一种非常重要的阅读方法。

师：现在看第2段猴子把玩笑开到谁的身上了？

生：孩子。（板书：孩子）

师：请用一个字概括，在猴子和孩子之间加个什么字？

生：逗。（师板书：逗）

师：合起来说，第2自然段写了什么？

生：猴子逗孩子。

师：第3自然段写出什么？孩子怎么猴子？

生：孩子追猴子。（板书：追）

师：所以这一部分第2自然段写了猴子逗孩子，第3自然段写了孩子追猴子。合起来就是这一部分的——

生：段意。

师：上一段用的是找中心句概括段意，这一部分用的是把两个自然段的内容压缩后合并起来，也是一种概括段意的方法。

【评】第一节课文要求学生用找中心句的方法概括段意，这一节课文没有中心句，所以用的是把两个自然段的内容压缩后合并起来概括段意，这是另一种概括段落大意的方法。相比之下，第二种方法难度更高，因此靳老师做了非常具体的指导：先梳理清楚第 2 自然段写了猴子逗孩子，第 3 自然段写了孩子追猴子，然后再把两层的意思合并起来，作为这一段的段意，靳老师配合板书，非常显性地呈现出思考过程，这样的指导对部分悟性不高的孩子特别有效。

师：写猴子怎样逗孩子，用了一系列什么？

生：动作。

师：请把一系列动作画出来。我请一位同学读。这样读："猴子跳到孩子面前"的"跳"，"把帽子摘下来"的"摘"，"戴在头上"的"戴"，就这样读。

生："猴子跳到孩子面前"的"跳"，"把他的帽子摘下来"的"摘"，"戴在自己头上"的"戴"，"很快爬上桅杆"的"爬"，"坐在桅杆横木上"的"坐"，"用牙齿和爪子撕"的"撕"，"故意逗孩子生气"的"逗"，还有"冲着他做鬼脸"的"做"……

师：他说的全不全，还有吗？

生：还有"喊"。

师：对吗？老师让找的是猴子逗孩子的词，喊是孩子的动作，对吗？

生：不对。

师：谁错了？

生：我错了。

师：从明白老师问话的角度看，你错的还很有价值，应该受到表扬。

师：现在请同学们齐读这一段。

生：（齐读）猴子跳到一个十一二岁孩子面前（他是船长的儿子），把他的帽子摘下来，戴在自己的头上，很快地爬上了桅杆。水手们都笑起来，只有那个孩子哭笑不得，光着头站在那里。猴子坐在桅杆的第一根横木上，把帽子摘下来，用牙齿和爪子撕。它好像故意逗孩子生气，指着孩子，冲着他做种种鬼脸。孩子吓唬它，朝着它大声叫喊，但是它撕得更凶了。

师：你们理解吗？

生：理解了。

师：不一定，究竟猴子怎么逗孩子，你们还没看见。读书一定要读到像你们亲眼看见了一样，才算真正理解了。为帮助你们理解，我放一段录像。我们天津紧靠渤海湾，我租了一艘外国轮船，让一个外国小孩当船长的儿子，让外国人当水手，从动物园借了一只大猴子，拍了猴子怎么逗孩子的经过，想看不想看？

生：想看。

师：真想看假想看？谁想看，举手！

（生齐举手。）

师：闭上眼睛，我做一下准备工作，眼前有一张大屏幕。

师：（声情并茂地范读课文第 2 自然段）睁眼，看见了没有？

生：看见了。

师：看见了什么？我没放录像看见什么了？实际上你们不是在看，而是在干什么？

生：想象。

师：太重要了。读书时一定要想象，就像在自己面前表现出来一样，这样读就读懂了，读活了，读理解了。你们说这种读书方法好不好？

生：好。

师：请用这种方法默读第 3 自然段，最好用默读，因为默读有助于想象。

（生默读。）

师：请一位同学朗读，其他同学想象。

生：水手们笑的声音更大了，孩子的脸红了。他脱了上衣，爬上桅杆去追猴子。不一会儿，他已经顺着绳子爬到第一根横木上了。就在孩子想去抓住帽子的时候，猴子又往上爬了，爬得比孩子更灵巧，更快。

师：大家读"……不一会儿……"

（生读。）

师：孩子为什么要追猴子？

生：夺帽子。

师：帽子就这么值钱吗？

生：不是。

师：为什么一定要夺回帽子？

生：挽回面子，自尊心。

师：理解得非常好，你是怎么理解的？

生：想象。

师：光想象行吗？你说。

生：反复地读课文。

师：非常宝贵的经验，理解课文不仅要想象，还要反复地读课文。请同学们注意，这里有两个学习方法要总结：第一，概括一段的意思除了抓中心句外，还可把两层的意思合并起来，作为这一段的段意；第二，读书一定要一边读一边想象。

【评】图像化是一种常用的阅读策略，就是将读到的或听到的故事在头脑中转化成相关画面。运用图像化策略，学生会依据文本内容，调动各种感官能力，激活有关的背景知识，因此能加深对故事的理解。如何指导学生学会这种阅读策略？靳老师先让学生画出动词，读懂猴子逗孩子这段文章；然后让学生闭上眼睛，想象眼前有一张大屏幕，通过教师声情并茂地朗读，让学生通过想象将故事图像化；最后小结"读书时一定要想象，就像在自己面前表现出来一样，这样读就读懂了，读活了，读理解了。"这个环节设计得有声、有色、有情、有趣，学生在教师的引导下，有效地体验了图像化策略的运用过程，从而对这种策略的运用有了非常实感的认识。

第二课时

(五) 导读第4~7自然段，理解句与句、段与段的关系

师：同学们现在跳过第4自然段，请读第5自然段。

生：孩子气极了。他丢开桅杆，走上横木。甲板上的人都在望着，都在笑猴子戏弄船长的儿子。但是他们看到孩子放开了绳子，两只手摇摇摆摆地走上那最高的横木，全都吓呆了。

师：这一节作者讲几个要点？

生：走上横木，全都吓呆了。(板书：走上，吓呆)

师：哪一节写了孩子摇摇摆摆走上最高横木的原因？可以翻开书看。

生：上一节。

师：哪一段分析了人们吓呆了的原因？

生：下一节。

师：请同学们看，孩子放开桅杆的绳子，摇摇摆摆走上最高横木，人们全都吓呆了，什么原因走上了最高横木，上一段说了原因；人们为什么吓呆了，下一段说了原因。这就告诉我们，读书不但要注意句与句之间的联系，还要注意什么？

生：段与段之间的联系。

师：把句与句、段与段之间的联系都弄懂了，就弄清了这篇文章的前后联系。大家读得很好！下面我们就研究孩子走上最高横木的原因究竟是什么。我请同学读，你们想想该读第几自然段。你读！

生：(读第 4 自然段)"你逃不了！"孩子一边喊一边往上爬。猴子不时回过头来逗孩子，孩子生气了，不停地往上追。眼看就要爬到桅杆的顶端了，这时猴子把身子尽量伸直，用后脚钩住绳子，把帽子挂在最高的横木的一头，然后爬到桅杆的顶端，乱扭着身子，龇着牙做着怪样。从桅杆到挂帽子的横木的一头有一米多。要拿着帽子，手必须放开绳子和桅杆，此外没有别的方法。

师：孩子看见猴子在撕他的帽子，就吓唬它，猴子也不怕。(板书：吓唬) 猴子龇着牙朝他做怪样，这个"龇"是个生字，学过吗？

生：没有。(板书：龇)

师：这个龇左边是牙齿的"齿"，右边是个"此"，这个字读什么啊？

生：龇 (zī)。

师：孩子非常气愤，丢开绳子摇摇摆摆走上横木，人们全都吓呆了，请你告诉我，孩子这时候有没有可能掉下来摔死？

生：有。

师：他为什么不顾一切地非要夺回帽子呢？为什么？

生：要挽回面子。

生：要挽回名誉。

师：不太准确，名誉还没遭到侵犯。是否用维护自尊心就准确了？他要维护自尊心而采取了这样一个危险的办法，好吗？

生：不好。

师：他已经什么都不顾了，把帽子拿回来就达到目的了。可是这样做就造成了很大的危险，是什么呢？也就是人们吓呆了的原因。第六自然段分析了原因，请同学们读第六自然段。

生：（齐读第6自然段）只要孩子一失足，他就会跌到甲板上，摔个粉碎。即使他不会失足，拿到帽子也难以转身回来。所有的人全默默地看着他，等着将要发生的事情。

师：（出示小黑板：只要孩子一失足，他就会跌到甲板上，摔个粉碎。即使他不会失足，拿到帽子也难以转身回来。）大家读这个句子！

（生齐读。）

师：这两句话作者从哪个方面进行了分析？

生：失足，不失足。

师：作者从两方面进行了严密的分析。第一方面只要孩子失足，就会跌在甲板上摔个粉碎，用一个成语来说是——

生：粉身碎骨。

师：第二方面不失足，书上用了一对关联词语——

生：即使……也……

师：即使拿到了帽子，也难以转身回来，时间长了还要掉下来。在这时候有人大叫一声，看书上怎么写的。

生：突然人群中有人大喊一声，孩子往下一望，脚底下摇晃起来。孩子醒悟过来。（第7自然段原文是：忽然人群里有个人吓得大叫一声。孩子听见下边的叫声才醒悟过来。他往下一望，脚底下就摇晃起来。）

师：他这时醒悟过来，请你注意这个"悟"字，心字旁，一个语文的语的半边，"悟"当什么讲？（板书：悟）

生：当明白讲。

师：明白，那么醒是什么意思？

生：清醒。

师：醒是清醒，悟是明白，合起来就是清醒明白。我们又学习了一种解词方法，就是把两个字的意思合起来就是这个词的意思。醒悟过来了，脚底发抖，一眨眼就要掉下来。不要忘了，他在甲板的桅杆的最高一根横木上，并且放开了绳索。掉下来的后果呢？

生：摔死。

【评】第4~7自然段是事情发展的高潮。为了引导学生理清段与段的关系，靳老师没有按照段落顺序教学，而是跳开第4自然段，从第5自然段开始学起。他让学生找出这一节的两个要点："走上横木""全都吓呆了"；然后让学生寻找哪一节写了孩子走上横木的原因，哪一节叙述了人们吓呆的原因，帮助学生理清了这三段课文段与段之间的关系。接着靳老师重点引导学生理解第6自然段两句话之间的关系，作者从两方面分析了事情的结果，一是孩子失足会摔死，二是不失足也转不过身，还是会摔死，两种结果都预示着孩子必死无疑。所以船上"所有的人全默默地看着他，等着将要发生的事情"。从句与句之间的关系分析中，学生体会了作者表达的严密。在句与句关系的分析时，靳老师忙里偷闲，恰到好处地插进了"醒悟"这个词的教学。

（六）导读第8~9自然段，理解人物品质

师：当你读书预习时，读到这里你心里紧张吗？

生：紧张。

师：你想救他吗？

生：想。

师：你想用什么办法救孩子？可不能等啊，就像你看见孩子要掉下来一样，我一说你马上想法子，哪怕这法子不成功也得快。告诉我，你想用什么办法救孩子？

生：找梯子把他接下来。我先上去，然后把他接下来。

师：你这种舍己救人的精神非常可贵，我问你梯子在哪儿呢？就算有梯子，你得把梯子竖起来，这时候孩子掉下来了。这法子行吗？

生：不行。

师：再想别的法子，快想，容不得等。你说！

生：找海绵垫，铺上被褥。

生：用手接住。

生：叫直升机。

生：让水手上去。

师：时间来不及。这个办法不行，那个办法不行，最后船长出现了，大家读第8自然段。

生：（读）正在这时候，孩子的父亲——船长从船舱里走了出来，手里拿着一支枪，本来是要打海鸥的。他看见儿子在桅杆顶端的横木上，就立刻向他瞄准，同时喊："跳到水里，赶快跳到水里，不跳我就开枪了!"小孩在上面摇晃着，没有听明白爸爸的话。"跳到水里，不然我就开枪了!……一、二……"在父亲刚喊出"三"的时候，小孩把头往下一扎就跳了下来。

师：你最佩服谁?

生：船长。

师：佩服他什么?

生：机智、沉着。

生：临危不惧。

师：你站起来，研究研究。谁临危了?

生：儿子。

师：谁不惧?

生：船长。

师：他儿子有危险他不害怕，换一个词。

生：沉着。

生：（抢答）果断、冷静、沉着、镇定、急中生智、机智……

生：勇敢。

师：哪儿表现勇敢了?

生：拿枪打他儿子。（笑声）

师：你们常常是一说机智，就是勇敢。应该是有勇敢就说勇敢，没有就不说。说临危不惧倒可换一个词，什么词?

生：遇事不慌，遇事沉着。

师：这篇文章就是要告诉我们，遇事不要慌乱，不要束手无策，要想办法,用最好的办法解决,歌颂了船长这种精神。

【评】通过上一个环节的铺垫,营造出当时孩子面临极度危险的紧张情境,紧接着这一个环节让学生想出各种救孩子的办法。通过各种办法比较,学生对船长面临危机、沉着冷静,急中生智想出的应对办法,会有更加真切的体会。

师:刚才有同学问,如果孩子不跳水,父亲会不会开枪?

生:不忍心看到孩子摔死的惨样,开枪打死孩子。(笑声)

师:你起立,你回家问问你爸爸,如果你遇到危险,你爸爸是千方百计救你呢,还是提前结束你的生命?

生:会开枪吓唬孩子。

生:不肯开枪,是因为打死孩子就绝了后代。(笑声)

师:顺着你的话推理,船长不开枪是因为是他的亲儿子;如果不是他的亲儿子,船长就会——

生:开枪。

师:那也不会。你这个道理站不住脚。到底开枪呀,还是不开,你说。

生:不开,因为开枪是吓唬他,而不是真打他,是逼他。

师:是往哪儿逼他?

生:往海里。

师:往活路还是死路上逼?

生:活路。

师:因此不会开枪把他打死,更不会提前开枪把他打死。我们看课文上哪一段写了父亲不会开枪的。他就是要救自己的孩子。同学看"跳到水里,跳到水里……"那一段。

(生齐读这一段。)

师:父亲喊"三"没有?

生:刚喊出"三"。

师:刚喊出"三",也是喊了,如果他要开枪,还喊"三"吗?

生:不喊。

师:"一、二",不跳,"砰",对不对?喊"一"孩子紧张,以为要开枪了，喊"二"更紧张了，以为马上要开枪了，喊"三"孩子以为开枪了，就不顾一切地往下跳。父亲瞄准的目的是什么？

生：吓唬。

师：看这个"瞄"字，目字旁，一个苗字。这个生字会写吗？

生：会。

师：瞄准他，你不跳我就开枪了。如果喊"三"孩子也不跳，父亲会不会开枪？

生：不会。

师：他就是要救他，看最后他救没救得自己的孩子？

生：救了。

师：读最后一段。

生："孩子的身子像一颗炮弹似的扑通一声落在大海里。波浪还没有来得及把他淹没，已经有20个勇敢的水手由船上跳到海里。40秒钟以后，——大家已经觉得时间太长了，孩子的身体浮上来了。水手们把他抓住，拉到甲板上。过了几分钟，从孩子的鼻子里、嘴里控出许多水。他又开始呼吸了。"（板书：似 shì 的）

师：似，这里读 shì。字音要字字读准，句句理解，句与句的关系、段与段的关系全都要理解清楚。

（板书：船长 命令 孩子）

师：最后的结果是什么，请一位同学写在黑板上。黑板不只是老师的专利，而是我们共同的园地。（生板书：得救）

【评】这一节的导读是围绕学生开始提出的父亲是否真的会开枪这一问题展开的。靳老师不断激疑，引导学生独立思考、大胆发表观点，自由表达真实的想法。有些想法表达并不正确，甚至违反人之常情，靳老师也没有简单地否定，而是让学生联系生活经验，设身处地，换位思考，引导学生正确理解。通过这样的深入讨论，学生对船长在危急关头采取了常人意想不到的救孩子的办法更加佩服，对船长急中生智、沉着果断的品质有了更深切的理解。

（七）归纳总结，理清课文脉络

师：这一课的课题是什么？

生：跳水。

师：这一课谁跳水？

生：孩子。

师：还有谁跳水？

生：水手。

师：水手跳进海里把孩子救上来，如果没有 20 名勇敢的水手，孩子会得救吗？

生：不能。

师：所以，不要忘记大家。（板书：水手）这篇文章主要写了谁跳水？

生：孩子。

师：为什么跳水？为了维护自尊心，爬到危险地方去了。怎么跳的水呢？在父亲的威逼下，像一颗炮弹，从最高的横木上跳下来，结果是得救了。这篇文章告诉我们什么道理，向谁学习，清楚了吗？

生：清楚了。

师：课文的第 1 自然段写了什么？

生：水手取乐猴子。

师：这是事情的——

生：起因。（板书：起因）

师：猴子逗孩子，孩子追猴子，是事情向前——

生：发展。（板书：发展）

师：孩子走上横木，人们吓呆了，这是事情达到了——

生：高潮。（板书：高潮）

师：解决问题的办法往往在这时候出现，这时候谁出现了？

生：船长。

师：船长命令孩子跳水，孩子在水手帮助下，终于得救了。这是事情的——

生：结果。（板书：结果）

师：事情的发展是分阶段的，在一定条件下没有关系的事情联系起来，在联系中向前发展，发展到一定阶段达到高潮，解决问题的办法往往这时候出现。船长命令孩子跳水，在水手帮助下，孩子得救了，事情有了一个圆满的结局。这篇文章事情和事情都是互相联系的，就是说不仅句与句之间有联系，段与段之间有联系，全篇都在联系当中发展。文章是事物的反映，事物是有阶段的，联系也是有阶段的，所以我们要给文章划分段落。这篇文章可分为几个段落？

生：四个段落。

师：本文赞扬了船长什么？

生：机智、沉着、冷静、遇事不慌。

师：我再帮助同学们进一步理解一下，划分段落还有其他办法，比如说第 1 段发生在什么地方？

生：船的甲板上。

师：第 2 段发生在什么地方？

生：桅杆上。

师：第 3 段发生在什么地方？

生：最高的横木上。

师：第 4 段孩子得救在什么地方？

生：海水里。（边说边画轮船的示意图）

师：看老师要画海水了，因为大海是无风三尺浪，所以我画得波涛汹涌，同意吗？

生：不同意。

师：为什么？

生：因为课文讲了是风平浪静。

师：他说得对吗？

生：对。

师：课文一开头讲了这一天风平浪静，请同学们看我画这个成语。

生：风平浪静。

师：没有这样的环境，就不会发生这件事情，这就是环境和事情的关系。

师：这一课有六个生字，会不会？

生：会。

师：课文分几段？

生：四段。

师：段意、中心思想会不会概括？

生：会。

【评】课文总结环节靳老师引导学生对全篇课文从人物、事件、中心、脉络结构等方面进行了归纳总结。与一般教师先分段、再讲读课文的常规做法不同，靳老师是在学完课文以后再让学生划分段落，学生对事情的发展顺序一目了然了，又理解了课文段与段之间的关系，因此顺理成章很容易分清文章的段落。

(八) 指导造句

师：最后练习造句。(出示小黑板：它显然知道大家拿它取乐，因而更加放肆起来。)用"显然"造句，必须把前提条件说充分。如果没有前边一只大猴子在人群里钻来钻去，做出鬼脸，模仿人的样子，惹得大家直笑，如果没有这一句，绝对不能用"显然"造句。前边一定要把前提条件说充分，明确吗？

生：明确。

师：我说一句话，你用"显然"来接，看前提条件充分不充分。我们学校的红领巾艺术团为外宾演出，坐在第一排的一个大胡子叔叔，他的眼睛瞪得大大的，手里的苹果都忘了吃，用"显然"接——

生：显然红领巾艺术团表演得太好了。

生：他显然被红领巾艺术团的表演迷住了。

生：他显然看得着迷了。

生：他显然没有看过这么好的节目。

师：为什么你们接得这么好？

生：懂得了"显然"的意思。

生：前提条件充分。

师：谁说得充分？

生：老师。

师：别忘了老师的功劳，那个同学说懂得了"显然"的意思，如果我不把前提条件说充分，你会用吗？这个同学记得教师的功劳，谢谢你。

师：再说一句。今天早上看院子里都是水，显然——

生：昨天下雨了。

生：显然雪化了。

生：下水道坏了。

生：有人泼水了。

生：发水灾了。

师：为什么这个接得这么不好？

生：前提条件不充分。

师：我换一换。昨天晚上，乌云滚滚，电闪雷鸣，今天早上院子里、街道上、房顶上到处都是湿的，显然——

生：昨天下雨了。

师：知道怎么写前提条件了吗？你说一个前提条件，我来接，好不好？

生：今天下午，校园里乱糟糟的，又是笑声，又是闹声，请靳老师接。

师：谁知道这学校怎么了？你告诉我，你想让我接什么？

生：校园里打架了。

师：这个句子前提条件不好，为什么不好？你们学校那么多好人好事，那么多学雷锋的典型。你还不如说我们学校彩旗招展，鼓乐齐鸣，少先队员戴着红领巾夹道欢迎，显然是请先进人物来做报告。你来个乱糟糟的，也许你们学校就这一回，你全抖搂出来了。这种句子不要造，要造有积极意义的。

生：十月一日，我们的校园里又是笑声，又是喊声——

师：又是笑声，又是歌声，这样好不好？

生：请靳教师接。

师：你们显然是开庆"十一"大会。

生：昨天教室里果皮成堆，请靳老师接。

师：是不是茶话会，吃水果了？不过教师觉得还是不太理想。最后一个！

生：考试卷发下来了，我一看，一蹦三尺高，请靳老师接——

师：显然得了双百。

师：要是"不然"呢？考试卷发下来一蹦三尺高，不然呢？

生：不然怎么会跳起来呢？

师：把"显然"一翻个，就可以用另外一个词"不然"。

师：今天回家，程度好的同学把"显然""不然"放在一起写一段话；程度差的同学用"显然""不然"写两句话。认真读《跳水》这一课，把这个故事讲给邻居小朋友听，好吗？

【评】靳老师的这个造句指导很有创意，可圈可点。第一，他抓住了学生造句时的难点，"一定要把前提条件说充分"，通过教师说前半句，学生接后半句，然后师生互换各说半句，让学生通过各种具体的语境明白了什么是前提条件，怎样把前提条件说充分，指导得非常到位。第二，引导学生造句时要表达积极向上的思想情感，做到了语言训练与思想教育的有机结合。第三，根据不同层次学生分层布置作业：程度好的同学把"显然""不然"放在一起写一段话；程度差的同学用"显然""不然"写两句话。

师：我们一起说谢谢老师们，老师再见。

生：谢谢老师们，老师再见。

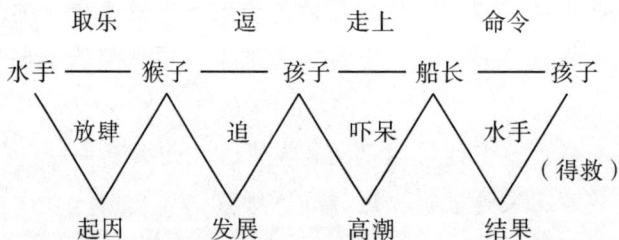

板书

跳水

取乐　　逗　　走上　　命令

水手——猴子——孩子——船长——孩子

放肆　　追　　吓呆　　水手

（得救）

起因　　发展　　高潮　　结果

📖 案例评析

1. 靳老师结合自己长期的语文教学实践，在 20 世纪 80 年代首创了"小学语文导读法"。所谓导读法"就是教师致力于导，学生循导学读，以学生的阅读实践活动作为培养阅读能力、掌握阅读方法、养成阅读习惯的主要方式，通过扎实有效的序列训练，培养学生综合的语文素质的一种教学模式。"靳老师的导读法主要针对小学阅读教学存在的学生课上"读书时间少、思考机会少、动笔时间少"的问题提出的。靳家彦认为阅读的主体是学生，学生阅读能力的提高、阅读兴趣的培养、阅读方法的习得、阅读习惯的养成，都离不开学生自己的阅读实践。阅读活动靠学生自身完成，教师不能代劳，学生只有在阅读中才能学会阅读。以学生为本，以学生的阅读实践为主要学习方式，引导学生自己阅读，自己提出问题、自己解决问题。

怎样读好一篇课文？在导入课题时，靳老师将学生提出的问题概括出三点：这篇文章告诉我们一个什么道理？课文主要写什么，写人还是写事？课文在写作上可以学习什么？告诉学生读课文不仅要理解课文内容，还要进一步思考课文要表达的中心，要考虑这是属于哪一类文体，特别是去发现文章有哪些值得学习的表达方法等。这才是高质量的阅读，才能获得更大的收获。引导学生掌握一种高质量的阅读方法。

这堂课的一开始，学生提出了预习时想要解决的问题，学生提出了"猴子为什么要取笑孩子？""船长为什么命令孩子跳水？为什么不用梯子接下来？""船长为什么要用枪逼着孩子跳水？"等一些很有思考价值的问题，这些问题怎么解决，靳老师明确答复学生，"这些问题我一个也不给解决""自己提的问题自己解决，解决不了怎么办？靠同学、老师帮助解决"。在教学过程中靳老师围绕这些问题，引导学生逐一解决了问题。靳老师说教师的"导"应基于学生的"问题"，教学中充分引导学生自己解决问题。这是靳老师导读法的核心思想，也是导读法的精髓。

2. 靳家彦认为小学语文教育必须以语言学习为本，作者思想情感的体察、课文中所介绍事物的认知、文本中人物特点的把握、文章所传递的价值文化等都需要走入语言文字。学生思维能力的培养也需要通过语言训练，在语言训练中发展学生的思维。《跳水》是一篇叙事性文章，事情的发展有因有果，这一课靳老师特别重视学生对事情发展内在脉络的学习。细读环节就是按照文章的思路进行教学，从事情的起因到发展到高潮。议读环节重点分析故事的结局，体会文章的主旨。

靳老师特别重视词语教学，他的词语教学堪称艺术。我们看他教学第一个词语"取乐"，第一个学生说"玩"，第二个学生说"拿某种事物来捉弄、玩耍对方，寻开心"，这是词典里的解释，其实学生并不真正理解这个词意思。所以靳老师追问"你们平常生活中有没有拿同学取乐的事情?"学生说没有，于是他不失时机地列举生活中学生熟悉的情境，这样联系学生生活的具体解释，可以让学生真正理解了词义，而且为学生的正确运用创造了条件。还有"放肆"的教学，学生引用词典上的解释"任性，不受约束"，这样概念化的解释越说越费解，靳老师提醒学生回到课文里，联系上下文来理解这个词，就理解得更清楚了。"因而"是个连词，没有实在的词汇意义，靳老师就用换词的方法，学生一连换了五个词，很好地化解了学生理解上的难点。靳老师在导读课文的过程中，经常恰到好处地插进了生字和新词教学，比如生字"龇""瞄"，新词"醒悟"的教学。粗看似乎是信手带过，其实反映出他对生字词语教学的精心准备。

靳老师这节课也非常注重对句与句、段与段之间关系的梳理。在故事起因阶段，抓住"它显然知道大家拿它取乐，因而更加放肆起来。""显然"说的是上一句，"更加"说的是下一段。在故事发展阶段，让学生看两个自然段的关系，第2自然段写"猴子逗孩子"，第3自然段写"孩子追猴子"，有了"逗"，才有"追"，才有接下来的故事发展。在故事高潮阶段，从第5自然段入手，探明4、5、6这三个自然段的关系，深入理解孩子的危险，情况的紧急。教学的最后一个环节进行了"显然"的造句练习，这是一次思维的综合训练，既需分析结果，判断原因，进行思考，又需考虑两句之间的逻辑关系，对应好前一句。看上去是造句练习，实际上是一次严格的思维训练。学生的语言与思维同步发展。思维水平的提升需要丰富语言存储。这节课靳老师格外关注词汇的学习，词汇意义的丰富，为思维提供了养料。

3. 靳家彦重视语言文字的训练，但没有停留在知识、技能上，他特别重视方法的学习、能力的培养，认为"仅仅停留在教师教给的阶段上是不够的，还要进一步研究如何引导学生自己去探索。"① 在教学中，他特别注意在学生感性认识的基础上提炼学法。表面上看，靳老师在这堂课里采用的是按课文顺序逐段讲读课文的方法。但是仔细阅读教学过程，就会发现靳老师讲读课文重点不是理解课文思想内容，而是聚焦在指导学生学习阅读的方法上。

在导读第1自然段时，靳老师指导学生用找中心句的方法概括段意，第2~3自然段课文没有中心句，可以把两个自然段的内容压缩后合并起来概括段意，这是另一种概括段落大意的方法。在讲读懂猴子逗孩子这段文章时，靳老师告诉学生理解文章内容还不是真正读懂，"读书时一定要想象，就像在自己面前表现出来一样，这样读就读懂了，读活了，读理解了。"他让学生闭上眼睛，想象眼前有一张大屏幕，通过教师声情并茂地朗读，让学生通过想象将故事图像化；学生在教师的引导下，有效地体验了图像化策略的运用过程，从而对这种策略的运用有了非常实感的认识。在讲读课文第4~7自然段时，他重点指导学生理解句与句、段与段的关系。告诉学生读书不但要注意句与句之间的联系，段与段之间的联系。把句与句、段与段之间的联系都弄懂了，就弄清了这篇文章的前后联系。认真研读这堂课里的词语教学可以发现，靳老师的词语教学没有满足学生对词义概念化的理解，而是将重点聚焦在理解词语的方法指导上。从他不时总结出的理解词语的方法中可以看出他的良苦用心。这样教学词语，学生不仅理解了词义，更是掌握了不同的词语理解的方法。词义教学非常精彩、境界很高，堪称经典，很值得玩味。

4. 语言训练过程中渗透思想教育。在语文教学中，许多教师总是拿捏不好语言学习与思想教育二者之间的关系。靳老师的这节课语言文字和思想内容是水乳交融，浑然一体，在语言文字的学习中处处融入思想教育。比如教学"取乐"一词，靳老师举出学生生活中的例子："在后边逗逗人家，捅捅人家。让人家不知道，这就是拿同学取乐，有没有？"在得到学生肯定的回答后，靳老师说："你们生活中一定有取乐的事情，但是玩笑

---

① 靳家彦. 引导学生探索阅读方法培养自学能力 [J].《天津教育》，1984（6）：20.

要有限度，超过限度就要吵嘴了。"在指导学生用"显然"造句，学生说了"校园里打架了""教室里果皮成堆"等情境，请靳老师接着说上半句或下半句。从正确遣词造句的角度学生说得并不错，但靳老师进行正面引导"这种句子不要造，要造有积极意义的"，最好说说"学校那么多好人好事，那么多学雷锋的典型"，这样造句才能体现正能量。

我们看下面这个教学片段：

生：放肆的"肆"第二笔不对，笔顺颠倒了。

师：你听到了吗？

生：听到了。

师：同学帮助了你，你应该怎么表示？

生：谢谢你。

生：不用谢。

师：这就叫礼貌，同学之间就应该互相帮助，互相学习。

这篇课文的主旨是表现船长机智、果断、沉着的品质，也赞扬了水手们勇敢、合作的精神，靳老师特意提出"水手跳进海里把孩子救上来，如果没有 20 名勇敢的水手，孩子会得救吗？"然后告诉学生"所以，不要忘记大家"。靳老师在讲这句话时是一字一顿地说的，说完后目光注视全班学生至少 3 秒钟。老师虽然语言不多，但却自然贴切，打动人心。短短的停顿带给孩子们的是思想的冲击，心灵的滋润。

按照通常的理解，课文所呈现的思想内容是对学生人文教育的主要凭借。这样的理解貌似正确，其实是窄化了语文课程与教学中思想教育的外延。语文教学中的思想教育并不仅仅体现在对课文思想内容的挖掘，而是融入整个教学过程中，融入教师一言一行之中。思想教育是语文课程必须承担的重要责任，但怎么有效地进行思想教育却是一门大艺术。从靳老师的这个课例中，我们可以得到很多启示。

📖 课文链接

跳水

有一艘轮船环游了世界，正往回航行。这一天风平浪静，水手们都站在甲板上。有一只大猴子在人群里钻来钻去，做出鬼脸，模仿人的样子，惹得大家直笑。它显然知道大家拿它取乐，因而更加放肆起来。

猴子跳到一个十二岁的孩子（他是船长的儿子）面前，把他的帽子摘下来，戴在自己的头上，很快地爬上了桅杆。水手们都笑了起来，只有那个孩子哭笑不得，光着头站在那里。猴子坐到桅杆的第一根横木上，把帽子摘下来，用牙齿和爪子撕。它好像故意逗孩子生气，指着孩子，冲着他做种种鬼脸。孩子吓唬它，朝着它大声叫喊，但是它撕得更凶了。

水手们笑得声音更大了，孩子的脸红了。他脱了上衣，爬上桅杆去追猴子。不一会儿，他已经顺着绳子爬到第一根横木上了。就在孩子想去抓住帽子的时候，猴子又往上爬了，爬得比孩子更灵巧、更快。

"你逃不了!"孩子一边喊一边往上爬。猴子不时回过头来逗孩子，孩子气急了，不停地往上追。眼看就要爬到桅杆的顶端了，这时猴子把身子尽量伸直，用后脚钩住绳子，把帽子挂在最高的横木的一头，然后爬到桅杆的顶端，乱扭着身子，龇着牙做着怪样。从桅杆到挂帽子的横木的一头有一米多。要拿着帽子，手必须放开绳子和桅杆，此外没有别的办法。

孩子气极了。他丢开桅杆，走上横木。甲板上的人都在望着，都在笑猴子戏弄船长的儿子。但是他们看到孩子放开了绳子，两只手摇摇摆摆地走上那最高的横木，全都惊呆了。

只要孩子一失足，他就会跌到甲板上，摔个粉碎。即使他不会失足，拿到了帽子也难以转身走回来。所有的人全默默地看着他，等着将要发生的事情。

忽然，人群里有个人吓得大叫一声。孩子听见下边的声音才醒悟过来。他往下一望，脚底下就摇晃起来。

正在这时候，孩子的父亲——船长从船舱里走了出来，手里拿着一支枪，本来是要打海鸥的。他看见儿子在桅杆顶端的横木上，就立刻向他瞄准，同时喊："跳到水里，赶快跳到水里，不跳我就开枪了!"小孩在上面摇晃着，没有听明白爸爸的话。"跳到水里，不然我就开枪了! 一! 二!"在父亲刚喊出"三"的时候，小孩把头往下一低就跳了下来。

"扑通"一声，孩子像一颗炮弹落到大海里。波浪还没有来得及把他淹没，已经有二十个勇敢的水手由船上跳到海里。四十秒钟以后，——大家已经觉得时间太长了，孩子的身体浮上来了。水手们把他抓住，拉到甲板上。过了几分钟，从孩子的鼻子里、嘴里控出许多水。他又开始呼吸了。

《火烧云》教学案例评析

2021 年 4 月，薛法根老师在中国语文报刊学会名师专业发展研究会年会上执教《火烧云》这堂课，着力引导学生去发现课文语言与自己语言的差异，关注课文如何运用词语，如何组织句子，将教学内容聚焦于提高学生语言表达的质量上。我认为这堂课是对我国传统语文教学经验的传承与发展，符合儿童学习语文的基本规律，对推进我国语文课程与教学改革很具导向和引领作用，意义十分重大。为此，我对这堂课的教学实录片段进行点评，并且非常慎重地推荐给大家，希望引起广大语文教师的密切关注。

第一板块：将词典中解释语言与课文中描写语言进行对比

上课伊始，薛老师就已经开始对比，让学生体会同一事物不同的表达方式。

教学案例

师：什么叫火烧云呢？

（出示《现代汉语词典》中的解释：日落或日出时出现在天边的红霞。）

师：日落或日出时出现在天边的红霞就是火烧云，根据时间的不同，日落时的叫作？

生：晚霞。

师：日出时的叫作？

生：朝霞。

师：所以，我们平时所见的红霞就是火烧云。但是萧红所写的《呼兰河传》中是怎么解释火烧云的呢？

（出示《火烧云》中的解释：天上的云从西边一直烧到东边，红彤彤的，好像是天空着了火。）

师：比较一下，这两种解释有什么不同？你喜欢哪一句？

生：我喜欢第二句，因为更生动。

师：哪个字让你感觉生动？

生：烧。

师：为什么"烧"让你感觉生动，因为它是什么词？

生：动词。

师：一个"烧"字写出了火烧云的画面感，让你感觉更生动，所以你更喜欢这一句。但如果你的科学老师问你，什么是火烧云，你要回答他"天上的云从西边一直烧到东边，红彤彤的，好像是天空着了火"吗？

生：不是，回答《现代汉语词典》中的解释。

师：所以这两句哪个好？

生：两句都很好，各有各的好处。

师：没错，这两个句子一个是说明解释，一个是形象描写，两句都有自己的好处，前面的简洁，后面的形象。所以，同一种事物可以有不同的写法。

【评】许多教师揭示课题，也是让学生找出课文中描写火烧云的一句话，目标指向学生对火烧云的认识。薛老师解释课题直击课文的语言表达，将《现代汉语词典》中对火烧云的解释条目与课文中的语句进行比较，引导学生认识词典中描述事实的语言与课文中文学语言的区别，让学生知道同一种事物可以有不同的表达方式。并且通过两句不同语言表达的比较，既让学生体会到词典中直叙语言的简单明了，又能体会到文学语言的生动形象，进而认识语言表达没有绝对的好坏之分，而是要根据不同的表达需要和语境进行选择。这样的课题揭示直指语言运用，解说得也非常辩证，不同凡响。

第二板块：学习火烧云颜色变化，
比较课文语言与学生语言的差异

师：我们看了这么多火烧云的图片，我们知道了如果写火烧云，可以从颜色、形状两个方面来写。这是某个同学写得火烧云的颜色，我们看看他写得好不好？

（出示：这地方的火烧云变化极多，红的、黄的、紫的、金的……五颜六色，变化多端，美丽极了。）

生：他写得很好，因为他用了三个四字词语。

师：其中还有两个是成语，五颜六色、变化多端。这两个词语既写出了颜色之多，又写出了变化之快。但萧红写得更好，（出示课文第 3 段）自己读，想一想作者高明在哪里？

生：作者把颜色写得更具体。

师：作者都写了哪些颜色，用笔画出来。

生：红彤彤、金灿灿、半紫半黄、半灰半百合色、葡萄灰、梨黄、茄子紫。

师："红彤彤"和"红的"比较有什么不同？

生：红彤彤更可爱。

师：红彤彤、金灿灿这样的叠词带有作者的感情色彩，你来读一读。

师：像"葡萄灰、茄子紫"这样的词语有什么好？像这样的词语叫作"比喻色"，你能说出这样的比喻色吗？

（学生说出的词语：珍珠白、宝石蓝、孔雀蓝、柠檬黄、玫瑰红、象牙白。）

师：所以，萧红在写火烧云的颜色时，用到了叠词，两种颜色混到一起，还用了比喻色，而且都是两个、两个、三个排列在一起，很整齐，整齐是一种美。

师：再读这一段，萧红除了写出火烧云颜色变化之多，还高明在哪？

生：还写出了变化之快，因为她用了四个"一会儿"。

师：刚才那位同学用"五颜六色""变化多端"两个成语写火烧云的

颜色之多、变化之快，但萧红在这里用了这么多颜色词语写出了火烧云的"五颜六色"，用了四个"一会儿"写出了火烧云的"变化多端"。所以，写作时少用成语，多用这样描写的句子。

【评】一般教师教学火烧云这段话也都抓描写火烧云颜色的文字，让学生关注作者用了叠词、比喻色词将火烧云颜色描写得十分生动具体。薛老师的高明之处是模拟一个学生的颜色描写，"红的、黄的、紫的、金的……五颜六色，变化多端，美丽极了"，这段话也写了火烧云的颜色的变化，但是用的描写颜色的词语都是最简单的，用的都是大白话语言，真实地反映出小学生语言表达水平。通过对比学生语言与作家语言的区别，学生不仅领会了作家描写颜色运用的是叠词、混合色和比喻色这些概念及这些词语运用的好处，并且对低水平语言和高水平语言能够有更加深切、更加直观的认识。寻找到课文语言与学生语言的差异，对学生有意识地去模仿运用这类词语，对提高学生语言表达的质量会产生积极的影响。

第三板块：学习火烧云形状变化，
寻找课文语言与学生语言的差异

师：写完火烧云的颜色，萧红又写了什么？

生：火烧云的形状。

师：老师也写过火烧云的形状，你们读一读，看一看老师写得怎么样？

（出示：这地方的火烧云变化极多，有的像马，有的像狗，有的像狮子……好看极了！）

生：不好。因为狗和狮子是动态的，天上的云也是动态的，不是静态的。

师：所以，它不是有的……有的……一个一个放在那里，它是变化的。（出示课文第4~6自然段）知道作家比老师高明在哪吗？

> 　　一会儿，天空出现一匹马，马头向南，马尾向西。马是跪着的，像等人骑上它的背，它才站起来似的。过了两三秒钟，那匹马大起来了，腿伸开了，脖子也长了，尾巴可不见了。看的人正在寻找马尾巴，那匹马变模糊了。
>
> 　　忽然又来了一条大狗。那条狗十分凶猛，在向前跑，后边似乎还跟着好几条小狗。跑着跑着，小狗不知哪里去了，大狗也不见了。
>
> 　　接着又来了一头大狮子，跟庙门前的石头狮子一模一样，也那么大，也那样蹲着，很威武很镇静地蹲着。可是一转眼就变了，再也找不着了。

生：她写出了火烧云的形状在变化，变化过程写出来了。

师：它是怎么变的？老师问，你来答。一会儿，天空出现了？

生：一匹马。

师：什么样的？

生：马头向南，马尾向西。马是跪着的，像等人骑上它的背，它才站起来似的。

师：过了两三秒钟，那匹马怎么样了？

生：那匹马大起来了，腿伸开了，脖子也长了，尾巴可不见了。

师：后来又怎么样了？

生：看的人正在寻找马尾巴，那匹马变模糊了。

……

师：写形状一定要写出变化（板书：变），再比较一下，这三种动物变化的速度怎样？是不是一样快？

生：马是两三秒钟；狗是跑着跑着，不知不觉不见了；狮子是一转眼就不见了。变得越来越快。

师：一个作家比老师高明的地方就在于，她写出了变化的过程。

【评】如何认识课文描写的火烧云形状变化，薛老师还是直指课文的语言表达。先是模仿学生的语言出示"有的像马，有的像狗，有的像狮子"写法，然后对比课文中作者的描写，通过师生对读的方式，让学生理清作者写作的结构和顺序：先写出现什么，然后写什么样子，再写怎么变化的，最后写怎么消失的。通过两种不同表达的对比，学生就能直观地体会到作者怎样将火烧云变化的动态描写具体的表达方法。特别是最后再让学生"比较一下，这三种动物变化的速度怎样？是不是一样快？"学生总结出了"马是两三秒钟；狗是跑着跑着，不知不觉不见了；狮子是一转眼就不见了。变得越来越快"，这样就引导学生深入语言表达层面，体会作者描写形状变化时所使用的不同语句，对丰富学生语言，细化学生语言表达有着积极的促进作用。

第四板块：模仿课文写法，仿写火烧云

（出示四张火烧云图片以及仿写句式。）

一会儿，天空出现……（什么样子）……（怎么变的）……（怎么消失）……

（学生动笔仿写。）

（交流习作。）

一会儿，天空出现一只狼。那只狼似乎露出了可怕的牙齿、怒吼了几声，接着又向前跑去，跑着跑着，就消失不见了。

一会儿，天空出现了一只狼和一只兔子。狼在不停地向前跑，兔子不停地向前逃。它们跑着跑着，就看不见踪影了。

【评】学生理解、体会课文高水平的语言表达只是第一步，然而理解不等于会运用，其实学会运用难度更高，需要花费的时间更多。许多语文教师教学写作方法时往往满足于学生的理解，认识了、领会了就结束了。薛老师没有止步于学生的理解，而是设计了跟进运用的实践环节，要求学生模仿课文中的写法写出一种火烧云形状的变化。学生会模仿运用了，才是真正的理解。学生运用实践最能检验出学生是否真的理解了，真的学会了。因此实践运用比理解更重要，理解只是铺垫，会运用才是教学目标所在。因为这堂课的容量比较大，所以学生交流以后就匆匆结束，没有时间再与课文语言进行比较。如果能够再次将学生的语言表达与课文语言表达进行比较，就会让学

生进一步发现语言表达上的差异，然后再让学生进行修改，这样对提高学生的语言质量可能效果会更好。

案例评析

　　这堂课给我们最重要的启示是将教学重点导向对课文遣词造句经验的学习上。每篇课文都有三个方面的教学价值：一是课文内容所传递的文化；二是课文中隐含着的语文知识和读写方法；三是课文中新的用词和句型以及作者遣词造句的经验。长期以来，我们语文教师习惯于将教学重点聚焦在文化传递或语文知识和读写方法指导上。其实对处于语言发展关键期的小学生来说，积累词语句子，丰富学生遣词造句的经验是每篇课文最基本、最重要的教学内容。小学生的语言正处于由粗到细、由俗到雅这样一个发展关键期，孩子的语言大多是大白话，用的是最简单的词语，说的是最简单的句子，就如课例中薛老师出示模拟学生写的句子："这地方的火烧云变化极多，红的、黄的、紫的、金的……五颜六色，变化多端，美丽极了。""这地方的火烧云变化极多，有的像马，有的像狗，有的像狮子……好看极了！"这是小学生已有的语言表达水平，低水平语言特征非常明显。语文课应该承担的一项重要工作就是将学生低水平语言逐步转化成较高水平的语言，从大白话式的语言逐步转变成比较高雅的语言，这是小学生学习语文最有优势的学习内容，也是最有效的增长点。因为小学生记性好、悟性差，他们学语言最有效的方式就是模仿学习，通过模仿运用可以大量积累课文中丰富的语言、有新鲜感的词语句子，能够极大地丰富学生的语言积累，能够有效提高小学生语言表达的质量。学生语言发展是受年龄限制的，是过了这个村没有这个店的。因此，积累课文中陌生的、有新鲜感的词语句子，熟悉作者遣词造句的经验，是小学生学习语文最迫切最重要的任务。薛老师将教学重点聚焦在课文语言的学习上，通过比较的方法，引导学生关注作者是如何用词的，如何组织句子的，发现课文语言与自己语言的差异，这样的比较分析，能够将学生的注意力直接引到语言表达上。

　　长期以来，小学语文课一直将概念化的语文知识传授作为教学重点，诸如 ABB、ABAB 等词语组合方式，比喻、拟人、排比等修辞手法，概括具体、先总后分、由远及近等表达顺序，动作描写、语言描写、神态描写等描写方法……老师们一定会发现，学习这些表达方法对提高学生的语言表达质量其实作用非常有限。因为这些概念化的语文知识并不能扩大学生的语汇，也不会丰富学生句型，对提高语言表达质量并不能直接起到作用。小学阶段学生语言表达的主要矛盾是词语和句型的贫乏，遣词造句经验的匮缺，因此将丰富学生的语言经验作为小学语文教学的首要任务，这是对语文教学内容的一种战略性调整，能够极大地改善和提高语文教学效率，可以深刻改变教师的语文教学观，同时会引起语文课堂教学的革命性变化。

这堂课给我们第二个启示是通过比较的方式，让学生直观地发现课文语言与学生语言的差异。许多语文教师很重视品词品句，找出课文中用得好的词语、写得好的句子，其指导目的也是让学生发现作者语言表达的奥秘，旨在提高学生语言表达的质量。在实际教学中，不少学生也能按照教师的指点，找出一些用得好的词语、写得好的句子，但往往是知其然，不知其所以然。因为小学生擅长的是直觉思维，课文中这个词语用得好，这个句子写得好，课文中的语言水平很高，那么低水平的遣词造句是怎样的呢？大多数学生是不会主动去联想、去对比的，因此学生获得的经验往往是雾里看花，是很抽象的。薛老师的高明之处是将学生的语言表达直接呈现给学生，然后再让学生自己去比较两种不同语言表达的不同效果。这样直观的语言表达比较，符合小学生擅长直觉思维的特点，能够让学生最直观地领悟课文遣词造句的高明。这样的教学方法语文教师一学就会，因为只是一种简单的教学技巧，但是这样的设计依托的是教师对小学生认知规律的深刻理解。

这堂课给我们第三个启示是学生学习语言最有效的方法不是理解，而是运用。然而语文课上老师们关注的却是理解，课堂教学时间大多花费在阅读方法、写作方法指导上，以为学生认识了、领会了，就能自觉去运用，教学任务就算完成了。其实"学好了再去做"，与"做中学"是两种截然不同的教育观。英国哲学家、教育理论家怀特海曾对"学好了再去做"提出过尖锐的批评，认为"这是迄今存在于教育理论中的最致命、最错误因而也是最危险的一种观点。"语文课程标准指出，语文是一门实践性课程，学生的语文能力是在实践中获得的，语文应用规律也只有通过实践才能真正领悟。无论是学习阅读方法还是写作方法，包括词语如何运用、句子如何组织这类运用语言的经验，只有通过学生的亲身实践才有可能真正获得。因此语文课上教师应该千方百计挤出时间，增加学生实践的机会。理解是教学的第一步，只是铺垫，第二步会运用才是教学目标所在。薛老师这堂课在指导学生理解的基础上，恰到好处地设计了运用语言的实践环节，模仿课文中的写法写出一种火烧云形状的变化。学生有过这样一次仿写实践练习，以后在其他情境中迁移运用的概率就会大大提高。只可惜这是一堂公开教学，只能上一课时，因此学生动笔实践时间还显得不够充分。如果时间充裕，让学生将自己写的这段话与课文中的几段话作比较，然后再进行修改，相信学生能将这段话写得更加精彩。第二次比较修改，是学生"做中学"的过程，相信这一次的学习效果会更加有效。

《姥姥的剪纸》教学案例评析

教学案例

第一次教学

一、检查字词

1. 出示第一组词：小屯、敦厚、炎炎夏日。

指名读，齐读。结合语句理解"小屯"的意思，通过换近义词的方法理解"敦厚"，仿"炎炎夏日"的构词形式说 AABC 式词语。

2. 出示第二组词：刁难、左邻右舍、数九隆冬、无可挑剔。

读准词中多音字，并用另一个读音组词。

3. 写字指导：炎。

运用比照的方法，指名说出写得不正确的部件。

教师示范写，拓展类似的字：吕、林。(提示：相同部件要写得有变化)

【评】生字、词语教学总共用了 13 分钟，包括写字 3 分钟。在公开课上肯花时间用于词语教学是很不容易的，说明教师对写字指导的重视，值得肯定。只是教学的时机还可商榷：读准多音字作为朗读课文前的热身很好，强化读准字音要求，安排在此合适；写字指导关注汉字书写规律，也不错；词义理解如果结合课文朗读，在语境中理解可能更加合适。

二、交流感受

1. 轻声读课文，你眼中姥姥的剪纸是怎样的？（在"姥姥的剪纸"后板画"_____")

2. 生自读课文。

3. 生交流，并板书关键词。

师：读完课文后，我觉得姥姥的剪纸活灵活现。(板贴"活灵活现")

生：在我的眼里，姥姥的剪纸真是无可挑剔。

生：我觉得姥姥的剪纸很精美。

师："精美无比"会更好。

生：姥姥的剪纸熟能生巧。

师："熟能生巧"是什么意思？

生：熟练了，手就更加灵巧了。

师：是啊，手法熟练就能找到窍门。这是在夸奖姥姥，而不是夸姥姥的剪纸，明白了吗？

生：姥姥的剪纸栩栩如生。

生：姥姥的剪纸惟妙惟肖。

师：用上了课外积累的词语，真好！课文中有一个字最能体现姥姥剪纸的技艺——

生：神。

师：姥姥的剪纸神了，也就是姥姥的剪纸——

(生齐读黑板上的关键词。)

【评】这个环节用了9分钟时间训练学生用合适的词语说一句话，可圈可点：其一，以说话来检查学生对课文的理解，比单纯说主要内容好，更适合三年级学生的特点；其二，通过运用，检查学生对词语意思的理解，既有利于学生对词语的理解和积累，义能在运用中丰富学生运用词语的经验；其三，教师不失时机地鼓励学生运用课外积累的词语，有助于增强学生主动运用平时积累的词语的意识。这个环节中教师过于强调学生用四字词语，而且用一个，这对学生运用词语会有一定的限制。如果不加限制，学生的用词范围会更广，也会更加灵活。比如"姥姥的剪纸技术真神。""姥姥的剪纸大小疏密，无可挑剔。""姥姥的剪纸动作娴熟，让我着迷。"等等，这更值得鼓励。

三、内容梳理

1. 默读课文第 1~7 自然段，画出描写姥姥的剪纸神了的语句。

2. 交流：用"姥姥的剪纸神了"作为开头，用上课文中的语句说一段完整的话。

生：姥姥的剪纸神了。一把普普通通的剪刀，一张普普通通的彩纸，经过姥姥的手，便要什么就有什么了。

师：谁能说得更完整？

生：姥姥的剪纸神了。一把普普通通的剪刀，一张普普通通的彩纸，经过姥姥的手，便要什么就有什么了。人物、动物、植物、器物，无所不能。

生：姥姥的剪纸神了。剪猫像猫，剪虎像虎，剪只母鸡能下蛋，剪只公鸡能打鸣。

生：姥姥的剪纸神了。云密雨多的盛夏，姥姥怕我溜到河里游泳出危险，便用剪纸把我"拴"在屋檐下。她从旧作业本上撕下一页纸，唰唰几下，就剪出一个图样。

师：再加上后面一句"我抢过来看，是一只顽皮的小兔子骑在一头温顺的老牛背上"，就更好了。

……

【评】"画出描写姥姥的剪纸神了的语句"，教师一般是将这项作为检查学生阅读理解的题目，学生默读画句子，然后交流。而钱老师将其设计成一个说话的练习，要求学生完整地说一段话，通过表达来检查学生对课文内容的理解，可谓一石二鸟，这样的设计真好！说这段话的评价指标是"意思完整，语句连贯通顺"。第一个学生意思表达也是完整的，只是没有把后面的那句"人物、动物、植物、器物，无所不能"说进去，此处教师评价宜宽容些。倒是后面一句教师评价得很得体，加上原文中的"我抢过来看，是一只顽皮的小兔子骑在一头温顺的老牛背上"，意思表达得就更好了。

四、朗读指导

1. 师：刚刚同学们交流的这几句话，主要集中在这三段当中，请同学们放声读一读，争取读好它。（出示第1、第3、第7自然段）

2. 指导朗读：

第1自然段：突出关键词"要什么就有什么""无所不能"，联系生活用"啧啧赞叹"的语气读好夸姥姥神的句子。练习背诵夸奖姥姥神的句子，并交流句式特点。

第3自然段：重点指导读好"嗬！"鼓励学生用不同的语气读出相同的情感。

第7自然段：通过指导朗读关键词"唰唰几下"，感受姥姥剪纸的速度之快。

【评】这个指导课文朗读环节用了13分钟，重点指导学生有感情地朗读。这是整堂课中花时间较多的一个环节。重视课文朗读是好的，语文课应该舍得花时间让学生多读。这里有两点可以讨论：1. 朗读的时机，建议安排在第三个环节说一段话之前，理由是读熟课文可以减少表达难度，更有利于学生通过表达实践把课文语言转化为自己的语言。2. 如何确定朗读目标，教师喜欢将重点放在有感情地朗读指导上，其实对小学生而言，熟读比读出感情更加重要。熟读课文，做到烂熟于心，脱口而出，课文的语言就成为学生自己的语言了。花13分钟时间指导有感情地朗读，其实效果非常有限，因为有感情朗读的前提是对课文的理解，教师的理解和学生的理解差异很大，而且每个人对课文的理解也是不一样的。

五、总结写法

师：认真读读这三段话，虽然都是在夸姥姥剪纸神了，但写的角度不一样。它们是从什么方面写出姥姥剪纸的神？

（生讨论、交流。师相机板书：逼真、娴熟、快速。）

【评】这个环节用时3分钟。从"逼真、娴熟、快速"这些角度去写姥姥的剪纸技术之神，教师总结的这些角度可能也有一定的道理，但三年级学生只要求写清楚"一件事"，这篇课文是用"几件事"写姥姥剪纸技术之神,可见从选材角度来指导学生学习写作方法并不可取,况且这些方法对三年级学生来说有些过于概念化,难度实在太大。

六、迁移仿写

师:仿照课文的句式去写一写生活中类似的事情:谁的什么神了。(擦去板书中的"姥姥""剪纸"。板书呈现为:_____的_____神了,_____。)比如说,谁的橡皮泥捏神了,谁的琴弹神了,可以从中选择一个角度去写。如果能用上一两个黑板上的词,你的写话会更精彩!

(生仿写。师生交流,点评。)

【评】指导写法以后设计写一写的练习,用时 5 分钟。教师有意识地引导学生将学到的写法运用到表达实践中,有利于写作方法的迁移,意图不错。只是前面指导的写法不是"写一件事"的方法,而这次练习要求写一件事,造成指导与练习脱节。可见教师在设计时考虑还欠周到。

目 案例评析

对于三年级学生来说,读懂《姥姥的剪纸》这篇课文内容并不难,因此钱老师将本课的教学重点放在语言表达能力的训练上。第一课时设计了三个板块的教学活动:1. 检查学生预习时生字、词的认读与书写情况,包括多音字的认读;2. 凭借课文语句,通过口语表达训练,品悟姥姥剪纸的"神";3. 探寻作者从不同角度描写"神"的写作奥秘,练习仿写。从整个课堂设计看,钱老师不是在教课文,而是以课文为例,指导学生学习语言文字的运用,落实在口头表达和书面表达能力的培养上。教师的语文教学观是正确的。

这堂课,教师设计了三次表达练习:第一次是"你眼中姥姥的剪纸是怎样的,说一句话";第二次是用"姥姥的剪纸神了"作为开头,用上课文中的语句说一段完整的话;最后是运用课文中学到的写法,写"你生活中谁的什么技术神了,写一件事"。三次表达练习构成了整堂课的主体,可见教师对语文课程实践性的特点认识非常深刻,落实也非常有力,很值得称赞。

可以商榷的是，三次表达练习各自为政，缺乏内在联系。特别是第三次"写一件事"，要求学生另起炉灶，重新选材，与前面两次运用课文语句进行转述的表达练习几乎没有关系。以语言表达为线索串起一堂课的教学设计，这样的设计思路值得肯定。但一堂课的表达练习设计要有整体性，避免碎片化。最好能前后关联，前面的练习为后面的练习打基础，后面的练习是在前面的练习基础上的进一步提高，这样由易到难，才能有效提高学生的表达能力。

这堂课最大的问题可能是教师对这篇课文写作方法的总结，以及运用这种写法要求学生写一件事。当下语文教师的习惯是教学每篇课文总想要教一些写作方法，似乎不教课文写法就不是语文课了。其实并非每篇课文都能找到适合这个年级学生学习的写作方法，比如这篇是用几件事写人的文章，这样的写作方法对三年级学生而言实在是难以借鉴。特别是要求学生从"逼真、娴熟、快速"等几个角度去写一个人技能的"神"，对中年级学生而言这样的要求也太高了。与其教得不适合，不如不教。建议删去最后写一件事的练习，改为用上课文中的几处语句说一段完整的话，说说"姥姥的剪纸神了"几个不同角度的表现。这样既提高了表达难度，学生又能接受。应该是一种值得尝试的设计思路。

🖉 教学案例

第二次教学

一、字词识写

1. 导入课题，板书并讲解"姥""剪"的写法。齐读课题。

2. 检查预习，看拼音写汉字。

diāo	shè	tiāo	yán	yán
（　）难	左邻右（　）	无可（　）剔	（　）（　）夏日	

（1）指名书写，集体纠正，师范写并讲解易错字"刁""炎"。

（2）多音字教学：读音与组词。

（3）师：（画一条横线）在这条横线上，请填上一个你认为课文中很重要或值得积累的词语。

生：无所不能。因为姥姥剪什么像什么，什么都能剪，特别厉害。

生：无可挑剔。姥姥的剪纸没有一处是可以挑剔的，特别完美。

师：你同时解释了这个词的意思，真好！

生：我觉得"数九隆冬"很重要，因为在预习时，我把"数"读成了第四声。

师：那你知道它为什么读第三声吗？

生：因为这里是指从冬至这个节气开始，往后数九个九天，就是"数九"。

师：你的知识面真广，解释得也很清楚！

……

【评】对预习环节的字词检查教学非常扎实。特别是关注了写字指导，指导写好"姥""剪""刁"和"炎"，要言不烦，十分有效。教师特意设计了借助拼音当场默写4个汉字的练习，有助于提高预习生字的质量。与第一次教学相比，这个环节增加了"填上一个你认为课文中很重要或值得积累的词语"，这可以丰富学生的词语积累。学生的语言水平各不相同，让学生自己画出值得积累的词语，更符合学生的语言学习实际。如果教师不限定学生只画出一个，而是鼓励学生多画出几个，或许更有利于培养学生积累词语的积极性和主动性。

二、朗读指导

1. 师：课文共11个自然段，在预习过程中觉得哪一段比较难读，多遍朗读后觉得自己有明显进步的，就请你展示一下。

2. 生朗读第1自然段。教师借助"啧啧赞叹"，指导学生配上动作和表情，读好人们对姥姥的夸赞。

3. 生朗读第10自然段。教师用换近义词的方法引导学生理解"敦厚"。联系课文，了解"活泼的兔子""敦厚的老牛"指的是谁。

4. 生朗读第 4、第 5 自然段。教师指导学生读好姥姥与"我"的对话，读出不同人物的不同语气。

【评】修改后的设计将朗读指导提前至第二个环节，学生通过反复朗读可以熟悉课文语言，这样就可以为后面的说话做好准备，降低学生说话的难度。教师还结合朗读教学词语，在语言环境中理解词语的意思，既有助于词义的正确理解，又可以帮助学生读好课文。

三、特点概括

师：老师读完这篇课文，觉得姥姥的剪纸真是活灵活现。（板画"_____"，板书成为：姥姥的剪纸_____。）在你的眼里，姥姥的剪纸又是怎样的呢？请同学们读一读课文，也用一个词或者几个词说一说，可以边读边用笔圈画出相应的词语。

（生读。师巡视。）

师：在我的眼里，姥姥的剪纸真是活灵活现。请你也这样说。（板贴：活灵活现）

（生交流，并上黑板书写所说的关键词。）

师：大家看，在我们的眼里，姥姥的剪纸真是——（指黑板）

生：（齐）活灵活现、形象生动、栩栩如生、妙不可言、惟妙惟肖、无可挑剔、各式各样。

师：刚刚有一位同学用一个字就概括出了这么多词语要表达的意思，那就是——

生：神！

师：姥姥的剪纸神了！也就是说，姥姥的剪纸真是——（指黑板）

生：活灵活现、形象生动、栩栩如生、妙不可言、惟妙惟肖、无可挑剔、各式各样。

【评】鼓励让学生运用课文中的词语和平时积累的词语，可以用一个词语，也可以用几个词语，并且将这些词语写在黑板上，这对平时注意积累词语的学生是很大的鼓励，既有利于学生养成阅读时主动积累词语的习惯，又能引导学生在表达时积极运用平时积累的词语。最后还让学生将黑板上写出的词语连起来读一遍，整个环节设计得非常合理，真好！

四、形象解读

师：课文中哪些语句写出了"姥姥的剪纸神了"？请同学们默读第1~7自然段，用笔画出来，并试着以"姥姥的剪纸神了"为开头，说一段话。

（生练习。师巡视指导。）

生：姥姥的剪纸神了。剪猫像猫，剪虎像虎，剪只母鸡能下蛋，剪只公鸡能打鸣。

生：姥姥的剪纸神了。一把普普通通的剪刀，一张普普通通的彩纸，经过姥姥的手，便要什么就有什么了。人物、动物、植物、器物，无所不能。（师相机指导学生理解"器物"）

生：姥姥的剪纸神了。当姥姥忙完农活和家务，就会搬把椅子往门前一坐，拿出剪刀来剪纸——数九隆冬剪，炎炎夏日剪，树荫下剪，月光下剪，甚至摸黑剪……

师：我发现这句话只有三四个同学画了。请问你为什么没画？

生：因为这句话不是写姥姥的剪纸，而是说姥姥什么时间在剪。

生：这是在说姥姥剪纸那么神的原因。

师：对啊，正是因为姥姥日日夜夜剪，不分季节剪，才剪得那么神。这句不是在夸姥姥剪纸神，而是说姥姥剪纸神的原因。还有哪些句子？

生：姥姥的剪纸神了。云密雨多的盛夏，姥姥怕我溜到河里游泳出危险，便用剪纸把我"拴"在屋檐下。（师引导学生通过"拴"字感受姥姥剪纸的神）

生：姥姥的剪纸神了。一天，我用双手死死地捂住姥姥的双眼，让她摸着剪窗花。谁知没多少工夫，一幅"喜鹊登枝"便完成了。嗬！梅枝与喜鹊形象生动，大小疏密无可挑剔。

生：姥姥的剪纸神了。姥姥从我的旧作业本上撕下一页纸，唰唰几下，就剪出一个图样。

师：到底是怎样的图样呢？能把话说完整、说清楚些吗？

生：姥姥的剪纸神了。姥姥从我的旧作业本上撕下一页纸，唰唰几下，就剪出一个图样。我抢过来看，是一只顽皮的小兔子骑在一头温顺的老牛背上。

生：姥姥的剪纸神了。她剪纸时娴熟的动作使我着迷。那剪刀游走在纸上发出的声音，悦耳至极。（师引导学生通过"悦耳至极""游走"体会姥姥的剪纸之神）

（师生继续交流。略。）

【评】课文中哪些语句写出了"姥姥的剪纸神了"？要求学生画出有关语句，这个问题侧重于对姥姥这个人物形象的理解。教师将其设计为用具体语句说"姥姥的剪纸神了"的表达练习，让学生通过口头表达的方式说出对姥姥剪纸技术的理解，将理解与表达有机地融合在一起。这样的设计可圈可点，值得提倡。

五、训练表达

师：刚刚同学们交流的只是引用课文中的一句话或一个方面说出姥姥剪纸的神。接下来加大难度，仍以"姥姥的剪纸神了"为开头，任选几句话或几个方面说一段话。这样介绍会更加具体，更有说服力。先自己说一说，然后再说给同桌听，请他给你提建议。

（生自由说。同桌互说。师适时指导。）

生：姥姥的剪纸神了。姥姥从我的旧作业本上撕下一页纸，唰唰几下，就剪出一个图样。她剪纸时娴熟的动作使我着迷，那剪刀游走在纸上发出的声音，悦耳至极。

师：这位同学真厉害，能把两句话巧妙、恰当地组合在一起，"唰唰几下"不就是娴熟的动作吗？向你学习！

生：姥姥的剪纸神了。一把普普通通的剪刀，一张普普通通的彩纸，经过姥姥的手，便要什么就有什么了。你可别不信，有一天，我用双手死死地捂住姥姥的双眼，让她摸着剪窗花。谁知没多少工夫，一幅"喜鹊登枝"便完成了。

师：听出来了吗？这位同学加上了什么过渡语，让两句话融合在一起了？

生："你可别不信"。

师：是啊，先说姥姥的剪纸是"要什么就有什么"，然后举个例子，让你心服口服。

生：姥姥的剪纸神了。云密雨多的盛夏，姥姥怕我溜到河里游泳出危险，便用剪纸把我"拴"在屋檐下。我都着迷了，真的不往外面跑了，还总是缠着姥姥为我剪各种各样的图样。

师：这位同学说的和你准备的有什么不同？

生：她后面说的不是课文中的话，而是自己的话。

师：这就是这位同学最精彩的地方。

生：姥姥的剪纸神了。在我们小屯里，左邻右舍的窗子上，都贴着姥姥精美的剪纸，是不是不可思议啊？一天，我用双手死死地捂住姥姥的双眼，让她摸着剪窗花……

师：（插话）建议你在"一天"前加上"更不可思议的还多着呢"，说说看。

生：姥姥的剪纸神了。在我们小屯里，左邻右舍的窗子上，都贴着姥姥精美的剪纸，是不是不可思议啊？更不可思议的还多着呢！一天，我用双手死死地捂住姥姥的双眼，让她摸着剪窗花。谁知没多少工夫，一幅"喜鹊登枝"便完成了。嗬！梅枝与喜鹊形象生动，大小疏密无可挑剔。

师：用两个"不可思议"，就让两句话衔接得那么自然！

生：姥姥的剪纸神了。姥姥从我的旧作业本上撕下一页纸，唰唰几下，就剪出一个图样。我抢过来看，是一只顽皮的小兔子骑在一头温顺的老牛背上。怪不得，我从小就听人啧啧赞叹："你姥姥神了，剪猫像猫，剪虎像虎，剪只母鸡能下蛋，剪只公鸡能打鸣。"

生：姥姥的剪纸神了。我从小就听人啧啧赞叹："你姥姥神了，剪猫像猫，剪虎像虎，剪只母鸡能下蛋，剪只公鸡能打鸣。"我有些半信半疑。有一天，姥姥从我的旧作业本上撕下一页纸，唰唰几下，就剪出一个图样。我抢过来看，是一只顽皮的小兔子骑在一头温顺的老牛背上。还有更厉害的呢！一次，我用双手死死地捂住姥姥的双眼，让她摸着剪窗花。谁知没多少工夫，一幅"喜鹊登枝"便完成了。嗬！梅枝与喜鹊形象生动，大小疏密无可挑剔。"耳听为虚，眼见为实"，我对姥姥佩服得五体投地！佩服，佩服啊！（做作揖的动作）

（师生情不自禁地鼓掌。）

师：掌声已说明了一切！你的语言感觉太好了，以听说时的半信半疑开始，接着用"还有更厉害的呢"，将两个"眼见为实"的例子连接在一起。特别是结尾处，更是精彩至极！你的发言神了，我对你也佩服得五体投地！佩服，佩服啊！（做作揖的动作）

……

师：同学们刚刚说得很好，用自己的语言巧妙组合了两句话或三句话。回去后，请同学们把你们说的写出来，相信在写的过程中，你一定会有更多更好的想法。

师：同学们，这一节课，我们共同感受了姥姥剪纸的神。其实啊，这一张张剪纸当中，还饱含着一片片深情，到底是怎样的情感呢？下节课咱们继续共同学习。下课！

📑 案例评析

这是钱娟老师在一次全国性的语文教学研讨活动中上的一节公开课。钱老师没有将理解"姥姥剪纸技术之神"作为这堂课的讲读分析重点，而是以课文为例，探寻课文的表达方式，并且设计了练习仿写，重点指导学生学习语言表达运用。从整堂课的教学设计看，钱老师不是在教课文，而是在用课文指导学生学习语言文字的运用，教学重点落实在口头表达和书面表达能力的训练上，反映出教师对语文课程性质和任务的正确认识。

在第一次教学设计时，钱老师设计了三次表达练习，这三次表达练习构成了整堂课教学活动的主体，每次练习都是以学生的表达实践为主，引导学生在表达实践中提高自身的表达能力。可见教师对语文课程实践性的特点认识非常深刻，落实也非常有力，这很值得称赞。

课后我与钱老师进行了深入的交流，首先肯定了钱老师语文教学设计的思想，但是对这堂课具体的练习设计提出了一些意见。这三次表达练习，前两次都是运用课文语句进行转述的表达练习，这类练习对学生理解课文内容、内化课文语言、实现消极语言向积极语言的转化起到了积极的作用。需要研究的是第三次练习设计：教师总结了这篇课文的写作方法，然后要求学生运用这种写法写一件事。深入解读这篇课文，我们可以发现课文是用多件事来写姥姥剪纸技术之神的，且更多的是叙述，很难找到适合中年级学生学习的写作方法。因此教师将这篇课文的写作方法概括为"探寻作者从不同角度描写'神'的写作奥秘"，并且解读出课文是从"逼真、娴熟、快速"等角度来写姥姥剪纸技能的"神"。我们且不讨论这样的概括是否正确合理，仅从这个要求看，对三年级学生而言就太高了。三年级学生习作刚刚起步，比较合适的要求是写一件事，或者是通过一件事写一个人，重点是学习把事情写完整，把人物的特点写清楚，这些要求也已经不低了。至于从多个角度记叙人物多个方面的特点，对高年级学生而言可能也不适宜。因此这堂课尽管教师花了很大力气和很多时间指导学生认识课文的写作方法，但是从学生最后写出的文章看，几乎没有什么效果。因此我建议钱老师忍痛割爱，删去第三次仿写练习，在第二次"运用课文中一个语句说说姥姥剪纸技术之神"的基础上，增加难度，要求学生整合更多的语句说一段话，更充分地表达"姥姥的剪纸神了"这个特点。前面是运用课文中的一个语句说一段话，这里是将两个或者几个语句整合在一起说话。如果这样设计练习，那么前后练习就有了内在的联系，前面练习为后面练习打下基础，后面练习又在前面练习的基础上有进一步提高。这样由易到难地设计练习，应该是一种值得尝试的设计思路。

钱老师接受了我的建议，并进行了认真的修改。不久以后她告诉我，根据修改后的教案上课的效果果然不错。她将这一次课堂教学的实录整理后发给我，并且写了磨课体会。

当下，不少语文教师备课时都非常重视对课文写作方法的解读，认识到文本解读不仅要理解课文的思想内容，还要解读出课文是用什么方法来表达思想内容的；语文教学的重点应该落实在对课文写作方法的认识上，而不仅仅是对课文思想内容的理解。应该说这样的认识是对语文课程性质把握的一大进步。然而，我们也应该警惕语文教学陷入另一个误区，就是每篇课文都必须教学写作方法，似乎不教写作方法就不是在学习语言文字的运用，就不是合格的语文课。其实，当下使用的语文教材并不是按照学生的写作学习顺序来编写的，并非每篇课文都能找到适合这个年级学生学习的写作方法。比如这一篇是用几件事写人的文章，课文的写作方法对三年级学生而言实在难以借鉴。

　　我很赞同语文课要强化学生的表达练习，增加读写结合的表达训练，这很值得提倡。语文课读写结合的表达练习设计，教师习惯从写作方法这方面寻找结合点，比如按空间变化写一处景物、按时间顺序写一样动物、从几个方面具体描写人物特点等。以写作方法为切入点设计读写结合练习当然也不错，但我更提倡的是另外一种读写结合的切入点，就是借助课文内容创设情境，让学生进行口头或书面表达的实践。比如用课文中的一个或几个具体事实介绍姥姥剪纸技术之神。这样的表达实践可以有效地把课文语言转化为学生自己的语言，使学生在表达实践中不断熟练口头或书面表达的技能。这样的表达练习其中也含有一些写作方法，但教师无须有意识地引导学生去认识，而是让学生在表达实践中自己去体会。语文课上这样的表达实践越多，学生的表达技能越熟练，他们就可以在大量实践过程中获得更多的表达经验，获得更多的表达策略。语文课上这类表达练习其实对学生的语言发展和熟练表达技能的形成更加有效。这是我对语文课读写结合表达练习设计的一种新的认识，提出来和广大语文教师分享。

附：执教者磨课体会

　　《姥姥的剪纸》是一篇文质兼美、情真意切的课文。课文以"剪纸"贯穿全文，既描述了姥姥的剪纸技艺高，也叙述了祖孙之间情意深。如果将两个内容凝练成两个字的话，应为"神"与"情"。

　　对于三年级学生来说，这篇课文内容读来不难，难就难在如何借这篇课文培养学生理解和运用语言的能力。正如我们常说的，"学习语文不仅仅要知道写了什么，更重要的是学会使用语言，学会理解和表达语言"。

　　第一次的设计展示的是第一课时的教学，我设定了三个板块的教学活动：1. 以检查预习的方式，学习生字、词的认读与书写，包括 4 个多音字的认读。2. 凭借具体的语句，通过多种形式的朗读与口语训练，品悟姥姥剪纸的"神"。3. 探寻作者从不同角度描写"神"的写作奥秘，练习仿写。

　　吴忠豪教授多次强调，"不能只教教材，要把教材当作例子来教语文"，不能单纯地分析课文，不能不停地提问，不能任意肢解课文，而要着眼于整体去设计每一个环节的教学。本着这样的教学理念，我紧紧扣住一个"神"字展开教学，这个教学内容既是重点也是难点。我以"以读促讲，以读促思"的方式，引导学生"三读文本"：一读，读出感受，积累词语，提炼中心词（姥姥的剪纸怎么样）；二读，练习说话，正确表达，寻找关键句（姥姥的剪纸神了，体现在哪儿）；三读，发现秘妙，感情朗读，提升理解力（指导朗读三段文字）。提炼出文本言语表达的奥秘后，接着进行了"_____（谁）的_____（什么方面）神了，_____（体现在哪儿）"的仿写训练，结合熟悉的生活化情境，引导学生借鉴运用，实现迁移。这几个教学环节逐层推进，层层深入，学生对姥姥剪纸的"神"也有了更深刻、更全面的理解。

在实际的教学中，最后一个板块"要求学生按照课文的表达形式，从'逼真、娴熟、快速'三个角度去仿写"，这次仿写提出了"发现人物特点"与"迁移仿写"两个语言学习点，对照课标中的三年级写作目标，要求确实比较高，对三年级的学生来说有一定的难度。说实话，在设计这一课的教学内容时，我对这一环节也疑惑过。在试教的过程中，此环节也确实如想象中一样，学生接受比较困难。因没有具体的解决方法，又自认为一节课必有仿写练笔的训练才更完美，所以此板块教学设计还是保留了。

吴教授听完课后指出：首先，这一处设计没能基于三年级学生学情考虑，对于三年级学生来说，难度实在太大；其次，出示的三个语段中，姥姥剪纸"逼真、娴熟、快速"等特点重复交叉，比如"唰唰几下"这一句概括为"快速"，细想，更应是技艺娴熟的表现。所以这三个方面的特点归纳得是不严谨的。

如何更有效地设计表达训练？吴教授不仅指出了课堂病症，还开出了有效的疗方——在学生以"姥姥的剪纸神了"为开头，交流找出相应的语句后，教师将学生交流的语段出示在大屏幕上；接着要求学生仍以"姥姥的剪纸神了"为开头，进行将两三句话并成一段话的语言表达训练。这样的设计指向于"围绕中心，多句概括"的表达训练。这样的语言表达训练，不仅可以提升学生的理解和表述能力，也考验了学生重新组合语言的能力（如何过渡，如何衔接）。当然，此环节更要发挥教师指导点拨的作用。

同样是积累和表达的训练，因策略不同，呈现的方式也有所不同。我的设计有"为写话而写话"之嫌，选择的训练点不太符合学生的语言发展规律。而吴教授指导修改后的训练设计，更符合学生的学习需求，难度逐层推进，有助于语感的培养。

口语交际课《劝告》教学案例评析

教学案例

一、导入新课，尝试劝告

师：上课之前，王老师先请大家来猜一则谜语：外表疙瘩瘩，刺猬像是它。爱者赞其香，厌者掩鼻走。猜猜这是什么？很多同学都吃过的。

生：榴梿。

师：你告诉大家，吃过没有？喜不喜欢吃？

生：我吃过，不过第一次闻到时我就想跑，但是第二次我捏住鼻子吃了一块，觉得挺好吃的。

师：第三次还捏鼻子吗？

生：不捏了。

师：你吃榴梿的过程很有意思。谁再来说说？

生：我跟刚才那位同学不一样，我觉得榴梿吃起来很甜。

生：我第一次吃，是姥姥从市场买回来的。它没有外面的皮，直接是里面的果肉，装在一个盒子里。我闻了闻，觉得并不臭，很好吃。如果它是冰的，吃起来很像冰淇淋。

生：我第一次吃榴梿的时候有点暴力。我不知道榴梿是怎么吃的，就尝试把它掰开。结果太硬了，我就拿刀子切。可是我的力气太小了，切不动。

师：看来爸爸妈妈不在家的时候吃榴梿挺不容易的，还挺危险的。想想看，你拿起刀的那一刻，妈妈正好开门要进来，她一定被吓坏了。我们继续交流。

生：我第一次吃榴梿时，先闻了闻味道，然后就大口大口地吃了起来，一连吃了好几块。从此我就爱上吃榴梿了，每天都会吃一块。

师：看来大部分同学还是比较喜欢吃榴梿的。我可不行，不仅不喜欢吃榴梿，而且闻到它的味道就受不了，一定要掩着鼻子，甚至得捏着鼻子。有一天，我在高铁站候车大厅安静地等车，一边看着书，一边听着音乐，多惬意啊！这时候，一股特别刺鼻的味道传了过来，有人在吃榴梿。她不仅在吃，还吃得很香。她四周有好几个人，估计跟我一样，都不喜欢吃榴梿，有的捂着鼻子，有的直接捏着鼻子。那一刻我们的心情，大家能理解吗？

生：能。

师：我们不喜欢吃榴梿，闻到榴梿的味道都难受，可这个人不仅在吃榴梿，而且吃得很香，吃得时间很长。谁能帮我劝劝她？我现在就是那个吃榴梿的人，你来劝劝。

生：你好，这是公共场合，这榴梿实在太臭了。

师（扮吃榴梿的阿姨）：啊，你竟然说我臭，你给我走开。气死我了，哼！竟然说我臭！今天没有把你踹到一边去，算你运气好。真是个熊孩子！

师：劝告失败，我们再请一位来。

生：这个榴梿太臭了，你能不能想想别人呀？

师（扮吃榴梿的阿姨）：你给我走开！竟然说我最喜欢吃的人间美味榴梿臭，太不像话了！走开！

师：劝告又失败了，我们请一位女生来劝告吧。

生：你好，请不要吃榴梿了，好吗？

师（扮吃榴梿的阿姨）：为什么不吃？这是我买的！

生：因为我不喜欢那种味儿。

师（扮吃榴梿的阿姨）：你不喜欢，我喜欢。

生：有一种恶心的味儿。

师（扮吃榴梿的阿姨）：你竟然说我恶心，那我就不客气了。看打！

师：两位男生，一个女生，上来劝告，全部以失败告终，还惹怒了吃榴梿的阿姨，看来劝告没那么简单，劝告是需要方法的。也许当你学会了方法之后，再劝告的时候就不会失败了。今天我们就要来学习劝告的方法。

二、层层推进，学会劝告

1. 联系生活，了解劝告的方法

师：在学习劝告的方法之前，王老师先要请大家来看一段视频。（课件播放视频。）

> 视频主要内容：
>
> 记者：爸妈辅导你学拼音时，最常说的话是什么？
>
> 学生1：你怎么这个不会，那个不会，你是不是跟猪一样，榆木脑袋。
>
> 学生2：如果你不学好拼音，你以后就得去搬砖，捡垃圾，收破烂，直接被社会淘汰。

师：刚才看这个视频的时候，大家笑得很开心，你看到哪儿就笑了，为什么？

生：他爸爸妈妈说他是榆木脑袋。

师：生活中你有没有被这样批评过？

生：有，我妈经常这样说我。我考试成绩不好，我妈就骂我：你怎么能这样呢，考试成绩这么低，你简直是榆木脑袋。

师：听到妈妈这么恶狠狠地说，你当时心情怎么样？

生：如果我会遁地，我就会钻到地底下去。

师：无地自容，真想藏到地缝里。所以刚才听到"榆木脑袋"的时候她特别有感触，因为她妈妈说过类似的话。你呢？

生：我看到那句"跟猪一样"，就想起了我妈妈说我的情景。

师：来，告诉大家发生了什么？

生：我上次英语考得不好，妈妈一看，就大声吼道："你个猪脑袋，你想死啊!"其实我也不想考成这样啊,当时我的心里也很难受。

师:同学们,当你被人这样说的时候,心情会特别不好,会很沮丧,没有信心。我们在劝别人的时候,不能这样指责别人。在劝告别人的时候,我们一定注意——

生:态度要好一些。

生:不要指责别人。

(板书:**不用指责的语气。**)

师:刚才的三位妈妈用指责的语气说话,让人心情很不好。有没有同学像这位同学一样,其实自己也不愿意出错,但是有些题自己真的不会做,来,说说你当时的心情和真实的想法。

生:我特别希望立刻把题做出来。

生:我特别希望爸爸妈妈能理解我。

生:我希望爸爸妈妈能鼓励我。

生:我希望爸爸妈妈能够给我辅导,讲讲这道题该怎么做。

师:对呀,我相信遇到不会做的题,大家一定希望爸爸妈妈能理解自己,能鼓励自己,帮助自己。但爸爸妈妈常常不能理解我们的心情,她转身直接来了一句——

生(齐):你上课为什么不专心听讲!

师:我请一位有感受的同学来读,他肯定读得好。

生:你上课为什么不专心听讲!

师:妈妈好厉害,都暴跳如雷了,边跳边喊。孩子,你真坚强!我相信此刻,你希望妈妈理解你、鼓励你,帮你把这道题讲一讲。可是,妈妈没有,妈妈在干什么?

生:训我。

师:妈妈在批评"我",而且还特别严厉,并没有从我们的角度出发来思考。现在你明白了吧,劝告别人的时候要尽可能——

生:换位思考,从别人的角度出发。

师:对,这样你才能理解别人想要什么。

(板书:**要从对方的角度思考**)

2. 创设情境，教给劝告的方法

情景一：坐在楼梯的扶手上往下滑。

师：（课件出示学生坐在楼梯的扶手上往下滑的图片）在学校里，很可能出现这样的情景，咱们班有人干过这样的事儿没？

生：没有。

师：真好，不过我见过咱们学校其他班有学生这样干过，你觉得这样做对不对？应该怎么办？

生：不对。应该劝他。

师：下面有三个不同的劝告方法，我们来看一下（课件出示）：

> 第一种：你这样做太危险了，有可能会撞到别人的。
>
> 第二种：你怎么不遵守学校纪律呢？太不应该了！
>
> 第三种：小同学，别这么玩！扶手很滑，如果没抓稳的话，你会摔伤的。

师：我们请三位同学上来，劝一劝这个滑栏杆的同学。谁来当滑栏杆的同学？你刚刚从栏杆上滑下来，非常开心。

（一位同学上来表演滑栏杆，滑下来后非常开心。）

生1：你这样做太危险了，有可能会撞到别人的。

滑栏杆的同学：是啊，有可能，那还有可能撞不到呢。

生2：你怎么不遵守学校纪律呢？太不应该了！

滑栏杆的同学：哼！你以为你是教导主任啊！

生3：小同学，别这么玩！扶手很滑，如果没抓稳的话，你会摔伤的。

滑栏杆的同学：哦，这样啊，好吧，那我不滑栏杆了。

师：三位同学进行了劝告，只有第三位成功了，为什么第三个同学的劝告他愿意听？

生：因为他站到别人的角度上去思考，为他的安全着想。

生：前面两个都在指责他。

师（问表演滑栏杆的同学）：我问问你，你当时是不是这种感觉？前两个人的劝告，你听了很不舒服，第三个人说："小同学，别这么玩！扶手很滑，如果没抓稳的话，你会摔伤的。"你是不是觉得他为你的安全考虑了，是从你的角度出发，为你着想的？

生：是的，而且第三个人的称呼也换了，前两个是你，第三个人说的是小同学。

师：称呼也特别重要，称呼变了，感觉态度也变了，从对方的角度考虑了，对方就容易接受。同学们，谁学会劝告的方法了？

生：劝告的时候不能用指责的语气，要从对方的角度思考。

3. 实践运用，掌握劝告的方法

师：掌握了方法，我们再去看看那个吃榴梿的人，看看怎样劝告才有效。还记得刚才的情景吗？三个人都劝告失败了。我继续扮演那个吃榴梿的阿姨，刚刚劝告失败的第一个同学重新上来，我们看他跟刚才有没有什么变化。

生：小姐姐，能不能不要在公共场所吃榴梿，榴梿味道不太好。

师（扮吃榴梿的阿姨）：榴梿挺香的呀。

生：你能不能站在别人的角度思考一下？

师（扮吃榴梿的阿姨）：我管不了别人，我只管自己。

师：他有进步，谁发现了？

生：他没有再说别人臭了，还称呼了小姐姐。

师：有进步，不过还是失败了。刚才那个女同学来试试吧。

生：姐姐，你不要吃榴梿了，好吗？这样子有的人可能会不喜欢你。

师（扮吃榴梿的阿姨）：你刚才说什么来着？

生：你这样吃，别人会讨厌你。

师（扮吃榴梿的阿姨）：讨厌我？走自己的路，让别人旁边去吧！

生：阿姨，您不要吃榴梿了，榴梿吃多了，可能会上火。

师（扮吃榴梿的阿姨）：啊！会上火？哦，这样的。那我要不把它收起来，免得嘴角起个泡，就不漂亮了。要不我再吃一点点吧？

生：可以，谢谢。

师：这个同学有一个非常大的优点，谁发现了？

生：换位思考。她没有直接上来说你不要吃了，而是说吃榴梿多了会上火。

师（扮吃榴梿的阿姨）：是啊，我一想会上火，就不漂亮了，算了，还是不吃榴梿了。

师：看来什么很重要？

生：换位思考。一定不能老是指责别人。

师：谁继续进行劝告？

生：阿姨，您能不能不要吃榴梿了？您吃榴梿不仅会上火，而且要是一直吃榴梿，别人都会讨厌你，不跟你交往，你就没有朋友了。

师（扮吃榴梿的阿姨）：可是，我就是喜欢，我在我家不能吃吗？

生：在家可以吃，但是一定要少吃，会上火的。

师（扮吃榴梿的阿姨）：上火的表现是什么？

生：流鼻血。流鼻血就得去卫生间洗。万一正在洗，高铁来了怎么办？

师（扮吃榴梿的阿姨）：这个小朋友说得挺有道理的。我不能再吃了，万一我流鼻血了，给鼻子塞着纸团太丑了，如果我去卫生间，正在清理鼻子的时候，高铁来了，我误了高铁回不了家怎么办呀？为了不耽误乘坐高铁，我把榴梿收起来。

4. 自主练习，巩固劝告的方法

师：生活中，还有很多人和事要去劝，比如说（课件出示）——

> 1. 有同学违反交通规则，横穿马路。
> 2. 表哥喜欢玩电脑游戏，一玩就是一整天。

师：面对这样的情景，你们说该不该劝？

生：该劝。

师：我们四人小组先相互模拟角色，练一练。

（学生练习劝告。）

师：我们请几个小组上台展示。

（一个学生表演表哥一整天都在玩电脑游戏。）

生：表哥，请不要再玩电脑了，这样对你的眼睛不好，对你的身体也不好，容易脖子疼。

生（扮演表哥）：怎么就不好了，我不是挺好的吗？

生：你会出现黑眼圈，如果玩时间长的话，你的眼睛会近视，以后就没法打游戏了。你可以每天打半个小时或者二十分钟。这样的话，玩完游戏，你再做一下眼保健操，你的眼睛视力一直会保持，你以后还是可以玩游戏，怎么样？

生（扮演表哥）：每天玩一定的时间，可以玩的时间更长些，那我现在把电脑关了，做做眼保健操吧。

师：这个表哥好听话呀。再请一组。

（一个学生表演表哥一整天都在玩电脑游戏。）

生：表哥，你别这么玩，如果你长时间玩电脑的话，会对眼睛不好的。专家说，如果每天玩三十分钟会近视的。

生（扮演表哥）：我才不要你管呢，你看，这多好玩。

生：表哥，你这样玩的话，你的眼睛会近视，将来就考不上好大学，而且我给你储藏的三十包泡面也不给你吃了。

生（扮演表哥）：那我不玩了。

师：还有绝杀技呢，考不上大学，三十包泡面也没了。不错。我们再来看看过马路的场景该怎样劝告？

（两位学生表演过马路的场景。）

生：小同学，过马路不能跑。

生（扮演过马路的同学）：我们都快迟到了，能不着急吗？

生：上课迟到跟生命安全，哪个重要？你好好想一想。

生（扮演过马路的同学）：我们都快三年级了，这些都知道。

生：知道怎么还要横穿马路呢？再着急也不能不顾自己的生命呀。

生（扮演过马路的同学）：今晚有卤鸡腿呢，早点去学校写作业，晚上就能早点儿吃到卤鸡腿，难道你不想吃吗？

生：鸡腿可以重做一份，但是你的生命可不能重来一次。安全不规范，亲人两行泪。

生：这样做是很危险的，万一车把你撞到怎么办呀？你就躺到医院里去了，卤鸡腿恐怕就吃不上了。

师：今天，同学们的发言特别精彩，尤其是那些劝告的同学，真的是想了各种办法，不指责别人，同时还能从别人的角度思考。我们的校园里，还存在着一些不文明的现象，需要我们去劝告相关的同学。除了滑楼梯的，你还发现了哪些不文明的现象？

生：我见过高空抛物的。

师：对，太危险了，一定要劝告。

生：还有从楼梯上往下跳着走的。

师：这也很危险，应该劝告。同学们都很善于发现，说到了不文明的现象，希望大家行动起来，积极地劝告他们，让我们的校园更文明。今天的这节课就上到这儿，下课！

案例评析

这堂口语交际课上得生动活泼，学生很开心，对怎么进行劝告留下了深刻的印象。有很多方面值得学习、借鉴。

第一，就是情境创设贴近学生生活。这堂课王老师除了充分利用教材中的三个情境"小同学下课从楼梯扶手滑下来""有同学违反交通规则穿马路""表哥玩电脑游戏一玩一整天"，针对这三个情境应该如何进行劝告。老师另外增加了三个情境，第一个情境是高铁站吃榴梿，这个情境创设得很不错，学生有话可说。另外两个情境是：孩子拼音读不准，妈妈指责他；数学题不会做，告诉妈妈，妈妈责怪孩子。这样几个情境，都和学生生活紧密结合，能够激发学生表达的兴趣。口语交际就是引导学生在具体的语境中进行交际，创设什么情境，怎么让孩子有话可说，和他生活经验直接有关，这很要紧。所以说这堂课的交际情境创设得很好。

第二，这堂口语交际课设计很有层次，环环相扣。首先创设了高铁站吃榴梿的情境，引导学生对公共场合吃榴梿的人进行劝告，结果劝告不成功。怎样劝告才能说服别人呢？这个引入环节激发了学生的学习兴趣，很自然地转入第二个环节，学习怎样劝告，体会劝告的方法。老师播放了学拼音的视频，出示了孩子数学题不会做的图片，通过两个劝告失败例子，从反面总结出过多的指责难以让人接受，认识劝告要从别人的角度出发，要为对方着想，才有说服力。接着结合教材中的情境"一个同学下课时从楼梯的扶手上往下滑"，教师再现了当时的情境，再通过现场表演，从正面认识劝告的方法。通过正反两方面的结果比较，学生对怎样劝告有了比较深刻的认识。以上两个环节大致用了 20 分钟。接下来第三个环节老师结合具体情境，运用劝告的方法，进行两次劝告的实践练习。学生感受了劝告的方法，怎样在方法指引下进行劝告呢？老师先重拾高铁站劝告"吃榴梿"失败这个情境，让学生思考怎么才能劝告成功呢？请刚才失败的同学再次进行劝说。看得出几个学生在这次劝告中都避免了一味指责，而是站在对方立场进行劝告，说话方式有明显的改进。接下来再结合教材里的两个情境，表哥打游戏和乱穿马路，再次进行劝告练习，让学生再一次从实践中学习怎么进行劝说。劝告实践练习环节花了 19 分钟，时间比较充分。最后总结环节花了 1 分钟。整个课堂教学设计，从激发兴趣、明确学习任务，到体会劝告的方法，最后再运用方法进行劝说实践，环环紧扣，层层深入，各个环节的设计感很强。

　　第三，在实践中学会劝说，这是口语交际课最重要的一个环节，也是决定成败的关键。光是懂得劝说的方法，比如不能指责别人，要为对方着想，要有适当的语气，明白了劝说的方法，其实并不等于学会劝说。因为怎样有效地进行劝说，劝说的对象各不相同；为什么要劝说，情况也是各不相同的。所以光是掌握几条干巴巴的要领，其实与学会劝说完全是两回事。就像学骑自行车，明白了骑车的要领：第一要双手握把，第二两眼正视前方，第三身体坐正，最后两只脚均匀地用力，一二三四都知道了，自行车会骑了吗？还是不会骑！因为这是一种技能，不是明白要领就可以学会，需要在实践中才能真正学会。劝说也是这样，明白了一二三四，并不等于学会了劝说。怎么才能够学会，必须通过大量的劝说实践。这和在游泳中学会游泳道理是一样的。这堂课老师安排了两次劝说的实践，是非常有必要的。特别是老师把前面吃榴梿劝说失败的这个情境重新捡起，引导学生再次练习劝说。刚才的劝说失败，现在明白了劝说的方法以后，你准备怎么劝说？学生通过两次劝说对比，对根据具体对象和情境正确运用劝说的方法，有了新的认识。可以看到学生学习的进步，真实反映出学习的效果。

这堂课哪些地方还可以改进？我认为时间分配还可以稍作调整。这堂课前面一半时间是指导劝说的方法，安排劝说实践练习时间也差不多占了一半时间。从时间分配看还可适当调整。前面部分可以再压缩，如果 10 分钟能够让孩子明白怎么劝说，然后用 30 分钟来练习劝说，是不是对提高学生劝说能力更加有效？要学会劝说，一定要根据不同的情境，反复去练习，在实践中才能真正学会劝说，这是技能掌握的基本规律。老师在最后小结里面提出：学会劝说这个本领，以后在生活中看到不良的情况，你要主动进行劝说，用合适的语言能够说服别人，要经常在生活当中应用。这才是学习劝说真正的价值。

如何增加学生劝说实践的时间？我认为是否应适当减少老师设计的情境。教材中有三个情境，加上老师增加的三个情境，是否多了些？增设的三个情境，"学拼音"和"做数学题"这两个情境没有用好，仅仅让学生知道，光是用指责进行劝说效果不好，遇到这种情况应该怎么进行劝说才是好的呢？因为时间关系，后面没有下文了。用的最好的是吃榴梿。为什么好？因为前后有比较，开始怎么劝说学生没有学过，所以以指责为主，批评为主；有的学生捏着鼻子上去，对别人不礼貌，这些现象都很正常，生活中学生就是这样的认知水平，他就是这样劝说别人的。学了劝说的方法后再来改进劝说的语言、劝说的行为。通过前后对比，学生劝说能力就提高了。所以创设情境多不一定好，如果删掉"学拼音""数学题不会做"这两个劝说失败的情境，以教材中的"滑扶梯""玩电脑游戏"两个情境来替代，是不是可以节省时间，将时间更多地运用在劝说实践上？

第四，劝说要集思广益，充分利用团队的作用。劝说其实是很需要智慧的。比如第二次劝说"吃榴梿"，劝说最好的是一位女同学，"请你不要吃榴梿了，吃榴梿要上火的，上火就可能流鼻血，流鼻血你要到卫生间洗，错过上车时间就麻烦了"，她把前面学生讲的一些理由都综合起来进行劝说，这个同学很聪明、很有智慧。特别是"你周围的人可能会讨厌你，会不喜欢你"，青年女子都是爱美的，像这样劝说就容易听得进。但怎样劝说还能更好一点，更有说服力？如果这样劝："大姐姐长得这样漂亮，很有气质，很文雅，可是你在大庭广众之下吃榴梿，好像有损你的形象。"这样劝说是否更有说服力？所以怎样劝说有说服力，需要掌握对方心理，要有智慧。

怎么让孩子用更加适当的话语去劝说呢？最好的方法是发挥团队作用，先引导学生进行小组讨论，学生经过碰撞，集思广益，这样一定会想出更有说服力的劝说方法；然后选派代表全班交流，师生共同点评，比如学生谈打游戏机，几个同学劝说发言，哪一个同学最好？你在他们的基础上还可以怎样改进，怎么能说得更好，更加有说服力？交流点评过程中学生还会产生新的想法，提出新的建议，使劝说的理由更加充分，更容易让人接受。这样就能在学生原有的基础上提高一个台阶，对怎么进行劝说有更加真切的体会。在一堂课里面，学生最有收获的可能就是小组讨论和交流点评环节。通过碰撞和交流点评，学生能够在原来的基础上得到最真实的提高。

《鲁滨逊漂流记》读书指导课评析

📎 教学案例

【教学目标】

1. 激发学生阅读经典的兴趣，感悟经典的魅力，培养良好的阅读态度和习惯，培养读后分享的习惯。

2. 通过交流，使学生进一步把握小说内容，感受鲁滨逊面对困境时所表现出来的坚忍不拔、积极乐观、创造开拓的精神，学习正确面对困难和挫折。

3. 通过交流，把握阅读整本书的基本策略。尝试体会本书在表达方面的艺术特色：特定情境中的心理描写、以细节描写来丰满人物的形象。

【教学重点】

激发学生阅读经典的兴趣，感悟经典的魅力，培养良好的阅读态度和习惯。把握阅读整本书的基本策略。

【教学难点】

尝试体会本书在表达方面的艺术特色。

【评】《鲁滨逊漂流记》是久负盛名的外国文学作品，堪称外国文学作品中的经典，推荐给高年级学生阅读，是非常合适的。执教者将"激发学生阅读经典的兴趣，感悟经典的魅力"作为读书指导课的首要目标，很得体。目标3提出"把握阅读整本书的基本策略，尝试体会本书在表达方面的艺术特色：特定情境中的心理描写、以细节描写来丰满人物形象。"目标提得很具体，但对小学生而言要求过高，应适当降低。

【教学准备】

1. 学生充分阅读整本书，小组针对精彩之处进行集体研究。

2. 4 人一小组团坐。

3. 教师课前了解各小组的研究成果。

【课堂实录】

一、导入

师：同学们，本学期学校给大家推荐了两本必读书目：一本是《水浒传》，一本是《鲁滨逊漂流记》。

前段时间同学们阅读《鲁滨逊漂流记》的热情很高涨，这节课，咱们就来交流、分享彼此的阅读感受。

二、热身闯关

师：先来个热身，请同学们举手抢答。（动感配乐，出示抢答题目。）

1.《鲁滨逊漂流记》的作者是（　　　　　）国小说家（　　　　　），被誉为"英国与欧洲的（　　　　　）"。

2. 鲁滨逊热衷于（　　　　　）。

3.《鲁滨逊漂流记》这部小说可以分为三部分，第一部分写的是（　　　　　）。

4.《鲁滨逊漂流记》第二部分是小说的主体，写的是（　　　　　）。

5.《鲁滨逊漂流记》第三部分写的是（　　　　　）。

6. 鲁滨逊在（　　　　）买了一块种植园，曾在那儿过了（　　　　）年的种植园主生活。

7. 鲁滨逊的名字已经成为（　　　　　）的代名词，成为千千万万读者心目中的英雄。

8. 鲁滨逊在荒岛上生活了（　　　　　）年，他给这座岛命名为（　　　　　），成了一位独自创造文明的英雄。

9. 在荒岛上，鲁滨逊刚开始主要的食物是（　　　　　），一个偶然的机会，他抖装饲料的袋子，过了雨天，发现长出了（　　　　　）。

10. 鲁滨逊在岛上发现有许多（　　　　　），捉到一只鹦鹉，起名叫（　　　　　），还用（　　　　）制作了一把伞。

11. 鲁滨逊用近（　　　　　）年的实践造了一只独木船，还挖了一条

（　　　　　）尺宽的运河，把船运到了半英里外的小河里。

12. 在逃离海盗的日子里，鲁滨逊猎杀了一头（　　　　　）。他认为荒岛上可以分为两季：（　　　　）和（　　　　）。

13. 鲁滨逊在荒岛上用（　　　　）制作成铲子，把收获的稻谷和大麦制作成（　　　　），第一次打到的猎物是（　　　　）。

14. 鲁滨逊在荒岛上遇到了自然灾害（　　　　）。刚开始是用（　　　　）的方式把食物做熟的，十多年后穿的衣服是用（　　　　）做的。

15. 鲁滨逊到荒岛的第（　　　　）年开始勘察全岛，第（　　　　）年开始研究用陷阱和夹子捕捉山羊，第（　　　　）年看到了野人围在火堆旁，（　　　　）年后第一次听到别人和自己说话。

（学生争先恐后地答题，答对者各奖励一枚书签。其中，有三位同学答错题，分别是：第6题，鲁滨逊在巴西过了（4）年的种植园主生活答成"28年"；第9题，在荒岛上，鲁滨逊刚开始主要的食物是（野山羊）答成"面包"；第13题，鲁滨逊在荒岛上用（铁树）制作成铲子答成"铁"。后由同学纠正。）

师：从同学们的反应速度和答题正确率，看得出大家既从整体上把握了小说内容，也关注了细节，老师对大家用心的读书态度真心赞赏，用心阅读的孩子最美！很期待接下来你们的分享。

【评】热身闯关设计很有创意，目的有三：一是营造积极、热烈的氛围，点燃起学生的读书兴趣，让所有学生都参与到抢答活动中。二是闯关题目按照从整体到细节、由易到难的顺序设计，引导学生读书时能充分关注细节，提高读书质量。三是便于掌握学生阅读程度的深浅，为教师有针对性地实施后面的教学活动做好铺垫。略显不足的是没有充分发挥4人小组合作学习的优势，其实最后可以统计一下每个小组最后获奖的书签，使得没有机会抢答的学生也有集体荣誉感，增强每个学生的参与感和存在感。

三、交流阅读策略

师：同学们，随着年级的升高，我们将越来越多地阅读整本的经典和名著。读整本书，其实我们从三年级就开始接触了，相信你们也学到了一些基本的方法。谁愿意到台前来与大家聊一聊，拿到《鲁滨逊漂流记》这本书，你是怎样一步一步阅读的？怎样阅读能够提高读书质量？

生1：拿到书以后，我先看封面，然后看封二，再看封三，最后看了封底。

师：这是了解一本书的一般顺序，谁来跟大家接着分享有用的策略？

生2：我拿到这本新书后，通过看封面、封二、封三、封底认识到这应该是一本好书。封面介绍了作者是英国的笛福，编译者是高娜，由南方出版社出版。书名下面配了一幅插图，背景是一座荒岛，有种荒野求生的感觉。中年男人头发、胡子都很长，应该就是鲁滨逊。他的眼神里有种不可一世的感觉，坚信自己能回到自己的国家。

师：于是，你们就产生了想读的欲望是吗？（众生点头）

生3：封二列举了三则"名人评论"，分别是英国诗人、评论家柯尔律治和著名学者、作家周国平及英国文学史家艾伦的评论。其中，柯尔律治评论道：《鲁滨逊漂流记》体现了人类的普遍性。于是我就想，人类的普遍性是什么？我想从书中寻找到答案。封三给我们推荐了44本中外名著，这些好书都值得我们收藏。有一些我们已经读过了，我打算读完这本后继续读"历险记"系列：《爱丽丝梦游奇境记》《80天环游地球》《尼尔斯骑鹅旅行记》《海底两万里》《格列佛游记》和《汤姆索亚历险记》。封底应该是说明这个版本的好处：注解生字难词、提炼经典写法、领悟人生哲理。（生掌声）

师：真不错！像你这样拿到一本新书，能认真从封面读到封底，并提取重要的信息为自己所用，这就是有效的读书方法，你简直算得上你们这个年龄段读书的"行家里手"了。

生4：我认为作家周国平评论的——"世上本无奇迹，但世界并不因此而失去魅力"特别好。这话显得有点矛盾，没有奇迹，怎么会有魅力呢？鲁滨逊一定经历了什么，才使奇迹发生。这样的评论吊起了我阅读的胃口。

师：嗯。有人说书评是给成人看的，不是给孩子看的。我觉得你是看得懂书评的，了不起！这本书的"导读"部分编者设计得还是不错的，谁愿意来与大家分享一下你是怎么用的？

生5："导读"部分共包括七个板块：走近作者、了解创作背景、了解内容梗概、认识主要人物、理清人物关系、把握主题思想、感悟艺术特色。阅读了"导航"，即使没读过这本书的人，也会对作者笛福、创作背景、小说内容有一些了解，对主要人物的特点有所把握，会爱看这本书。把握主题思想和感悟艺术特色部分让我们领会作者表达的精妙，这确实是一部伟大的著作。

师：同学们听到了吗？他刚才把"导读"说成了"导航"，我不理解为这是表达上的一种偏误，因为他显然是把编者的意图读懂了。这样读书，就好像漆黑的夜晚走在路上，手里有一个明亮的手电筒一样，心里有底，眼前有方向，脚下就稳当。谁愿意来补充谈一谈你从创作背景部分提取出什么重要信息？

生6：（谈作者笛福，谈了一句，老师打断）

师：作者笛福大家都读懂了，说说小说的创作背景，这个话题还是很有意思的。

生6：作者是根据一位苏格兰人的遭遇而写的，说明这本书具有实际性。

师：谁能表述得更清楚些？

生7：笛福从一个叫塞尔柯克的苏格兰人那里了解到，他被船长抛弃到一个荒岛上，然后在无人岛上生活多年。可见这个故事不是胡编乱造出来的。这本书是在英国资产阶级取得政权后写成的。

师：你结合了笛福本身的经历来讲。的确是这样，笛福这一生经历丰富，写了许多小说，几乎都是叙述主人公的各种经历和终于得到圆满结局的故事。但无论从思想上还是艺术上，《鲁滨逊漂流记》都是他最好的一部小说。

【评】拿到一本经典著作，怎样阅读能够提高读书质量，获取最佳的阅读效果？这一环节的读书方法交流很有价值。有的学生是"先看封面，然后看封二，再看封三，最后看了封底"，这是常见的阅读顺序；有的学生是还看了作者、译者和出版社，还看了封面插图，看得更加仔细；第三个学生关注了"名人评论"，还关注到封三给学生推荐了44本中外名著，以及封底的推荐语，这样读书的学生是非常难得的，教师给予充分肯定；生5读书之前关注到书的"导读"部分，这样的阅读方式非常理性，也很有耐心，很少有学生这样读书。教师以肯定的方式加以鼓励。引导学生自己交流读书方法，花时不多，效果却很好，因为这是真正来自学生的有效的读书经验，是学生最容易接受的，相信这些读书方法对提高学生读书质量能够起到积极作用。

生8：我想谈谈这张人物关系图。这幅图不像有些书那样，把所有的人物都罗列进来，这样看起来很直观，很清晰，一目了然。

师：我也想说说我的想法。图中把星期五作为鲁滨逊的仆人，后面又列举了他的四位伙伴。但如果让我来画这幅图，不会把星期五归在仆人里。你觉得我的话有没有道理？如果觉得有道理，请用理由来支持我；如果不赞同，请帮我理清人物关系，进行辩驳。

生：我觉得星期五是鲁滨逊的仆人，因为鲁滨逊救了星期五之后命令他做事，并且不准他再吃人肉，这明显是主仆关系。

生：我感觉既可以说星期五是仆人，也可以将他归在伙伴类里。因为鲁滨逊救了星期五，星期五已经认鲁滨逊为主人了，那么他就是仆人。说是伙伴，是因为鲁滨逊在荒岛上生活了25年，才找到一个人来说话，这是他精神上唯一的伙伴。

师：在这个过程中，星期五发生了特别大的变化，是因为鲁滨逊教他读（生：《圣经》）对他有很大的教化作用。他与鲁滨逊一起克服了很多困难，鲁滨逊也帮他重新与父亲团聚，他们更像是伙伴甚至是亲人的关系。

生：是，书里在第140页这样写道：我对这个新伙伴，真是十分满意。

【评】这段对话主要讨论书中的人物关系。教师从插图中引出"星期五到底是仆人，还是伙伴"的问题，其实这是教师读书观察插图时产生的问题，并非学生提出的问题，并且与读书策略无关，有些节外生枝。我认为这里讨论不是很合适。

师：还记得第一节导读课上，有的同学拿到书，翻看目录，欣然发现了自己特别感兴趣的部分迅速读了起来。老师走过去一看，是第八章的第二节——"大战野人"。你怎么看这个现象？

（没有学生举手发言。）

师：同学们，从目录上看，全书分为10章，每章有2至4个小节，每节都是4个字的小标题，看这些标题基本上就能把握这本书的主要内容了。你能否做出判断，哪些适合精读，哪些适合泛读和略读呢？

生：第二章到第九章适合精读，因为书中主要讲了鲁滨逊在荒岛是怎样生活的，而这八章讲的就是鲁滨逊从噩运降临到绝处逢生的经过。第一章和第十章适合泛读，因为第一章写的是他初涉大海，航海的经历，第十章写的是他返回故土。

师：从初涉大海到遇难，到在荒岛上建立独立王国，最后重返故土，这是作者写作的顺序。回到我们之前的话题，你怎么看？

生：我觉得那样读不行。因为不知道前面发生了什么事，直接看后面会有些困惑，衔接不上。毕竟这是一部小说，小说得要按顺序看。

生：我也认为不能跳着看。先看完"大战野人"，再从头开始看鲁滨逊怎么流落荒岛，感觉非常别扭。

【评】其实每个人读书方法各不相同。按部就班有顺序地读书是一种方法，挑选部分章节先读也是一种很常用的读书方法，而且是一种很聪明的选择性阅读方法。其最大的好处是可以发现这本书是否值得去读。因此教师对跳读方法所作的评价未免武断，是没道理的。

师：你们说得都很有道理。读书的方法和体裁很有关系，以后你们到中学会更多地接触小说作品。小说就意味着故事情节有先后、人物出场也有原因和先后，所以跳着读可能造成逻辑上的混乱，不是很科学。如果是一篇一篇独立的散文，这样读也是可以的，但作者编排文章的顺序自有他的道理，还是按顺序读比较好一些。那么具体到一部作品，哪些阅读方法是比较科学的呢？我们不妨来借鉴一下名家的阅读方法。（出示课件）

任何一部作品都有精华部分，往往结构紧凑，能紧紧抓住读者的心，让人沉浸在文字所描述的情境之中，所以精华部分就值得我们精读，慢慢地品，深入理解，同时边读边产生自己的思考，读思结合，阅读才有趣味。读书的思考可以像这样随时批注在文字的旁边，有感而发的文字是最可贵的文字，也可以成为写整本书读后感的第一手资料。

——中国著名作家　肖复兴

师：你读到了什么方法？

生：精读、品读、读思结合、边读边批注。

【评】第三板块先引导交流学生自己整本书阅读策略。学生交流的是自己拿到一本新书的阅读凭借——封面、封二、封三、封底，还有学生交流如何使用"导读"和"目录"，从中了解作者、创作背景及书中主要人物，理清人物关系，这些都是那些会读书的学生阅读整本书的真方法、真策略，非常有效。相比之下，教师提出的"星期五到底是仆人，还是伙伴"与策略无关；最后出示的名家读书方法，所谓的"精读、品读、读思结合、边读边批注"，是适合一部作品中精华部分的阅读策略，其外延漫无边际，几乎涵盖了所有的阅读策略，其实不太适合儿童整本书阅读。第三板块读书策略指导，前半部分学生交流很有效。后半部分教师指导的读书策略可以商榷的问题反而不少。

四、畅谈人物之精神，以文字表述观点

师：下面我们来聊一聊对主人公鲁滨逊的印象。请说出你不一样的感受。（出示课件）

（　　　　　　　　　　）的鲁滨逊

生：坚持不懈的鲁滨逊。

生：未雨绸缪的鲁滨逊。（生掌声）

师：未雨绸缪，你了解这个词的意思吗？

生：没做之前，已经打算好了要怎样做。

师：做事很有计划，且计划很周密。

生：勇于创新的鲁滨逊。

生：知足常乐的鲁滨逊。

师：请说说你的认识。

生：鲁滨逊后来有了很多钱，但是他愿意百倍地报答救他的船长，还有那位可怜的寡妇和自己的妹妹，他把自己的财富都分享出去，就觉得心安理得，可见他也是个知恩图报的人。

生：我来补充。鲁滨逊其中谈道：要求仅限于生活必需品的人是最快乐的，我有八百磅，却永远不会像我一文不名时那么快乐了。

生：勇往直前的鲁滨逊。

生：机智勇敢的鲁滨逊。

生：善于动手的鲁滨逊。

生：自强不息的鲁滨逊。

生：坚忍不拔的鲁滨逊。

生：持之以恒的鲁滨逊。

生：坦然无畏的鲁滨逊。

生：积极进取的鲁滨逊。

生：在逆境中学会生存、自强自立、拥有无畏冒险精神的鲁滨逊。

（众生继续回答：善于发现、顽强不屈、意志坚毅、信念坚定、临危不惧、居安思危……）

师：这就是读书的好处啊，让我们得以充分地打开心扉，交流彼此的感受，真是人生莫大的幸福啊！所以说，一本好书能够拯救一个人的灵魂。（生掌声）

师：鲁滨逊这个人物之所以让人喜欢，是因为作家笛福写得太好了，太吸引人了！我读这个故事的时候，没有觉得这是笛福的创作，而是以为这就是真实发生的事，跟着鲁滨逊跌宕起伏的命运担忧、伤感、激动、兴奋。这本书于1719年4月出版，到1897年时各种不同的版本已经不下700版，可见它的魅力！现在有多少个版本，我们已经难以估计了。大家公认的，这本书最成功的地方，是笛福用非常具体的细节描写表现了鲁滨逊的劳动创造、应对困境、与人交往、精神追求，用大量的心理描写，表现了鲁滨逊在困境中的复杂心态。下面以四人小组为单位，展示你们就书中的某一处心理描写或细节描写研究的成果。

小组1分钟磨合，后各小组轮流上台展示，形式多样，含舞台表演、分角色朗读、集体鉴赏等。展示内容包括：

（1）困境中的心态（心理描写）

一组：19页第3、4自然段

二组：38页第4、5、6、7自然段

三组：40页第6、7、8自然段

四组：50页第5、6、7、8自然段

五组：64 页第 5、6、7、8 自然段

六组：88 页第 1~10 自然段

七组：106 页第 5~16 自然段

八组：129 页第 3、4 自然段

（2）劳动创造、应对困境、与人交往、精神追求（细节描写）

九组：41 页第 4、5、6、7 自然段（劳动创造）

十组：51 页第 4、5、6、7、8 自然段（劳动创造）

一组：57 页日记 6 月 18 日至 64 页 7 月 3 日（应对困境）

十二组：39 页第 4、5 自然段（劳动创造）

三组：81 页第 2~12 自然段（劳动创造）

五组：98 页第 4~14 自然段（劳动创造）

八组：101 页第 4、5、6 自然段（劳动创造）

十组：137 页第 2 自然段（人物外貌）

十一组：144 页第 6、7、8、9、10 自然段（精神追求）

十二组：150 页（精神追求）

二组：158 页第 2、3 自然段（人物情感）

（十一小组交流：采取四人轮流说感悟、朗读、集体总结的形式展示。）

生 1：我们组赏读了第七章"曙光初现"第二节"教育感化"中的 144 页第 6、7、8、9、10 自然段。鲁滨逊教学有方，星期五根本听不懂他在说什么，他便想换一个角度来问星期五。还读出每个家族都有他们崇拜的神灵。

生 2：星期五一开始不认同鲁滨逊的基督教，因为他从小生活在野人部落里，贝纳木基已经刻在了他的脑海里。鲁滨逊后来向星期五灌输《圣经》的观念，使他感激上帝，服从上帝，因为如果思想不统一，两人的行动上就会出麻烦。比如他们回到英国，据说英国 95% 以上的人都信奉基督教，那么星期五可能会遭到基督教徒的咒骂或殴打。

生 3：星期五听了鲁滨逊的话后，觉得上帝是万能的，能为人类做任何事情，也能把一切从我们手中夺走。

生 4：鲁滨逊通过教化，使星期五能够像正常人一样思考、钻研和提

问，实行自我改造，这真是了不起！鲁滨逊内心的成就感应该比改造了环境还大。这应了我爸爸说过的一句话：改造一个旧世界比创造新世界要难得多。

四生齐：所以，我们总结出一句名言：靠上帝，靠祖宗，还不如靠自己。

师：你们说的是谁的名言呀？（众生笑）

生2：我们是根据郑板桥的一句名言改编而成的：靠祖宗不是好汉。

（生掌声）

师：你们很好地展示了团队的思考！其实你们还诠释了另一句话的含义，就是"人定胜天"。当然，老师更欣赏你们集体创作的才华！

（一组表演第三章第二节"病中感悟"。）

生1：我们小组通过表演的形式充分表现鲁滨逊应对疟疾中的复杂感悟。我是旁白，三位同学依次是鲁滨逊、鲁滨逊的思想、面目狰狞的人。

（表演惟妙惟肖，全场响起多次掌声。）

【评】这个环节设计两个内容，先是用一个词语来概括鲁滨逊在自己心目中的特点，然后以小组表演形式分享读书体会。培养读书分享的习惯是本堂读书指导课的重要目标，能有效激发起学生的读书兴趣，也能提高学生的读书质量。将读书交流设计成表演形式，虽然会占用不少课堂教学的时间，但课堂气氛会因此变得生动活泼，所以很受教师青睐。这个环节可以讨论的是：1. 教师规定的话题主要聚焦主人公形象的感悟以及写作特色的品评，其实一般人读书最感兴趣的是书中的情节内容，特别是小学生，对书中的描写方法或作品的写作特点大多不会太感兴趣。如果让学生交流这本书中你认为最有趣的情节内容，是否更加符合小学生的心理特点？2. 每个小组交流的段落似乎也是教师规定好的，必须是第几页哪些段落的心理描写或细节描写研究的成果，这样过细规定可以避免交流时的重复，但是否会限制学生的思维？这些问题值得商榷。

五、凝练升华

师：六年级我们将学习一篇课文《一本男孩子必读的书》，《鲁滨逊漂流记》成为一个家庭祖孙三代的必读书。对于我们来说，好书不必等到六年级再读，更不必局限男孩子必读，女孩子一样也可以读得投入。下面，请你自制一张书签，上面写上浓缩的一句话，作为推荐阅读本书的理由。课后将书签送给你的朋友。(配乐，生写，写完阅读分享。)

生：人生短暂，何不去做自己喜欢的事呢？

生：人生路上，坚强是做人的根本。

生：追求理想，不会一帆风顺，有很多困难等着我们去克服。

生：凡事只有勇敢面对，采取行动，才能健康快乐地成长。

生：未来的路很长，但坚持发现，便能饱览美丽的风光。

生：人生是你的，信念和毅力会让你的人生道路更加辉煌。

生：人生就是勇敢面对一次次的考验。

生：困难就像台阶，走上台阶需要的是努力和坚持。

生：只有奋力拼搏，勇敢挑战，才能收获美好的未来。

生：坎坷会成就自己，要勇敢地去克服。

生：人生之路不可能总是洒满阳光，阴雨连绵的日子里，我们应该多从鲁滨逊身上吸取生命的力量。

生：只要信念坚定，每个人都会创造奇迹。

……

【评】自制书签送给朋友，将自己的阅读感悟以书面方式写下来，可以促使学生多一份冷静的思考。每个学生在书签中写出的都是个性化的感悟，但也有一些书签是标语口号式的，缺少针对性。如果教师能让学生再做些评价，说说你最欣赏哪几张书签，对加深学生的阅读体会，促进学生成长可能会更有帮助。

六、好书推荐，电影观赏

师：《鲁滨逊漂流记》的中文译本有许多，迄今为止，学界公认翻译最好的是徐霞村翻译的，最接近原著，且语言优美传神，由人民文学出版社出版。老师读过，非常受益！感兴趣的同学后面可以买来阅读，它值得一生收藏。

今天的作业是观看根据小说改编的电影《鲁滨逊漂流记》(主演皮尔斯·布鲁斯南)。

【评】好书推荐，为学生打开另一扇窗子，引导学生再去读一些经典作品，教师的想法很好；让学生去观赏电影，体味另一种艺术，从另一个角度丰富阅读感悟当然不错。但如果教师因势利导，推荐前面一位学生提出的阅读其他"历险记"系列：《爱丽丝梦游奇境记》《80 天环游地球》《尼尔斯骑鹅旅行记》《海底两万里》《格列佛游记》和《汤姆索亚历险记》，是否对学生阅读经典更加有效？

案例评析

　　这是齐鲁名师张淑英精心设计的一堂读书交流课课堂实录。张老师将读书交流过程设计成"交流阅读策略—畅谈人物之精神，以文字表述观点—凝练升华—好书推荐，电影观赏"四个板块，以小组合作学习的方式组织教学，摒弃了整齐划一的问答形式，引导学生展开了有质量、高效率的多维阅读，指导学生交流个人的读书策略，畅谈人物印象，展示阅读研究成果，写推荐词等，充分尊重学生自身的阅读体验，在表达中提升了言语的内在品质，达成了作品精神悦人、精神立人的效果。从实录反映的课堂气氛看，这堂课上得生动活泼，学生思维活跃，应该说效果是很好的。新一轮课程改革越来越重视整本书阅读。教师对如何上好读书指导课和读书交流课的探索也在轰轰烈烈地进行中，张老师非常及时地为我们提供的这堂很有研究价值的读书交流课课例，很值得广大语文教师研究并借鉴。

　　我想结合张老师提供的这个课例，对如何上好名著读书交流课谈谈个人粗浅的研究体会。

　　首先，阅读交流课的目标如何确定。《鲁滨逊漂流记》是一本脍炙人口的经典名著，广受世界各国少年儿童的欢迎。从这部作品的文学价值分析，其成功之处当然在作品内在的艺术价值以及书中人物形象表现出的不屈不挠、催人进取的精神。然而平心而论，这本书对小学生最有吸引力的还是书中扣人心弦、曲折有趣的情节内容。这堂读书交流课将讨论重点确定在体会作品的艺术特点，体会作品中心理活动描写和细节描写，对提高学生读书质量当然是有价值的，教师这样引导似乎也无可非议；然而这样要求是否过于理性，是否符合儿童阅读心理，有成人化之嫌？我认为指导小学生阅读经典名著，激发学生读书兴趣是第一位的，让学生通过读书实践，体验名著阅读的乐趣，并且逐步养成读书的习惯。至于作品的艺术特点及其社会价值，随着学生思维的成熟和阅读能力的发展，到中学甚至大学阶段再去讨论可能更加有利！我以为小学生的阅读指导或读书交流课，重心还是应该放在激发阅读兴趣、培养读书习惯上，特别是对那些平时不怎么喜欢读书的学生，这样的目标更加切合他们的实际。如果急于求成，用成人的阅读方法策略去要求小学生，这样反而是拔苗助长，欲速而不达。

其次可以讨论的是儿童需要学习哪些阅读策略。课堂伊始教师引导学生交流的阅读策略，有的学生说是"先看封面，然后看封二，再看封三，最后看了封底"；有的学生还关注到了作者、译者和出版社，还看了封面插图；有的学生关注了"名人评论"，还关注到封三给学生推荐了44本中外名著，以及封底的推荐语等，这些来自学生读书实践的读书策略，尽管层次不高，有些甚至只能说是读书经验，谈不上阅读策略，但对提高学生的读书质量能够起到积极作用。相比之下，教师指导的"精读、品读、读思结合、边读边批注"，虽是名家读书的策略，但并不适合儿童整本书阅读。阅读策略有高层次与低层次之分，小学生掌握的是最基本的阅读策略，或者说阅读经验更加恰当，虽然层次不高，却是最适合儿童阅读时使用的；教师试图指导的是高层次阅读策略，尽管使用这些策略可以提高读书质量，但主要适合成人阅读使用。让学生用成人的阅读策略去读书，其实严重超越学生的最近发展区，会使大部分学生产生阅读的畏惧感甚至挫折感，从而体验不到读书带来的乐趣，这是很可怕的。读书指导应该重视策略指导，但是根据小学生的心理特点，如何有针对性地选择适合他们的有效的阅读策略，很值得研究。

第三可以讨论的是用怎样的方式分享阅读感悟更加有效。我听过许多读书交流课，教师们都喜欢用课堂表演的形式让学生交流读书体会，因为这样分享交流生动活泼，课堂气氛因此变得很活跃，所以广受教师们的青睐。其实课堂表演只是分享阅读体会的一种方式，并非最有效；还有一种更加有效的分享读书体会的方式——写读后感。让学生沉下心来，静静思考自己阅读这部作品最有价值的体会，然后动笔写读后感；或者介绍这部作品中自己感到最有趣的情节内容，向没有读过的人推荐这部作品；接着引导学生交流各人写的读后感，点评哪些学生最会读书，谈出的体会有深度有创意，哪些学生写的作品推荐更有吸引力，等等。这样的读书分享可以促进学生更加深入地思考，对提高学生的读书质量更有价值，同时也能提高学生的动笔写作能力。

当然，写读后感需要很多时间，交流读后感也需要时间。比如这堂读书交流课教师设计了六个教学板块，再要学生写读后感很不现实。我分析了当下诸多读书指导课，包括这堂读书交流课，总的感觉是教师确定的教学目标太高，安排的教学内容太满太多，读书课还是教师牵着学生的鼻子走，学生的主动性、积极性没有充分发挥，讲读课的味道太浓。如果教师降低目标，压缩教学内容，比如一堂课就要求学生写读后感，那这堂课就会上得很简单：先分小组口头交流个人的阅读体会，然后动笔写读后感，接着小组伙伴分享，最后推选出写得好的学生全班交流。如果有时间还可以让每个学生根据交流体会自己修改读后感。这样的课简简单单，实实在在，既让每个学生真实地分享了读书体会，又能从其他同学的分享中获得有效的读书方法，还能训练学生的写作技能，一举多得。

当然读书指导或交流课的教学方法多种多样，我这里推荐的只是一种，而且不一定是最好的，仅供教师们参考，并希望能引发教师更加深入地思考。

附　录

1. 《关于小学语文课程改革的几点思考》，原发表于《课程教材教法》，2010（12）。署名吴忠豪、汤振刚。

2.《教课文？教语文？》，原发表于《小学语文教学》，2010（4）。

3. 《期待语文课的美丽转身》，原发表于《语文教学通讯》，2011（2）。

4. 《语文本体性教学内容的构建》，原发表于《语文建设》，2014（12）：16-21。

5.《再论语言积累是学习语文的基础》，原发表于《小学语文教师》，2015（9）。

6. 《丰富语言经验是学习语文的基础》，原发表于《教育评论与研究》，2020（9）。

7. 《积累语言经验是学习语文的基础》，原发表于《基础教育课程》，2019（7）：33-38；《小学语文教与学》，2019（11）。

8.《寻找课文语言与学生语言的差异》，原发表于《小学教学》，2019（1）；人大复印资料，《小学语文教与学》2019（5）。

9. 《以培养运用能力为重点，改革小学语文教学》，原发表于《小学语文教学》，2000（9-10）。

10.《促进消极语言向积极语言的转化》，原发表于《小学语文教学》，2002（5）。

11.《阅读课表达练习的设计与指导》，原发表于《语文教学通讯》，2011（11）；人大复印资料，《小学语文教学》2012（2）。

12. 《求真，语文课型改革的探索》，原发表于《语文建设》，2015

（15–17）。

13.《实践：语文教学的不二法门》，原发表于《内蒙古教育》，2016（6）。

14.《读书习惯是语文核心素养中的核心》，原发表于《新教师》，2017（4）：23–25；《小学语文教与学》，2017（9）。

15.《关于语文训练的讨论》，原发表于《课程教材教法》，2008（11）；人大复印资料，《小学各科教与学》2009（2）。